吞武里帕宗诰技术大学理事会
2010 学年度荣誉博士授予公告

根据吞武里帕宗诰技术大学 1998 年法规第 57 条和吞武里帕宗诰技术大学 2010 年授予荣誉博士学位规定的第 8 条，吞武里帕宗诰技术大学理事会于 2011 年 9 月 9 日星期五举行的第 150 次会议决定授予陈修试吞武里帕宗诰技术大学 2010 学年度管理学专业荣誉博士学位。

2011 年 9 月 12 日 公告

（通差· 洪拉达隆 博士）

泰国吞武里帕宗诰技术大学理事会主席

叙 述 人　陈修试

采 访 人　宋鹏・汤玛

整　　理　扎利亚・汤玛（笔名：配皮梦）

图书顾问　帕瓦・威吞拉巴功（陈汉洲）博士

主　　编　陈南・威吞拉巴功（陈汉林）

主编助理　纳瓦拉・威吞拉巴功（陈美窕）

编　　委　阿蒙叻・威吞拉巴功（陈美玉）　拉提频・威吞拉巴功（陈美琴）

拉提蓬・威吞拉巴功（陈美莲）　提拉瓦・威吞拉巴功（陈汉强）

察廖・威吞拉巴功（陈汉荣）博士　阿咖瓦・威吞拉巴功（陈汉城）

隆拉威・威吞拉巴功（陈美娟）　他那瓦・威吞拉巴功（陈汉财）

插　　图　萨空・派塔亚衮

奋斗人生

陈修试传略

陈修试 叙述 陈汉林 主编
陈汉洲 顾问

暨南大學出版社
JINAN UNIVERSITY PRESS

中国·广州

图书在版编目（CIP）数据

奋斗人生：陈修试传略/陈修试叙述；陈汉林主编．—广州：暨南大学出版社，2016.2

ISBN 978-7-5668-1692-4

Ⅰ.①奋… Ⅱ.①陈…②陈… Ⅲ.①陈修试—自传 Ⅳ.①K828.8

中国版本图书馆 CIP 数据核字（2015）第 289373 号

出版发行：暨南大学出版社

地　址：中国广州暨南大学
电　话：总编室（8620）85221601
　　　　营销部（8620）85225284　85228291　85228292（邮购）
传　真：（8620）85221583（办公室）　85223774（营销部）
邮　编：510630
网　址：http://www.jnupress.com　http://press.jnu.edu.cn

排　版：广州联图广告有限公司
印　刷：深圳市新联美术印刷有限公司

开　本：787mm×1092mm　1/16
印　张：21.25
插　页：12
字　数：382 千
版　次：2016 年 2 月第 1 版
印　次：2016 年 2 月第 1 次

定　价：68.00 元

2005 年，泰国国王慈善教育项目，诗琳通公主出席捐赠仪式

2005 年，泰国国王慈善教育项目，诗琳通公主出席捐赠仪式

2005 年，泰国国王慈善教育项目

我与夫人合影

2012 年，我、张秋梅、马佩琴与子孙合影

孩子们接领学位证书

孙子孙女们的学位授予仪式

鉴于陈汉洲 20 多年在工程、化学方面持续不断的研究，泰国农业大学于 2003 年授予他化学工程专业博士学位

全家人祝贺陈汉洲荣获化学工程专业博士学位

陈汉洲和美国的工厂

我为家乡捐资修建的学校大楼之一，因为自己没有机会上学，所以特别希望捐资助学

1989 年为丰顺县医院捐资修建的陈修试外科大楼

我在路边修建的凉亭

2014 年捐资为家乡修路

序　一

东方实业集团（大众）有限公司创始人的传奇一生

读完《奋斗人生：陈修试传略》后，我对一生充满传奇的陈先生产生了由衷的钦佩，佩服他同命运抗争时那种坚韧不拔的勇气。本书记录真实的人生经历，从头到尾都非常值得细细品味。

这本书中，下列几点我体会最深：

陈先生事业的发展之所以后劲十足，是因为他始终坚持诚信的原则。只有诚信经营才能长久兴旺。凭借此原则，两手空空的他才能发家致富，并最终将事业发展到世界各地。

难能可贵的是，他富裕之后也从未忘记回馈社会。为了报答这片土地，为了报答国王、王后以及诸佛的荫庇，他捐建了皇家慈善基金会大楼，在东北部贫困地区和北榄府捐建了学校……陈先生还是一个始终不忘故土的人，几十年来，他为故乡捐建了数条公路、医院以及其他公共设施。

陈先生的家庭是一个美满的家庭。作为父亲，他一直教导孩子，要他们做一个“诚实、勤奋、忍耐、节俭”的人，即使取得辉煌的成功，也应该始终保持谦虚的良好品性。

陈先生言传身教，非常注重子孙后代的教育培养，送子女去国内外一流大学接受高等教育。他的子女们在取得博士、硕士学位之后，都回国继承家族事业，为国家发展做贡献。

陈先生虽然已经近九十岁高龄了，但是他依然能够清晰地回忆起儿时、青年时代以及之后的各种经历。他将这些经历记录下来，形成了这本传记。

通过这本传记，读者可以更深入地了解一个真实的东方实业集团有限公司和它的创始人陈修试先生，可以感受在逆境中抗争的力量，还可以学到不少中泰两国的历史知识，更可以学到不少经营管理的真谛。

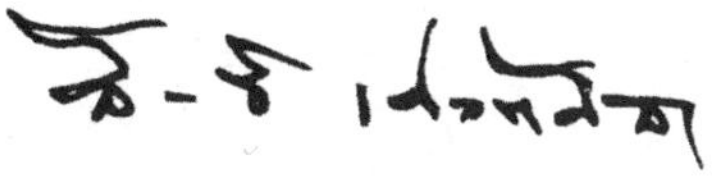

西提·沙卫西拉

空军上将，泰国枢密院大臣

序　二

从贫民到泰国富商

我喜欢读人物传记方面的书籍，通过这类书，除了可以了解主人公的人生经历之外，还能够从中学习不少的处世经验。修试先生的事迹也同样精彩，让我收获很多。

读完才知道，修试先生小的时候，中国是多么的贫穷，但是那时的中国人民通过辛勤的劳动战胜了苦难，取得了今天的美好生活。这是其他国家的人民学习的榜样。

读完这部传记，我同时感觉到，修试先生值得我们学习的地方太多了，以下是我印象最为深刻的几点：

即使贫穷，夫妻之间那种相濡以沫的真挚情感。

子女不论身处何地，都不忘记为亲人尽孝。

任何诱惑下，都不改变其诚实做人、诚信经营的准则。

始终对未来充满希望，不动摇，不认输。

修试先生给我们树立了一个真实、伟岸的榜样，激励我们努力奋斗。

格森·瓦塔那猜教授
泰国枢密院大臣

序 三

诚实为人、懂得感恩的修试先生

感恩父母，诚实为人，对待朋友真诚，勤奋坚强，永不放弃，以慈善之心帮助穷苦人，在工作中秉持良好的道德品行——这些品德是我们都应该秉持的。但是，在现代社会中，这些品德已经很难找到了，很多人被贪婪蒙蔽了眼睛。不过总有一些人能够始终秉持良心，陈修试先生就是这样的一个人。

我和修试先生相识已近30年。亲眼看到了他秉持良心、诚信经营的奋斗历程。因为他从未忘记自己从贫苦中崛起的秘诀：诚实做人、诚实做事。

修试先生曾整整5年双眼失明，在此期间他也动摇过对未来的信心。但他伟大的母亲，一直忍受着巨大的煎熬和折磨，寻找各种治疗方法，让孩子能够从双目失明中恢复过来。伟大的母爱和对母亲的回报之情，也成为修试先生奋发图强的动力之一。

修试先生的成功经验告诉我们，无论出身如何，秉持诚信之心，懂得感恩之理，是持久成功的必要条件。

因此，修试先生是非常值得当代年轻人学习的。令人欣慰的是，修试先生的子孙们也都秉承了他的优良品德。30年过去，无论修试先生现在如何的发达，他依然还是30年前的那个陈修试。

《奋斗人生：陈修试传略》这本书让人爱不释手，并不只是因为内容非常有趣，还因为每件事情都揭示了很深刻的人生道理。

我不知道修试先生将要把自己的这部传记献给谁，但是我觉得，修试先生一定会先把这部传记献给自己慈爱而伟大的母亲！

衷心祝愿修试先生及家人永远快乐，祝愿他的事业更加繁荣昌盛，直到永远！

披猜·拉达军

泰国前副总理，前国会主席

自　序

有句话是这样说的："人不能选择出身，但可以选择自己的人生道路。"这句话与我的平生非常贴切。

我出生在中国一个贫穷的家庭，父母都是农民，向老天爷讨口饭吃。如果风调雨顺，我们就种稻子，收获了就是一家人的口粮。家里的田地不多，收的稻子也就那么一点。如果哪年总不下雨，种不了稻谷，我们的日子就艰难了，几乎就没有粮食，得想尽办法去挣钱换口粮。比如出去打短工，挣点微薄的工钱。

我出世的年头，中国政府更迭变换，内战不停，外国侵略不断，经济崩溃，民不聊生，对贫穷百姓来说，生活更是雪上加霜。但是不管环境如何艰辛，我的父母从不肯向生活低头，仍然倾心地爱护着自己的孩子。他们在艰苦的生活面前从不言弃，从不向孩子们埋怨命运的不公。

这种暗无天日的日子，常让我感到悲伤，感到绝望。我想通过个人的努力奋斗、吃苦耐劳去战胜贫穷，在父母年老时可以好好孝敬他们。从未想到，有一天我会成为他们的累赘，让他们为我受更多的苦，一想起这些我就伤心不已。在我失明的那几年里，我变得憎恨自己，不想因为自己而让父母和姐姐哥哥们受更多的累——我曾决意自杀！

如果那天没被人发现，我也没有了以后的人生，当然也就没有这本书。我失明的那些日子，仿佛是上天对我人生的一次考验，之后康复、重见光明又有如奇迹一般，我认为这也是因为我对梦想的不懈追求。

现在我有自己的事业，拥有生产各种产品的工厂以及在泰国的企业和在海外的合资企业，并通过它们将产品销售到世界各国。

读者也许会对我的人生感到惊讶：一个一贫如洗的中国小子，只读过两年书，没证书、没文凭也没有任何背景，是如何通过奋斗让生活发生如此天翻地覆的变化的？

我从中国来泰国，是名副其实的赤手空拳——只有薄衣一件，绳子绑腰裤一条，脚丫光着，连拖鞋都没一双，可以说我是那艘船上最穷的人了。当在海上漂荡数日，终于来到泰国时，我高兴得不行。因为我以为自己未来的生活一定会变得很好，起码将不再忍饥挨饿。但糟糕的是，船靠岸后我从船上走下来，刚在泰国土地上走了几步，就失去了自由，被抓起来关进拘留所。

这件事对我打击非常大，我还没来得及多看几眼这个来之前充满希望的地方，就立刻被拘禁起来——这使得我的心情无比彷徨。没有任何高兴和新鲜，我唯一的思想活动就是担心：谁能帮我走出拘留所呀，如果没有人帮我，我就必须被遣返中国——这种想法一直折磨着我。

有人可能会感到奇怪，我为什么被抓，凭什么把我拘留呢——在这本书中我会仔细地叙述此事。

最终能够拥有今天的一切，我和许多长篇小说的主人公一样，常常面临山重水复的跌宕起伏，所不同的是，这是我真实的人生。除了不懈的奋斗，我同样拥有坚定的信念，我始终坚信，有一样东西能让我取得成功——那就是**要做诚实的好人，要脚踏实地去生活**。我不赌博、不喝酒、不抽烟，不断鼓励自己要勤奋，要吃苦耐劳，要节省。直到今天，我想我已经取得了成功。

自从我终于能够在泰国自由打拼，也让我在这片土地上拥有了很多自己的事业：我在罗勇府拥有东方橡塑制品集团，在北榄府设有工厂，生产出的多种产品在一百多个国家销售；我在曼谷拥有自己的办公楼，在海外还设立有数家工厂；我公司每年的销售总额达到近百亿泰铢，同时我还持有多家公司的股份——这些都说明了我在事业上的成功。

拥有今天一切的过程，并不像玫瑰花瓣串成花环那样写意漂亮，这是我的妻子、孩子们和我一起挨饿受苦、一起多次相拥而泣，战胜艰苦而得来的。

每每回想起过去的艰难岁月，我都忍不住要落泪。

现在，每当我登上领奖台领取“泰国优秀出口商”“热心慈善公益模范企业”等荣誉证书时，我都感到无比自豪。这些荣誉激励着我这样一个异乡贫穷的农村孩子，这种场景也一次次让我回想起当年我从中国来到这里时身无分文，但终究取得今日的一切！

我内心常有这样的念头，如果我奋斗取得成功，有能力了一定要帮助社会。

当我梦想成真取得成就后，我就一直想着要回报社会，要报答泰王陛下、王后及各位皇室殿下。正是由于陛下的恩准，我才能来到这片土地落脚生活。于是我联系枢密大臣格森·瓦塔那猜教授，表达了我想在泰国国家图书馆对面的塔瓦素里路建一幢教学大楼奉献给帕达勃基金会的想法。

2005 年 8 月 22 日，是我和家人人生中最自豪、最骄傲的一天。我们有幸觐见到前来为启用帕达勃基金会威吞拉巴功大楼主持仪式的诗琳通公主殿下。仁慈的公主殿下按捐建人的姓氏“威吞拉巴功”为大楼命名，让我和家人都感到无比的荣幸。

虽然已经过去了十年，但那天的场景仍然经常在我脑海中清晰地浮现。

我一直资助社会各方面的建设，如捐献钱物给私营机构、医院、学校、寺庙、基金会，但我最为钟爱、花费最多精力和心血的，则是支持教育事业的发展。这是因为小时候我家中实在贫穷，想读书而没有机会，连小学二年级都没法读完，所以，这也成为我人生中的一个心结，而支持教育事业也成为我的一个情结。

如果用数字来比喻我的过往岁月，我认为用负数来形容最合适。生活道路布满荆棘和险阻，一直让我负重前行。虽然一路荆棘披身、痛苦不断，但是我不怕痛，甚至不怕死，因为我不怕跌倒、不怕失败。因为我始终怀揣坚定的信念，我相信只要坚持走正道、吃苦耐劳、在生活中虚心学习就一定能取得成功，最终事实也证明我这样想是正确的。

现在，我相信，来到泰国生活，我和家人都是有福之人。泰国这块土地恩赐给了我一切，让我生活得幸福、富有，还给了我心爱的妻子和十一个孩子。我们在此幸福地生活与工作。

我不讳言我的那些贫苦岁月，相反，我为艰难岁月中我的表现而自豪。如果我生活的片断和部分经历，能给正在克服困难、努力与贫穷搏斗、与命运斗争的人们以启示和灵感，从而过上自足、幸福和更加富裕的生活，则甚感欣慰。

最后，我要感谢各位，包括采访者、编译者、插图绘画者和记录整理者。

陳修試

目　录

中国穷小子

踏上泰国

创立东方伟业

慈善人生

附录

中国穷小子

我小的时候，中国处于战乱时期，经济困顿，农民贫苦不堪。我没有机会读书，每天必须去放牛，给牛喂草、喂水。而我这放牛的人，也在忍饥挨饿中

1

我的父亲母亲

我叫陈修试，1926 年出生于中国广东省梅州市丰顺县汤西镇石湖村，家里有九个哥哥姐姐，我排行第十，是老幺。

我父母生下的头四个孩子都是女孩，直到第五个孩子，父母才抱上儿子。

旧社会的中国人不重视女孩，因此生下女孩，大多不想养着，想尽各种办法摆脱掉。这听起来似乎毫无逻辑，但确实是真事，人们迷信它已经很久，并习以为常。

不喜欢女孩子的一个理由是，古代中国人大多靠种地为生，农民之家需要依靠众多人手来干繁重的农活，身强力壮的男子是最好的家庭劳动力，可以在祖辈传下来的土地上帮助耕种，于是家里有男孩被认为是天大的喜事。而女儿虽然也可以帮助做些农活和家务，但怎么都比不上男孩。况且女孩长大后要出嫁，要给别人当媳妇，改随夫姓，最后变成“别家的人”，相当于父母白养一场了。

我父母对古代传下来的事也信那么几样。一些好的风俗都去遵守，只是不愿随大流抛弃女儿，即使在头一个儿子出生前已经连续生下了四个女儿。

至于那些狠心抛弃自己亲生女儿的家庭，据我所知是这样做的：

第一种是用炉灰封口，这种办法最容易、最有把握。因为炉灰除却会让婴儿不能呼吸外，还会让婴儿呛咽到气管，很容易致死。

第二种是用大被子包，这种办法残酷程度不亚于第一种，必须狠心才下得了手，叫自己的亲生骨肉悄悄死亡。被子很柔软，婴儿被包在里面，窒息之前会拼命挣扎一阵，要花一段时间才会死去。有的父母下不了狠手，婴儿因此逃脱死亡的情况也有。但被这样折磨过的婴儿，却极有可能因缺氧而脑瘫，要像养痴呆儿一样养着，生存更加困难了。

第三种是将婴儿活生生扔到河里，这几乎就没有生还机会。如果河水湍急，婴儿就死得更快。看到自己的骨肉在河中，也有父母改变心意，跳入水中救起婴儿。有人因为河水太急，跳入河中会和婴儿一样被淹死。

第四种是将婴儿装进篮子拿去卖掉或送人，用这种办法的人比较多，婴儿有机会活下来。如果收留婴儿的是好人家，孩子也算有福气；但碰上不好的人家，则算孩子不走运了。被买走的小孩，有的被当成丫环来养；有的被当成养女粗茶淡饭地养着；也有买回去养着，以后给本姓族人当老婆的。

一般人家都想头胎产下男孩，但如果头胎是女儿，就先养着，心里仍抱着第二胎是男孩的希望。到了第二胎，如果还是女孩，也养着。但如果第三胎还是女儿，那这个女婴就很难像前两个女儿那样被宽容地接受了，很多会按照上面说过的方法被抛弃。

这是那时的习俗与做法，在我长大懂事、开始了解身边的人情世故时，听到、看到了很多这样的事情。

回想我还是个小孩时，听到有关女婴或没几岁的女孩被抛弃的事情，常感到伤心和震惊。我想，同样是人，女也好男也罢，每个人都应该是平等的。我们为何非要分出个男尊女卑，甚至忍心下手残害自己的亲生骨肉呢?

我曾窃想，如果我父母也像大多数人那样狠心，我就不可能有四个姐姐了。即使按多数人家的做法，我的三姐和四姐也会被抛弃掉。而我今天能够很幸福地拥有五个姐姐，我为有这样善良的父母感到万幸。

父亲陈隆租的画像

母亲黄棉娘的画像

别人或许认为我父亲不谙世故，生下一串女儿，从第一胎到第四胎都一个不弃地养着，一直到第五胎，竟然都没有抛弃任何一个女儿。

确实，我的父母也一直盼望能有个儿子，成为自己的得力助手。他们明白，人生不如意是常事。一开始没有得到，之后又接二连三地生女儿，我的父亲也感到有些失望，但没有太绝望，只是有些无奈和自嘲。

父亲和母亲聊起姐姐们，总会提到赌气给她们起名字的趣事。大姐的名字没有问题，父母认真地给她起了一个吉祥的名字，叫瑞珠，意思是“吉利的珍珠”。到了二姐，开始有点赌气了，就起名叫“送娘”，意思是“送走女儿”，不想再怀上女儿了。三姐出世时，父母又失望了一次，起的名字就更加赌气了，叫“推娘”，意思是“推女出门，不让进家来”。然而“不识时务”的四姐又出生了，父母更加赌气地起了个名字叫“撑娘”，意思是“撑挡着女儿降生临门的命运”。

一直到第五个，也就是我的大哥出世，这个心愿才算达成。之后又有了三个儿子，这大大满足了父母的愿望。最小的一个女儿，也就是第九个孩子，起名叫“竹娘”。最后是我，家中的第十个孩子。

我的父母是公道之人，他们对每个孩子都很公平。他们认为，不管是女是男，都应该有相同的做人的尊严和权利！父母不迷信古老的陋习，明事理，知对错，这种仁慈正义的价值观也影响了我，不知不觉地成为我对待自己儿辈孙辈态度的准则。我和我的父母一样，平等地对待自己的孩子，不管是儿子还是女儿，他们都是我生命中的珍宝。

男女平等，享有同样的尊严和权利。我同样平等地对待孙辈，从不像有的人那样分个“内孙”“外孙”，或者认为儿子的孩子就比女儿的孩子重要。因为我的父母教导我，对待自己的骨肉应该平等。

在我开始记事的时候，姐姐们都已出嫁，有了自己的家庭，四个哥哥中有两个留在中国，另有两个到泰国来谋生。

我们家境清贫，与多数人一样以务农营生，但是不管我们如何辛勤耕作，总是摆脱不了贫困和饥馑的纠缠，这些状况如影随形了我们多年。因为家庭困难，即使我是家中老幺，也别想过得舒服。我有必须负责的家务——养牛。

牛在我们这样的农民家里，每天都要帮忙干活，作用大得很。我清楚地记得，八岁的时候，家里有了一头小牛犊。父母没有足够的钱去买大牛，就买了这头便宜的小牛犊，希望养大后再使唤。我常常帮着家里养这头牛，一直到我十二岁去读小学一年级，家里才开始让这头牛干重活。在田里，我牵牛耕地，好让父母播种粮食，养家糊口。这样，如果遇上风调雨顺的好年景，还有些余粮可以拿去卖。

有余粮只是美好的期望而已，因为多数年头我们没有这样幸运，每年种出来的粮食几乎都不够一大家子十多口人吃。每次做饭，母亲常放番薯粉和在一起做，这样煮出的饭会多些，每个人都有得吃。虽然不足以填饱肚子，但也算有东西下肚，能熬过一天。

上学读一年级，因为几乎每天都去学堂，所以就没有再放牛了。读书让我了解到以前从未知道的事情，了解到世界很大，外面还有很多新奇的东西我们没有见过。而且去学堂上学，我不用分担家务，没有原来那样累，这是另外一种幸福，于是我很爱上学。

那时候，像我这样的农村学生，学费由先生与父母商定。我的学费是每半年给先生五公斤大米。在上一年级的时候，家里省吃俭用努力帮我凑齐学费送给先生。在那个连粮食都不够吃的年代，这五公斤大米也是很难找来的。当我要升上二年级时，父母没办法凑足学费给先生，我只好经常忍受着被先生追讨学费的尴尬，那是很不好意思的事，但因为我想读书，没有别的办法，只好忍着。

没过多久，我就不用尴尬了，因为学堂没办法办下去了。那时世界大战爆发，飞机经常扔炸弹，为了安全，我短暂的一年四个月的学生时代便宣告结束。在那以后，我再也没有机会去学校读书。

我又回到原来耕地的日子，重回田野，与四条腿、两支角的“老朋友”在一起。我成了汤西镇上一个“全职”的放牛娃，每天牵牛去吃草、饮水，等牛长大了一些，就开始让它帮着耕地。长大只是相对的，那时牛其实不大，我年纪也小，对耕地还不在行。

我们两个都是“新人”，就这样一起“面朝黄土背朝天”地耕地，牛在前面拉，我在后面扶犁把。耕地这个活实际上可不像说的那样轻松，有时犁土太深，牛拉不动犁，要将犁把斜放，牛才能往前拉着把地耕下去。

在当空的烈日下，毒辣辣的热浪仿佛要将人和牛烧成灰烬，我和牛常常都累得筋疲力尽。后来，要想办法筹钱帮我治眼疾，家里不得不将牛卖了换钱去付大夫的诊费和药费。

所以说，牛对我有着极大的恩泽。在中国时能有饭吃，是依靠牛的帮忙，后来我到泰国还是依靠牛的帮助。我的人生跟牛有着剪不断的联系，把牛说成是我的患难朋友也不为过。

尽管已过去几十年，但丰顺老家的房子仍保持着我孩提时的模样

房子的外部已破损颓败，但内部仍可以见到我小时候使用过的农具、家什，这是我一生无法忘怀的记忆

我九岁时，每天要在牛圈里看着耕牛，牛小，人也小，我们是一对亲密的伙伴，连晚上都睡在一起。家里不敢把牛拴在外面，怕被偷

2

睡在牛粪堆上

我尽一个孩子的全部能力，帮着家里做事。我要学会在田地干各种农活，要懂得把牛牵去哪里吃草，每天都要完成很多事情，之后才能牵着牛朝家走去。日复一日，我看不到这种生活的未来在哪里。我慢慢心生厌倦，但不知道如何逃脱这一切。

晚上是我感觉有些许乐趣的时光，因为可以稍微休息一下，做些杂事。像我那样的小孩，不需要多富丽豪华或多讲究的地方，光是在家里一角靠着牛身而睡就感到很幸福了。

我家是单层排屋，墙用山上泥土夯成，不算太高，约莫两三米。房顶是角棱的，铺上灰黑色瓦片，看起来很陈旧。屋顶的边沿稍微翘起，就像中国电影里常见的老房子。

这种老排屋的一面土墙是与邻家共用的，所以没一间有窗户。屋里光线不足，通风也糟糕透了，空气潮湿，还夹杂着牛粪、猪粪、鸡屎等气味。把牲畜家禽放进家里，是为了防止被小偷盗走。

老排屋建在一条宽二十多米的小河的沿岸高地。下雨季节，小河有满河的水在流；干旱季节，河水就干涸了，没有水可以用。在我家门口不远处有一口温泉，常年都有水从地下冒出来，可以几分钟内煮熟鸡蛋。由于温泉泉眼位处河溪中，不断冒涌的泉水形成蒙蒙的蒸汽，常年可见。从我记事起，就看见那一带的乡亲带着盆罐来此打温泉水带回家用。

家门前是一条泥路，窄窄的，连着一片低矮的房子。房子一间接一间挨着，组成小村落，有左拐右拐的小路在小村落里通行。住在这一带的人多数是亲戚或者是相识很久的熟人，有事情大家都互相帮衬着，很友好，也很团结，但是大家都一样的贫穷。

家门前的泥路一到下雨时，就变成了泥浆，走在上面脚都会沾满泥巴。如我从家里出来，向左就拐进走向村里的小道，往右就走出田野和挡在前方远处的大山。要走到田地里，我还要涉水蹚过二十多米宽的河。河面有的地方较窄，有的地方很宽，河水蜿蜒流淌着。每天去放牛我都要经过这里。

小小的房子住着人和牲口，肯定乱成一团。没这样住过的人或者从来没穷过的人也许住不得，而我们住习惯了，也就不觉得有什么苦。我睡觉的地方是固定的，那就是与牛一起睡，所以醒来时身上沾有牛屎牛尿也不是什么奇怪的事情。

我的故乡——广东省丰顺县石湖村的现景。村里的房子厝厝相连，组成一个巨大的村庄

老实说，因为我没有床睡，要看牛，我太习惯牛屎了。牛屎对别人来说是很恶心的东西，但我每天都面对着，想躲也躲不掉，就算不喜欢也不知道能躲到哪里去。所以有时牛屎沾到身上厌烦得受不了，就出去用水冲洗一下，回来接着和牛一起睡，醒来时身上一定又会沾着牛屎。

我从刚开始记事起好像就要养牛了，在记忆中我小时候可以到处跑、到处玩，但必须带着牛，把牛养好。

放牛要做的事情是让牛吃草、饮水，别让牛饿着。因为种庄稼的关系，农民要翻土，所以田里的草就长不起来，即使长出来也不多，不够牛吃的，所以我要把牛带去山脚，离田地有一公里远的地方去。那里有更多的草，牛慢悠悠地吃草，反刍着，悠哉乐哉。

牛吃足了草，才有力气帮着耕地干活。看来看去，其实它也跟人一样，常常挨饿，特别是跟我比较。有时我也弄不清楚我跟牛比，谁更饥饿一些，因为每天都看不见太多的食物，也不知道父母能弄些什么东西给我们吃呢。

我年纪还小，只知道把那头牛养着别让它饿死了。但我的父母要养能吃能睡的十个孩子，不让我们饿死。十二口人啊！想一想就会知道责任多么重大了，所以，我自己就经常挨饿，以致我将饥饿、贫穷当成与自己不分家的“朋友”了。

我从小放牛养牛，长大有力气了就去做更重的活，加上不去学堂读书了，我就要负责帮家里耕地了，因为父母日渐衰老。

慢慢地，我的姐姐们都出嫁，有了自己的家；而我的两个哥哥，陈修沙和陈修屋，启程去泰国谋生；另外两个哥哥，陈修恢和陈修船，娶妻分家单独过日子了，住在离父母家不远的地方，有空还回来帮忙干活和看望父母。家里只剩下像我这样的小孩子，仍然与父母生活在一起，为年事已高的父母分担更多的事情。

前往我家的是一条泥泞的土路，雨季一来，就变成一片泽塘，人走在上面，脚上肯定要带出许多泥巴

我小时候住的房子是一间平房，宽 3 米，深 5 米。用泥巴糊成的墙面已开始剥落，更显出这间房子的老旧

我至今无法释怀的一件事，是11岁时太想吃猪肉，但没钱买，所以决定趁黑去偷人家的猪。那天，我用猪油涂抹全身，让身体变得滑溜，然后再用口袋将脚套上，溜进别人家去偷了一只小猪

3

毕生难忘的错

人都曾年少。我也一样有过无知的少年时代。当年一些旧事至今仍清晰地留在我的脑海里，历历在目。每每想起，常会脸上露出微笑，同时也抑制不住内心的激动，泛起与昔日一样的美好情怀，恍如昨天就在眼前，尽管时空已隔了七八十年。

顽皮玩耍，尽情嬉闹，可以让人忘记饥饿，忘记不愉快。因此，在我小时候，总有很多记忆深刻的事情和少年无知的乐趣。在孩子还小的时候，我常常跟他们提起我的童年。当然，孩子们听了也会跟我小时候那样开心，但我会趁机加上一些经验，教导他们怎样更好地生活。

我也不是每件事情都做得对。我小时候，做错、做对的事情都有：做错的事情，我会拿来教育孩子，好让他们不要再犯同样的错；而做对的事情，也拿来教育他们，让他们知道应该怎样去做。

我总会这样说："孩子们呀，你们有我这样的父亲真是幸运。你们父亲的一生经历了很多事情，可以说很神奇。但也有一些事情做错了，所以你们要当成教训，以便不犯那样的错。"

回顾过去，我认为自己是个好人。因为做好人、讲道德，是我的父母一直教导的。但生活中的实际经验，父母是无法每样都教的，要靠我自己去学习。所以，有的时候，我难免会做错。做错了就当一次教训，我常常这样提醒自己。

回到 70 多年前，那时我只有 12 岁，对"饥饿"二字的切身体会，要比写这两个字来得更深刻。

那时候吃的东西，总不能让我填饱肚子。有时母亲做饭时放进去几把番薯粉，这让做出来的饭分量更多些，把肚子填得更饱些，但就像吃了一肚子风，摸着胀鼓鼓，拍拍咚咚响，吃进肚子没有什么内容，像水和风一样，而不是有营养的食物，所以这种饭，只能吃饱却不能抵饿。

这样的生活，让我整天都饿得肚子疼几回。

与母亲进城的时候，我看到市场上摆卖的小摊，有卖水果的、卖菜的、卖点心的，还有各种可口美味的东西。此外，我还看到有卖猪肉的，将割好的猪肉摆在肉摊上；旁边还有卖烤猪肉的，阵阵香味扑鼻而来。

我强咽好几下口水，看着别人买，但我和母亲只能从摊前走过，因为口袋里没有钱。我曾经尝过的猪肉香味，就跑出来挑逗我的欲望，让我很想再尝一下这种味道。

几次从市场馋着回家后，一个想法就慢慢产生，并萦绕着我：要如何才能有钱去买很想吃的东西呢？我想到去打工挣钱，但那时我只有 12 岁，没有人愿意雇我，还不如雇个大人呢。

最初，无论怎样想，我都想不出方法来，但是心中的欲望让我欲罢不能。我辗转反侧地想：去哪儿找钱呢？想了好几天，一个念头突然出现：“偷别人家的猪拿去卖。”心底也马上出了一个声音：“不行呀……如果父母知道，一定会生气，会把我打死的！”

因为父母一直教我，如果别人不知道或者不愿给，就不能拿别人的东西，更不用说去偷了。老实说，当时我在错与对之间犹豫了很久，最后，那种想吃顿饱饭、吃次好吃的东西的欲望指使着我去偷猪。

下了决心后就是在心里策划偷猪的详细步骤：

首先要想好哪天去偷，不是选择吉时吉日，而是看哪天行动才能得手。定下“偷猪日”，或者叫“偷猪夜”更为合适。因为黑夜是很好的掩护，让别人看不到我的脸，认不出我来。

下一步就是必须用顺手的工具，把到手的猪拖走。工具要求必须简单、轻便。因为还是小孩，要举要背什么太重的东西是不可能的事；如果用拖的办法可能会弄出声响来，搞不好没偷到手就被抓住了。最后我想到用装火灰的袋子来偷猪。我想好了，先抓着猪头，塞进袋子里去，当猪被袋子里的火灰呛得一头一脸的，也就嚎不出来了。

为了以防万一，我甚至想，如果那头猪死命挣扎或猪的主人醒过来了，偷不成，我一定要逃掉，不被抓到。而我想出能逃脱的办法是，用油将身体涂得滑溜溜的，让人想抓都抓不住。我还闭眼想象被人抓住时我应该怎样做。我告诉自己，要利用身体很滑，趁其不备地溜走。想到别人抓不住我，我心里暗自得意。

当一切外在条件都准备就绪，最后要准备的就是“心”（胆量）了。我对自己说：“不要害怕……一切都会好的，猪会到手的！”我不断地给自己加油，最后竟然鼓舞得自己有点冲动，大白天的就想冲出去偷猪了。不行呀！大白天不可以行动，要在没有月亮的晚上才行，我在心里这么跟自己说。“如果偷猪成功，我就拿去卖，把钱放进自己腰包一部分，另一部分拿去还给猪的主人，要晚上去，悄悄地塞进他家门口。”

你看，我还是有良心的，因为不管怎样，我都想着被我偷猪的主人，怕他丢了猪太伤心，就想着拿一半钱还给他，让他不那么难过，我的罪恶感也可以减轻些。

等到要下手偷猪了。记得那一晚，我浑身涂满了油，滑腻腻的，踮着脚离开了家，手上拿着麻袋、诱猪的饲料和柴火灰。用来引诱猪的饲料就是剩饭，柴火灰则是用来不让猪嚎叫的——猪张口要嚎时，柴火灰就蒙住它的口和鼻，它就嚎不出声来了。

猪异常顺利就偷到手了，比想象中容易得多。做计划时害怕得要死，怕猪会叫，怕猪的主人醒来看见，怕父母知道，但是，那天晚上我成功偷到了猪！被我看中的那头猪径自走来吃我放的饵，轻易地被我装进麻袋里。直至我抱着猪轻手轻脚地离开，猪也没有嚎叫。

我把猪绑起来藏在没人知道的地方，稍后就拿出去卖掉。那头猪卖了个好价钱，让我有钱买烤猪肉和食物，美美地饱餐了几顿。

时至今日，我还是很感激猪的主人，这件事情让我有了另一种生活经验：既紧张又刺激，那种感受让人一生都忘不掉。我知道了什么是美味，饱餐了从未尝过的美食；最重要的是我知道了什么是饱的感觉，因为在此之前，我的生活中从来都是饥肠辘辘。

我没忘记自己欠下的“良心债”，之后，我确实拿出卖掉那头猪的一半钱，悄悄地塞到那天晚上被我偷掉猪的主人家门口内。这样虽然不能减轻我偷猪的罪孽，但至少减轻了我的罪恶感，让我心里觉得好过一些。

关于那段时期的回忆，更多的就是整天寻找可以充饥的东西。填饱肚子对我来说远比关注自己的外貌更重要。

直到某一天，我第一次从镜子里仔细看自己，不禁被自己的样子吓了一跳。这是谁呀？这真的是我自己吗？——身上肮脏得不成样子，耳朵、脖子和后背上都是一块块的黑斑，没有梳理过的头发蓬乱不堪，上身没穿衣服，上哪儿都是一条旧短裤，松垮垮的像现在小青年穿的平脚短裤那样，并且几乎天天都穿它，因为没有其他的可换，这条短裤就像“饥饿”一样如影随形地跟着我。

这条大大宽宽的裤子，不是父母专门给我做的，是从哥哥们那儿传过来的。为了不让裤子掉下来，要用稻草当腰带绑，但那样子很难看，我从心里就不喜欢。我很妒忌那些家境好的人家的孩子，他们总穿着合身的衣服，腰上系着漂亮的腰带，看起来人都变得精神了。

而我呢，旧裤子宽大无比，裤头不抓着或绑着就会滑落到脚脖子上，因此，我非常想用一条漂亮的腰带来绑裤子，而不是用绳子。要花钱买腰带，像我这样的孩子想都别想了，那是不可能的，我没有钱去买自己想要的、需要的东西。我想到了另外一种办法去获得腰带，那就是：将别人脱下放在温泉边上的腰带拿走。

温泉是村里人经常来洗澡的地方，在那里，就像天然的热洗澡水，不用花钱，温泉还含有矿物质。有人相信温泉水可以治疗身体的某些疾病，所以温泉成了村里的宝物，连附近村庄的人都结队来这里洗。我也经常去那里凑热闹，但我不是想洗温泉，也不太喜欢温泉澡，我去那里主要是偷看，因为人们在兴头上时就不会留意脱下来的衣物和堆放在一起的财物。在那些衣服中，我常常看到腰带。

我想要腰带，但不敢去拿，所以常去偷看，一看就看很久，一直看到心生“勇气”。我想，来这里洗温泉的人经常会穿错鞋子，也会拿错相似的衣服，我拿别人的腰带，也就是像别人一样拿错东西而已。万一被发现，我可以说“对不起，我拿错了”为自己开脱。

事情也像我想的那样，我如愿地从洗温泉的人放着的衣服堆里拿到了一条腰带回家，没有人怀疑和发现。我知道那样是错的，但那时候，我根本不愿多想错与对的问题，我想得最多的就是高兴。有腰带代替绳子绑裤子，我宽大无比的裤子就不会掉下来。再说，腰带除了好看之外，还舒服。

这些年，那些口腹之欲，我早已忘却，而那些做错的事却常让我于心不安，种种场景如幻灯片般总是在我眼前浮现。尽管猪的主人、腰带的主人不知道这事与我有关，但我心里清清楚楚，知道自己做错了事，知道惭愧和自责，也就像人们常说的“天地明镜，于心有愧”吧。每当想到那些事我都感到自责，最后我对自己发誓说："今后不管如何困难如何贫穷，我都再也不会去偷别人的东西了。"

我无法忘却小时候做错的事情，但是我无法回到过去做任何改正，唯一可做的就是不怕丢脸地告诉我的孩子这些事情，并把我犯过的错当作教训来教育我的孩子，我对孩子们说："别犯爸爸那样的错误。"

富人们用来祭拜的供品，既是穷人们向往的美食，也是穷人们最美味的晚餐。每到祭拜时间，穷人们总是很兴奋

4

旱灾雪上加霜

家境好点的人家不会去吃祭鬼、祭神的食物，但贫苦生活让人饥不择食。作为穷苦人家，只要有可以吃的，就会不加挑选、毫无顾忌地吃进肚子充饥。

我小时候生活的小镇有在鬼节免费散发食品的习俗，即是大家都知道的“倒簸箕施舍日”。每年鬼节的仪式都充满神秘色彩，新奇得让人感到兴奋。而我最期盼的则是有机会尝尝我见过没吃过、很想吃的东西——在这个节日上就有这样的机会。

贫穷让我懂得忍耐和等待，节日来临前几个月我就开始舔着嘴唇数日子，盼星星盼月亮地盼望着“倒簸箕施舍日”的到来。

这一天，有数十种不同的食物作为祭品摆在祭台上祭鬼神、祭亡魂，仪式结束后它们就被散发给穷人，大家一抢而空。像我一样穷的孩子也跟我一样，如饥似渴地等着分享祭台上种种美味的食品。其实不光是小孩，很多平日里吃不饱的大人们也盼望着这一天。

到了那天，村里的、外村的富人和穷人都来到镇上的主寺庙来参加祭祀。大家各怀心思：富人前来是要奉上祭品，祭拜以求平安吉利、发大财；穷人来这里则是想从祭祀的祭品中分一杯羹，拿回去饱餐一顿。

富人在寺庙里祭拜，为亡魂、鬼神奉上种种祭品，荤的、素的、甜的、酸的、油的和咸的一应俱全，极其丰盛。穷人在四周看着祭拜，等待着结束的时刻。

一般到下午四点祭祀完毕，围观的饥饿人群就冲到前面，匆忙把东西抓到手里。这时，每个人的眼中只有食物，被碰撞或踩踏都不在话下。那些在供桌上的祭品，成为穷人享口福的大餐。

而我呢，虽然一直目不转睛地盯着祭台上最好的食品，但一旦开始哄抢的时候，我总是够不到——比不上大人有力气和经验，他们总能抢在我前面将最好的祭品抓到手里。等我终于能够挤到祭台前的时候，祭品也几乎都被抢光了，或者只剩些别人不愿意要的东西了。我只好眼巴巴地看着拿到好祭品的大人们，看他们将好东西匆匆装入准备好的器皿。就这样，盼望了整年，想尝一尝鸡鸭鹅鱼的美味，却都被比我强壮的人装进饭盒或蒸笼里拿走了。

但即使这样，我还是很喜欢这个节日，因为在这天，我还是能吃到比平时美味的东西，肚子比平日要饱足些。

其实我家里没有将希望全部寄托在那几亩地上，还做了点别的副业挣钱来帮补生活——做豆腐拿到集市上卖。那时我只有八岁，个子还很小，但已经要给父母和哥哥当帮手干活了。我看见哥哥和嫂子总帮父母做豆腐，我就尽我所能，帮忙拿这拿那的打下手。只要大人需要，就可以唤我帮忙。

这活计要求凌晨两三点钟必须起床，那时天还漆黑，公鸡还没打鸣。醒来后我们就马上动手，用豆子磨浆做豆腐。磨是那种古老的大石磨，两块大圆石头垒在一起，上面一块带有孔，用来添放豆子，下面的磨盘比上面的转磨要大些，周围是一圈凹槽，用来盛接磨出的细腻豆浆，然后用盘接住豆浆，加卤做成豆腐。

石磨

等块状的豆腐做成，天也快亮了。这时我就要帮着端一些要用的东西，跟着哥哥到离家几公里的集市上卖豆腐。赶到集市往往是早上五点半，正好是大家出来买菜的时候了。

早上的集市很热闹，买菜的人来来往往，我们的豆腐摊就摆在三岔路口商店前的路边。我打小就喜欢做买卖，于是会不时叫卖豆腐，看到集市上人开始多的时候，叫卖声会更大："豆腐啦，豆腐啦，新鲜的豆腐啦。"

我的叫卖声总能吸引到更多的顾客。我留意到有人提着菜篮子走过去，但听到叫卖声，又折回头来买。有的还笑着说，如果没听到叫卖声，就忘记要买豆腐了。

在集市上卖豆腐，让我从小就学会了怎样卖东西，这成了我宝贵的人生经验，让我了解人作为顾客时的心理，也了解到顾客有不同的类型。

一般上午十点左右豆腐就卖光了，如果卖得好，九点就能卖完，我也能早点回家。每天卖豆腐的收入虽然不多，不足以让家里富裕起来，但也能够让家里有少许钱买粮食和菜，维持生活。

我从八岁起就当卖豆腐的小商人，又当耕地的农民，直至我大约十三岁，这种生活持续了四五年。

我深知饥饿的痛苦，特别是在发生旱灾的年代。那是 1935 年的事情，当时我 10 岁，父亲常常给我讲那年的旱灾比 1890 年的更厉害。1890 年那次旱灾，水渠里还有水，大家为了挖沟把水引到自己的村庄，发生了械斗，造成十多人死亡。各村关系急剧恶化，彼此禁止来往、通婚。我祖父和父亲也参与了争斗，父亲平安无事，但祖父被枪打中左手臂，子弹陷在手臂里，好在十多天后子弹自己掉出来了，手臂能照常活动，算是大幸。

从 1935 年到 1937 年，三年大旱，滴雨不下，水稻枯死，河道水渠干涸，打井一米多深才见得到水。乡亲们只好打水浇灌黄豆，因为黄豆是比较耐旱的作物。

第一年还可以忍受，第二年粮食不够吃了。政府来救济，用两三碗大米煮一锅稀饭，加上一勺盐水，没有任何菜。我记得很清楚，我自己就排队分稀饭吃，但是稀饭哪里够吃，我喝完了，转了一圈，又过来排队等分稀饭，但是被工作人员抓住，踢出了队伍。

政府每周来发救济稀饭一两次，这样的生活持续了两年，这两年我每天晚上睡着都哭，因为实在饥饿难忍。我和当地的村民一样，能找到的吃的，哪怕是树皮草根都吃了，甚至吃一种叫“猴头”的树根。泰国类似这种东西的叫做“白薯莨”，食用步骤极为复杂：洗干净后煮，煮的时候气味刺鼻熏眼，要用湿布捂住鼻子眼睛，所以添上一些柴火后要立即跑开；反复煮两三次后，用清水泡上三四天后晒干；要吃的时候浸泡在水里两三小时，然后煮着吃。

能吃上猴头大家都很高兴，因为这意味着能吃饱好几天，很多人都是靠猴头度过危机的。现在在高档酒楼，猴头反倒很贵了，我们把它叫做“忆苦富翁”。

到第三年，饥荒更为厉害，很多人饿死。这种画面一直印在我脑海中，特别是一些熟人突然间就死去了，吓得我到处乱跑。有一次我还大声叫喊：“邱叔哥不知道怎么了？倒下去了，不知道有没有死？”

后来大人们讲给我听，我们村大概 3 000 人，饿死了 400 人，整个广东省饿死了上百万人。

动手挖猴头

猴头树干

猴头根和树的形状

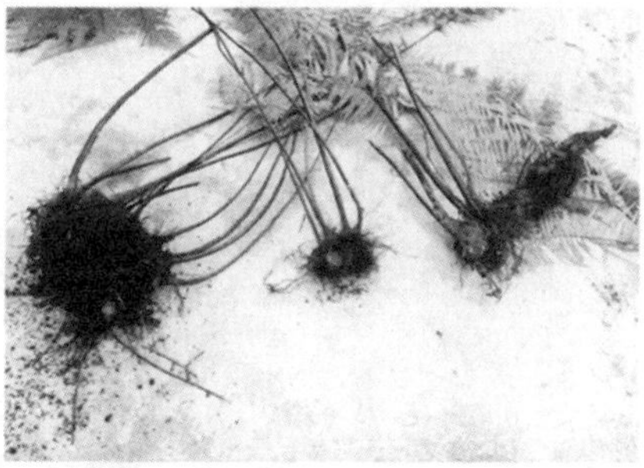

在粮食危机时，用于食用的猴头根

猴头根

洗干净晒干的猴头

吃一碗猴头可以两日不饿

三年大旱，政府分发救济稀饭，队伍长长的，每人分得两三大勺稀饭，加上一小勺盐水，没有任何菜

三年大旱后，开始下雨，乡亲们才有了一丝笑容。大家纷纷在自己的地里挖大大小小的坑来蓄水。下雨后，开始有了青蛙、蟾蜍、虫子。我们把青蛙、蟾蜍的骨头晒干，磨成粉，晒干后装进瓶子里，拌着米饭吃，味道不错。有了鸡、猪以后，同样把鸡骨头、猪骨头晒干磨成粉，拌着米饭吃。我到现在还清晰地记着骨头调料的味道。

旱灾结束一年后，日本大举进犯中国，一直打到了广东，在很多城市比如汕头市安营扎寨，然后再进犯乡村地区。在日军打到广东省之前，为了阻止日军的行进，当时的国民党和红军联合作了预防准备，挖地道、把公路掘开，但并没有起到预期的效果。因为中国当时的武装很落后，军队只有步枪，而日军装备了机关枪和飞机大炮。

1938 年我 13 岁，读完小学一年级，日军进犯到我所在的丰顺县。日军不分白天黑夜地扔炸弹，以示威力，使得民房、学校纷纷被炸毁。不久就进犯到我村了。所有的村民不管男女老幼，挑上能带走的东西纷纷逃荒，躲进了深山老林。我家十多口人，躲在一个小小的破旧的茅草屋里，外面下大雨，里面下小雨，长年累月泥泞不堪。

在深山老林的日子是非常艰苦的，完全靠树皮、草根、笋和各种蘑菇生存。我们到处捕捉虫子、蛇、鸟、青蛙或者是我们认为能吃的东西。狗就不用提了，旱灾的时候就已经给我们吃光了。至于猫比较少见，要知道怎么吃才敢吃，因为有的部位有毒，有的部位可以吃，而且猫也比较难抓，但是一旦被抓到也就成了人类的盘中餐。

在危机中，饿死的人就像树上掉下的树叶那样多。那个时代中国人没有选择，想生存，就要吃各种动植物。现在中国人吃的也是五花八门，以至于有不少中国人都说："天上飞的除了飞机，水里游的除了潜艇，地上跑的除了坦克（中国人都吃）。"

动植物对人类都是有恩德的，所以在和平时期，人类应该与动植物和平共处，有时候在关键时期动植物是能够帮助人类的。

谈到我那时遇到的饥荒，孩子们告诉我：不仅是中国，很多国家都同样遇到过饥荒，如果遇到天灾人祸或者战争，免不了饥饿、折磨、痛苦、死亡等。不管是中国人、泰国人还是哪个国家的人都挣扎着活下来。

只有经历过灾荒、经历过饥荒的人才知道粮食的价值。像德国人、法国人或者其他国家有过这种经历的人深知粮食的价值。所以，德国人、法国人往往用面包擦干净盘中的食物。如果看到现在的年轻人吃一半扔一半，都会去指责。

我和家人在深山中居住了两三个月，直到有公告说：日本军人不伤害中国人，我们要联合中国抵制英美帝国主义。那时日本可能认为暂时攻占不下中国，同时中国深受英国、美国的侵略，特别是中英鸦片战争后，中国割地赔款，把香港等作为英国的租界等，所以日本人想改变政策，联合抵制英美帝国主义。

但上述示好彻底失败，日本人在中国犯下累累罪行，中国人不会相信日本人的虚伪。有的是我亲身经历，有的是听别人谈起，中国人会把日本人的公告遮住或者贴上别的标语。标语的意思为：拼死战斗，保卫家园，夺回丰顺汤西。

直到大家相信日本的战祸没有那么严重了，躲在深山里的家庭便纷纷出来，我家也一样从深山回到了老家，一切照旧，平平常常。我的生活横遭变故，尽管过去了七十多年，但是我还记得每一个细节。

不久，我双目失明，不见一丝光明！

失明后，什么都看不见，所有的梦想都濒临幻灭，那时候我想，生命已经没什么价值了，不想成为父母的拖累，加重他们的负担，所以想到了上吊自杀。但现在看来，自杀是最愚蠢的举动，说明你不敢挑战生命，其实即便是困境，每个人都还有其他路可选择的

5

不见光明的那几年

我的生活横遭变故，不知道是命中注定还是命运捉弄，我要生活在黑暗中。如果不算上父亲去世，人生中让我最伤心、最无望的事情就是：双目失明，过了近五年的盲人生活。

如果生下来就看不见，那我还是能够习惯黑暗中的生活，不需要重新调整自己的生活和心态；但我曾经看见过所有东西，曾顽皮耍闹，曾帮父母干活，曾去卖豆腐，什么事情都能自己做的。曾活在光明的世界，现在却突然失明了，眼睛什么也看不见，什么事情也都做不了，什么事情都要别人帮助我，这个事实让我非常难以接受。

事情发生在我十三岁零六个月大的时候，不经意中视力开始变得模糊不清。

那天我记得家里每个人都忙着准备祭品祭拜爷爷，我却觉得视力有异常，眼睛感到有些刺痛，看东西像蒙上一层雾，看见的都是模糊的景象。我跟父母嚷嚷起来，大家乱猜了一番，最后结论是：“会不会是咸鱼和姜吃多了？”

这个结论让我想不通，我跟大家吃一样的东西，菜是炸咸鱼和拌姜，每个人都吃了，为什么别人没有出现我那样的症状呢？

“为什么别人吃了不这样呢？”我用怀疑的口气反问母亲。

“别人受得而你受不得嘛。”母亲给出的理由是我吃不得咸鱼，我无话可答。

母亲继续安慰我说：“不要紧的，这样的事情妈妈也发生过，一会儿自然就好了。”

但事情没有如她所说的向好的方向发展，我觉得视力越来越模糊，最后几乎什么都看不见了。东西拿在手上也会掉，走路磕磕碰碰的。

经常这样，母亲就问道："儿子，你怎么啦，走路碰这碰那像看不见。"

"我看不清楚，不知道为什么，看什么都是模模糊糊的。"

母亲走来看我的眼睛，看见瞳孔被蒙上了白白的一层膜，就像用龙眼肉把眼瞳快完全蒙住了，她也吓了一跳："是什么东西长出来把眼珠子给蒙住了。"

听到母亲着急的语气，我感到害怕，连忙问道："我眼睛会瞎掉吗?"

"不会的，不要着急，应该有药水滴上去可以把白膜去掉的，去掉后就好了，就看得跟原来那样清楚了。"母亲的鼓励给了我信心，但她的表情和语气跟所说的话却不一致。

当家里每个人都知道我眼睛的事情时，都很着急，担心我会失明。父母说要带我去看医生，但家里没有钱。母亲偏不屈服，相信即使不花钱也一定能找到办法帮我治眼睛，她求神拜佛，还广泛搜集偏方。

乡亲们介绍治眼睛的办法各式各样，稀奇古怪的都有，但那些也曾经给我带来很多希望。那些方法中常要求把各种东西涂到眼睛上。第一样是用陈年的蜘蛛网，按以前说法，那是污秽的东西，用肮脏的东西驱除恶疾，这叫以毒攻毒；还曾用墨汁滴到眼睛上；还有醋，用来沾了肉片也拿来敷到我的眼睛上。

有一次，曾经用上面提到的陈年蜘蛛网、墨汁和醋混在一起，然后用扯剩末尾一点的鸡毛沾着这些东西，往我的眼睛上涂抹。第一次用这种方法医眼睛，我觉得非常疼，因为帮我往眼睛涂这些混合物的大嫂点药太多，几乎浸润了我的眼球。

当眼睛沾到这种威力无比大的混合物时，刺痛让我不断挣扎。"大嫂……我痛死了，受不了了。"我努力地把脸转到一旁，不愿让眼睛被这种他们叫做"药"的东西沾上，同时躺着大哭。大嫂看到这种情景，赶忙跑去打来清水，帮我洗眼睛。"对不起呀，修试，大嫂沾的药水太多了，这次大嫂沾少点，就不会痛了。"

我还是害怕不已，不肯让大嫂点药。"我不涂这些厉害药水行不行呀?"

母亲斩钉截铁地打断我："别这么多话，修试，不涂药怎么能好。这种偏方，他们用过几百年了，已经治好过不少盲人了。"

我只好让大嫂继续给我治疗眼睛。

第二次，大嫂用鸡毛沾药后，按原先说的稍微甩干，我眼睛的刺痛就少了些。

忍受了痛苦，我的眼睛还是没有如愿好转起来，反而越来越糟糕。有时用乡亲说的奇怪办法医治后，眼睛就会发炎。希望一天天消亡，我的一双眼睛成了各种偏方的实验场地。

到最后，我的眼睛完全瞎了，什么也看不见了。那个时候，我想，活着为什么这么痛苦，除了家里贫苦，没有粮食可吃之外，我还要受失明之苦，成了看不见东西的盲人。

生活，有时黑暗过后是光明。而我究竟要忍受到什么时候，还是永久都是黑暗？

我变成了盲人，成了残疾人，成了要父母和别人照顾的累赘，这让我感到丧气，感到绝望，很伤心，天天哭。

我曾经想过我这一生一定会有出头之日，我必须要挣钱，好好报答和孝敬父母，让他们不再受累受穷。看到他们为了养活十个儿女而含辛茹苦，这让我常常怜惜他们，替他们感到难过。

就算身体不舒服，父母不能休息，还是要顶着日晒雨淋去干活谋生，只为了我们这些孩子有饭可吃。在眼睛还没有失明的时候，有一次我看见母亲生病，倒下了，爬不起来，父亲就找来草药熬了喂母亲喝，一直悉心地照顾母亲。当母亲病刚稍好，就起来到田里，帮着父亲一起干活。

我的父母这样辛劳，我很希望能帮助他们二老分担重担，但现在我失明了，像我这样的盲人还能帮父母做什么呢？只能给他们添麻烦和负担罢了。想到这里我就很埋怨自己，怀疑自己是不是前世犯下了很深的罪孽，否则为什么会遭如此的报应呢？

每天，天还没亮，母亲就早早起来为我做饭做菜，然后才出门去干活。我知道母亲是去帮父亲干地里的活，之后会到处问别人有没有医治眼睛的办法，来为我治眼睛。

我独自留在家中，饿了就爬起来，用手扶着墙壁慢慢摸索到母亲为我做好的饭菜。我把饭吃下去只为了填饱肚子，不在意味道如何，这种心态可能是受到刺激后的自暴自弃。

很多次，我吃着吃着，就禁不住哭，埋怨命运不公，生下来手脚完好，身体无缺，但只到了十三岁我就变成了看不见的废人。越这样想就越伤心，眼泪流个不停，泪水滴进饭碗，然后我又将掺杂了眼泪的饭吃进肚子里，把这叫做眼泪拌饭也不算错。

我觉得自己变成了废物，成了别人的负担，生活没有了奔忙的希望，前途也像失明的眼睛那样看不到光明。

父母不停找办法来帮我恢复光明，将这一带的寺庙佛院都寻了个遍，也在各个神佛前替我祈祷，保佑我重见光明。另外，还将所祈求的愿望告诉我的哥哥姐姐以及熟人们，让他们也到处去求保佑求显灵，让我能重见天日。起初我抱着神灵会显灵让我重见光明的希望，因为我见过村里的乡亲不断去寺庙求保佑、求平安，我相信上天神灵会保佑我。一些偏方我没有完全放弃。大家都努力坚持帮我寻找治好眼疾的办法。

又过去两年，我十五岁零十个月了。于是我开始绝望，开始失去信心，内心一天比一天煎熬。不想让母亲再为我眼睛的事情劳累，无论是求神拜佛还是寻医问药，于是我对母亲说："母亲呀，不要再去奔波了，我的眼睛没有机会复明了的。"

"别这么说，你的病一定会好的，不管怎么说，母亲都要想办法帮你，母亲不会服输，你也不要服输。"母亲这样跟我说，她也真的不认输，比以前奔波得更勤快了。而我呢，已经在黑暗中忍受了快三年了，对于曾经享受过世间光明的我来说，这是多么漫长的日子。我不再抱有复明的希望，感到万念俱灰，开始厌倦人生了。

有时，大家都出门去了，只剩下了哪儿都去不得的我留在家里守门，我就常常左思右想，越想越悲伤，头脑越想越混乱，想得最多的就是：我一天一天在长大，肌肉也长出来了，像个小伙子了，只是眼睛看不见，原本我能去帮助父母的，现在却变成需要父母和大家来照顾我。母亲越是爱我，我越是感到痛苦；越是看到母亲辛苦地照顾我，不误一餐地为我准备饮食，我越不能忍受这样的情形。

我看不到有比"死去"更好的出路，我想：如果我死了，父母不会像这样劳累，不需要再为我奔波，这样父母也得到了解脱，不用再为我操心。于是，我决定亲手结束自己的生命，让事情有个了结。

想到寻死之后，我就开始找机会，等哪天家里没有人就动手。

一天，机会来了。父母一早就出门去了，哥嫂也不在，我决定按照我想好的方法动手。我慢慢地摸到了后房，想找到放刀子的地方。摸着摸着就摸到了杀鸭宰鸡的刀，我握起刀来，眼泪却不断地涌出来。

我想用力砍向自己的脖子，让头掉下来而死，这样死得不痛苦。我用手紧抓着刀，对自己说，是时候了……

就在那个时候，我突然想到父母，心里明白，我这样自杀了，父母一定会伤心，回来看到尸体一定会哭，但我没有别的办法呀。我努力不去想父母了，眼泪又再次流了下来。我哽咽地跟父母告别和请求父母的宽恕：“爸妈呀，我先走了！我对不起你们，如果还有来生，希望再做你们的儿子，但眼睛不要再瞎掉了，我要奉养你们呀。”我举手引刀准备自刎，但不等刀落下，就听到有声音大叫：“别这样，修试，不要这样做！”

话音刚落，就有一个身影带着风跑过来，一把夺去我手上锋利的刀，一下扔得远远的，刀落地的声音清脆地响起。

进来看见我准备用刀砍自己的是三嫂。

“修试，为什么要这样做，你知道吗，父母还有大家会有多伤心？”三嫂把我扯过去紧紧抱在怀里，并且哭出声来。

“嫂子呀，我对不起大家了。”

“不是的，修试，大家都疼爱你，如果你死了，大家会很伤心的。特别是父母，他们会更加伤心的。”

三嫂安慰我好长时间，并让我保证不再做自杀的傻事。

到了傍晚，父母回到家，知道了我想自杀的事，母亲紧抱着我流泪不已。

“妈……”我很伤心，“我不想让大家为我受累，如果我死去了大家会轻松一点。”

“修试，别再这样做了，我们活着都应当有点希望，妈爱你呀。”

“大家要为了我而劳累，我不想再活下去了，我不想像废人那样活着，不想一生都这样残疾着。”我边哭边说，语气哽咽，泪水满脸。

“别傻了修试，你一定会好的，母亲带你去找好医生看病。”母亲哭着，抱着我不愿放手，努力地安慰我，让我鼓起信心，直到我情绪平静下来。母亲和大家都以为我冷静下来，不会再寻短见了，其实呢，我表面上平静了，但那种想要自杀的冲动，在我内心深处仍如点着的火炬无法平息。

我不能接受自己活得像个废物，以及要一生活在黑暗中的事实。心里有个声音跟自己说：“死去吧，陈修试，你活着也没有用处。”

那天的自杀事件，让父母和家里人更加小心地照看我，怕我再寻短见。但我心里还是有自杀的念头的，我听不进母亲的劝解，因为我不能忍受自己成为父母一辈子的负担。我怜悯父母要累弯了腰，努力去谋生计来养活我。虽然母亲安慰我说会找好医生来替我医治眼睛，但我知道他们没钱去请医生，哪个医生会来帮我治病呢。

如果要向他人借钱来治眼睛，治不好还要负债，等于白白浪费钱财。想到这些，我感到很沮丧，对一切都绝望了，太多问题让我理不清头绪，我想，死才是最好的解决办法。

了结生命的念头始终萦绕在我的脑海中，但现在我更难办到了，家里人把刀等可以用来下手的工具都藏了起来，不让我找着。每个人都警惕着我，不让我离开他们的视线。但我没有放弃，天天都盘算着结束自己生命的办法。

我终于又找到自杀的机会，没有刀我就不用刀，就用绳子上吊。我找到一条绑东西、挑担用的指头粗的马尼拉绳，把它藏起来。

终于，第二次自杀机会来了。那天每个人都有事要出门，留我独自在家。我想他们可能都没想到我还会自杀，因为离上次事件已经过去了六个月。想着想着，我的眼眶又充满了泪水，流在脸颊上。

等我平静一下情绪，就去摸那条藏好的马尼拉绳，用一头圈成活套。很快我就打好了活套，只要套进去，就会越勒越紧，很是牢靠。

这就是我小时候想要上吊的地方。因为失明，不能自立，不想成为父母家人的负担，所以我选择自杀

可能要痛苦一阵，但我想，只是痛一下就过去了，到我没了知觉，所有事情也就结束了。那会儿我真的不怕死，我一心想着要去死。死亡在我看来，就像是我的一个好朋友，它能帮我脱离苦海。

想到要告别大家，我的眼泪再度流了下来。我用左手拿着马尼拉绳，右手摸索着找可以站上去将绳子绑在横梁上的地方。我家的墙壁没有攀高放脚的地方，一定要有个东西垫着站上去，才好往高处的横梁绑上绳子。终于我摸到了装菜用的菜盒子，这个菜盒子高约到我膝盖，就靠在墙边放着。

我摸索着站上去，然后在墙上摸，终于找到了墙上的一个铁钩，我不知道这个铁钩有什么用途，猜想只是用来挂东西而已，就立即将绳子一头往上绑。然后将脖子伸进活套里，还没套好，我就听到四嫂吃惊尖叫的声音："修试，别呀，别那样做!"

四嫂跨过来将我脖子上的活套取下，紧抱住我。估计看见我几乎就要吊死，她也吓得不轻。四嫂哭着将我从站高的地方抱下来，让我在椅子上坐下，然后大声地斥责："为什么这样做？不知道大家会伤心，特别是父母会有多伤心？他们辛苦奔波地想办法为你治眼睛，而你却寻短见。不可怜父母了吗?"

"我不想活了，谁也不是我，谁也不知道我心里有多痛苦?"我声音也颤抖，用手掌擦去满脸的泪水。

"我们每个人都痛苦，但修试你要多想想父母，他们两位的痛苦不比你少。但他们还是不认输，还在努力地找办法帮你治病，你也要努力下去，不可以服软的。"

四嫂只有22岁，但说话已经完全是个大人了。她多方开导我，不敢离开我半步去做别的事情，怕我再寻死。直至傍晚，母亲回家后知道我又寻短见，她再次哭了，抱紧我像是怕我会跑了。

"修试为什么这样做呀。"

"我只想去死，让一切都结束，让痛苦麻烦都结束!"

那天我将心里藏着的想法都倾诉出来，我告诉母亲，落到让别人照顾的地步，我感觉非常痛苦。整天让母亲喂饭喂水，这让我真的不想活下去了。母亲也说出了藏在内心的话："妈也活不下去了，如果你死去了，我也会跟着去死的……"

母亲的话深深震动了我的心灵，对我来说意义深重，让我明白了母亲对我的爱是多么的深。

我忍受着多年失明的煎熬，每天傍晚拉二胡，靠音乐来缓解心中的压抑，但奇迹确实存在：一天晚上，我梦到爷爷带着一个人来到家中，说是来帮我治疗眼疾……

6

梦见阿公

我忍受失明好几年，几乎快要失去希望。直到有一个晚上，我梦到一位慈祥的老人，他挽着清朝人的长辫，穿着大长马褂，后面跟着一个年纪较轻，光着头，也同样穿着长马褂的高个子男人。梦里两个人的容貌都十分清晰。

梦中，有两人站在我家门口，我问前面的那位老者：“您是谁?”

那位老者回答：“我是你的阿公（爷爷），带医生来给你治病呢。”

自称是我阿公的老者，转向那个光头对我说：“这位就是能帮你复明的医生，他前世欠了你的恩德，今生是来报答你的。”

“我在哪里才能找到他呢，阿公。”

“离你家不远。”

阿公随后详细地告诉我医生的住址，并让我记住那个医生的容貌。

“你要告诉你父母，让他们赶紧带你去。”梦中的那位老人临别前还叮嘱我。

我从梦中惊醒，脑海中还回味着刚才那个清晰的梦境。我半信半疑，那时已是临近天明，已经能听到远处的鸡叫，以及比我起得早的人干早活儿的声音。

我赶紧起床去找父母，把梦告诉了他们。母亲问：“那个老者长什么样?”

我向父母详细地讲了这梦中遇到的老者的模样。“他告诉我说，他是我的阿公……”

他俩都觉得惊奇万分，不仅仅是梦中老者对我说的话，就连我跟他们描述的老人的样子，都和父亲的父亲一模一样，那正是我的阿公。

我自己并未见过阿公，当我出生时，他已经逝世达23年之久了，所以我能清楚地描述出阿公的模样，真令人难以置信。父亲迷惑地小声嘟囔："难道真的是你阿公显灵了？"

最后，众人都认为这是阿公来给孙子我指点迷津的。

"我们应该赶紧去找找看，附近是不是真的有像阿公说的这样一位医生。"

父亲跟母亲准备带我去找医生，在去之前，父亲照旧去市场上买我一直吃的药。神奇的事情再次发生。父亲到了集市，很偶然遇到我嫁到另一个村的姐姐的婆婆——父亲的亲家母。两人攀谈起来："要去哪里啊？"

"去给修试买药。"

"哎呀……失明了那么多年，吃了那么多药都没见好，你为啥还要买药给他呀。"亲家母一来就责备起父亲来，并说："你或许该带阿弟去找一位叫做'蔡献柳伯'的医生试试，这个医生听说治疗眼疾很有一手，我也去找过他，确实很厉害，谁眼睛有问题，去找这位蔡献柳伯都从没失望过。"

她详细地向父亲介绍了这位医生的地址，父亲回来后讲给我们听，大家都很吃惊。因为姐姐的婆婆说的，真的和我梦中的一样。那一刻我激动得有些颤抖，只想高兴地大叫，我就要去找名医了！我就要重见光明了！我们全家无不认为这是天底下最好的消息。

我们全家立即启程去找这位"蔡献柳伯"医生，但当我们到了姐姐的婆婆和梦中老人说的那个地点，却没有找到他，我们问遍了周围的人，也没有人认识一位叫"蔡献柳伯"的医生。

全家人高涨的热情像被浇了一盆冷水，顿时凉了下来，但大家还是打起了精神继续打听。最后我们问到一位当地男子，他告诉了我们这样一个消息："你们说的这个治眼睛的医生，可能是蔡传德伯吧，这附近是住着一位叫做蔡传德的医生。"

那个人详细地讲述了医生的地址，并告诉我们那个医生的门前挂满了他医治好的患者的名字。后来我们才知道，蔡献柳和蔡传德其实就是一个人。

不用说都可以想象，那时候的我是多么的高兴，而比我更高兴的，就是我的父母。他们见到医生后，都大吃一惊，因为这位医生的容貌和我描述的梦中人一模一样。

奇迹将在我的生命中发生！

我黑暗的世界将再次重放光明……想到这里，我激动得流下泪来！

陈氏第16代子孙——我爷爷奶奶合葬之墓的墓碑

爷爷奶奶的坟墓，爷爷是陈氏第16代孙，我梦见的正是他

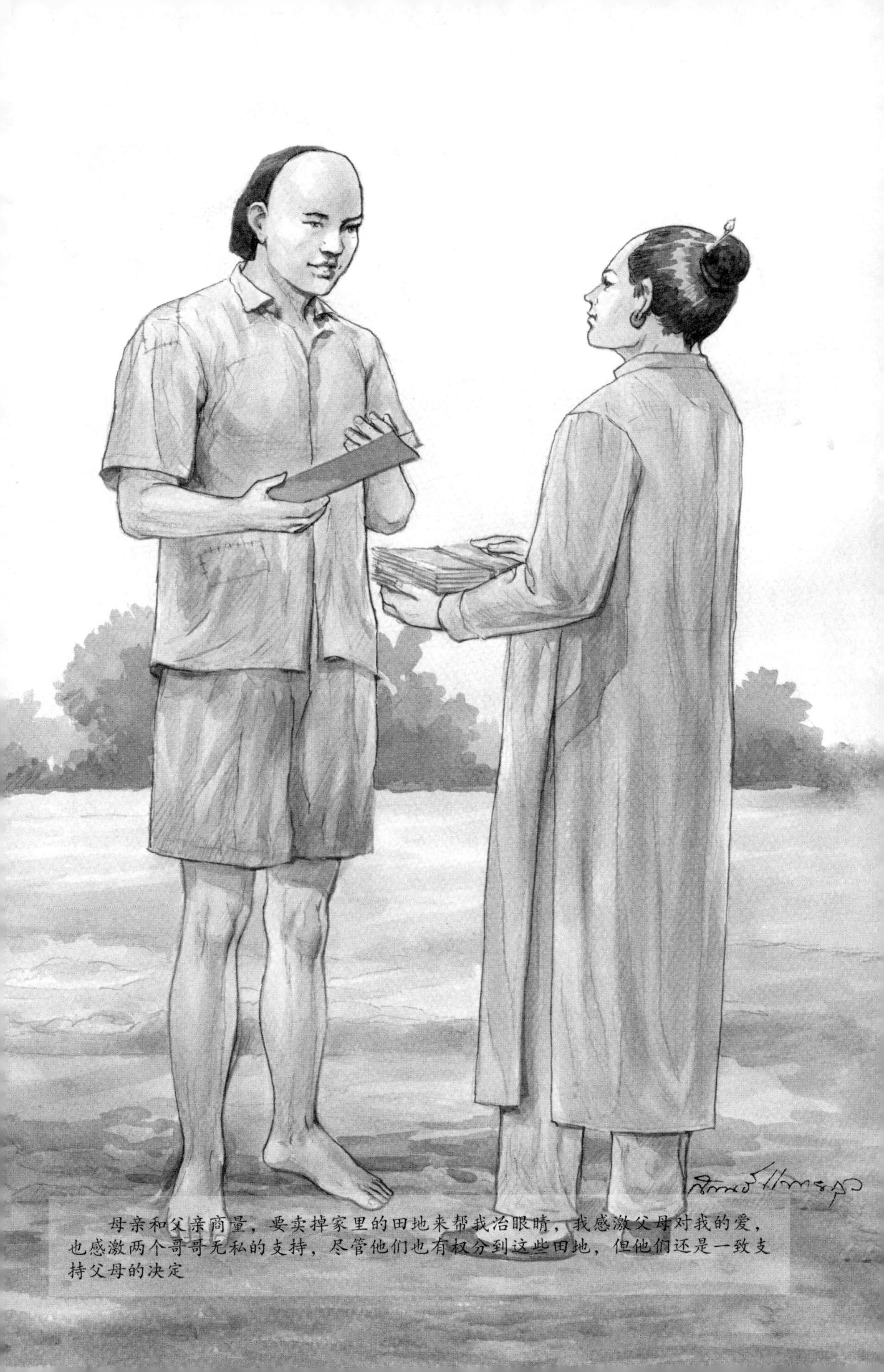

母亲和父亲商量，要卖掉家里的田地来帮我治眼睛，我感激父母对我的爱，也感激两个哥哥无私的支持，尽管他们也有权分到这些田地，但他们还是一致支持父母的决定

7

卖田治眼疾

那时候，医生在我想象中，就像是活神仙。我在心里想，真可惜看不到医生的容貌，我说不出来我对医生的感激。能帮助我恢复视觉，能让我看到这个世界的人，我除了称他为神仙，我还能称他什么呢？我暗暗祈祷：希望一切都往好的方向走，希望我能再次见到光明！

到了医生家，进了屋，我听到父母惊叹医生了得的声音。屋里的墙壁上挂满了匾幅，是他治好了一个又一个眼疾患者的证明。

我高兴极了，重见光明的梦想已伸手可及！

见到医生的脸后，父母再次吃惊，因为他真如我所描述的那样，就是阿公带到我梦中来的那位。母亲悄声对父亲说：“光……光头医生……跟修试说的一模一样呢。”

“真的呢，太不敢相信了。”

我听了更是激动。

但医生说了几句话，就让我跟家人大吃一惊。

这位蔡姓医生开门见山地问：“来看病……有钱付医药费吗？药很贵哦。”

“没问题，不管怎么贵都可以接受，只要能治好病都没问题。”母亲跟两位哥哥都肯定地回答。

听到医药费没问题，医生开始给我检查。两只眼都检查完毕后，医生没有直接表示意见。

“还有法子可以治疗……”

我们都很高兴，医生转向我父母："但也还要取决于你们的经济能力。"

"那要花多少钱呢，医生？"

"病人要连续服用的药有480盒，每盒120关金券，总共要花近60 000关金券。这些药我会开处方，你们要自己去买，治疗的费用另外单独算。"

"要用多久时间啊，我儿子的眼睛才能好？"

"要治疗6个月以上，才能知道结果。"

我们都无言以对，时间不是问题，但医疗费用和高昂的药费才是最可怕的。对于我们这样的穷人家，根本找不到出路。

我觉得万念俱灰——最后终于找到医生，医生也说有办法治，但我知道我们这样的家庭，吃了上顿没下顿的，哪里来那么多钱治病啊。

"先生确信吗，如果我们凑够治病的钱，修试一定能重见光明？"

"如果一切都能按照医生说的去做，你的孩子肯定能复明！"

尽管医生一再强调我的眼睛能治好，但我仍不知道母亲能从哪里找钱来为我治病，我跟母亲说："妈……我们没钱，没饭吃，没有医生要的东西，医生不会救治我的，我们回去吧。"

母亲说："有啊，妈一定要帮你找够医药费，我的儿子一定能治好的。"

我问母亲要从哪里凑钱，但母亲没有回答，并不允许我再问下去。母亲转向医生，跟他商量完医药费的事，医生这才慢慢讲起治疗眼睛的方法来。

"吃一段时间的药以后，眼睛的外层会开始蜕皮，我们要把白白的这层'割'掉。"

我听得胆战心惊，医生用来"割"我眼睛的肯定是个非常锋利的东西。因为要让肉分割开来，如果那个锋利的东西用得好那还好说，如果在割的时候控制不好力度，那锋利的东西是不是会戳进我的眼球里面呢？

想起来都让人打冷战，我有些打退堂鼓。

"妈……我害怕刀，我不想治了。"我脸色惨白地跟母亲说。

医生听到了，就说："我不是用刀子割啦，年轻人，我是用舌尖，舌尖比用利器安全，不会让眼睛受损的。"

我听了放心了不少，医生说的"舌尖"或许会要好一些，因为它很柔软，应该不会致伤，但谁能为我那样做呢？那并不是一件容易的事，多么为难的一件事啊。就在我在心里自己问自己的时候，医生也刚好问："谁来做这件事呢？"

母亲马上回答："我自己来，医生。"

“但那要连续好几个月啊！”

“没关系，上年头我也不怕，只要我的儿子能好，我可以做，我也很高兴做。”母亲坚定地说。

母亲和医生达成了约定，但母亲并没有想好要怎样为我凑钱治病。尽管看不见，但我能从心里感觉到，父亲跟母亲正在焦虑中。父亲问母亲：“你跟医生这样说好，但我们要从哪里凑来那么多钱啊？”

“我也不知道，我只知道我一定要想办法让我的儿子复明，就算卖掉我们所有值钱的东西我都愿意……”母亲悲伤地说，但不一会儿她就想到了法子。

“对啊……我们还有田地，还有房，如果拿去变卖，就可以治疗修试的眼睛啦。”

我不知道要怎样表达我的感动，父亲母亲——我心中最高尚的人，他们想尽一切办法，只为我能重见光明。但我呢，我怎么能轻言放弃呢？我告诉自己一定要坚强、忍耐，一定要战胜命运。

我除了为父母的行为感动外，我也感激我的三哥和四哥（大哥跟二哥那时候已经在泰国），家里的财产他们也有权利分享，但当母亲提出要变卖家产来帮我治病，他们并没有说什么，而是对母亲说：“赶紧联系人卖吧。妈，这样才有钱帮修试治病，身外之物怎么也比不得修试能复明啊。”

我在心里大声喊道：谢谢爸妈！谢谢哥哥！

那以后，母亲开始变卖田地，一直过了很久才卖出去。

母亲决定将土地卖给一户有钱人家，一共变卖 3 亩土地，半亩 14 000 关金券，一共卖了 84 000 关金券。我们还可以耕种，只是 60% 的收成要交给买者，作为负债人，我们只能分得其中 40% 。母亲认为这样不太公平，卖出的价格也不是父母中意的，但不得不忍痛卖出，因为他们太需要凑钱来帮我治眼睛了。

母亲立即将土地出手，拿到钱后买了大米，杀了只鸡给医生送去，作为初期治疗费用。

医生接受了母亲的米、物，问她：“我们要开始治疗了，有药费了吗？”

母亲付了药费，医生使用的药里有不少是比较昂贵的药材。

我非常替父母心疼那些钱，我说：“妈，我不想治了，我舍不得那些钱，如果治不好的话，我们就要白白浪费好多钱啊。”

“钱财乃身外之物，只要我们还没死，就可以挣回来，不要想太多。”

“但那是卖了我们家唯一的田地得来的钱啊，妈妈。”

我哭了，母亲用力地抱着我：“不管它啦，只要我儿的眼睛能治好就行！”

医生拿来药，并叮嘱母亲：“这药要早上服一副，晚上服一副，每天都要吃。最关键的是，要每天用舌头将眼睛产生的白质舔掉，每天至少要舔半小时。”

药很难吃，但为了治病，不管有多苦多涩，我都可以喝下去。最让我感到为难的是，要让母亲用舌头帮我舔充满眼屎的眼球，而且每天都要这样做，每天都要治疗半小时。这让我感到非常愧疚。

母亲全心全意为我治疗，我的内心充满了内疚……

在这段时间里，我虽不能视物，却反而清楚地看到了母亲对我这个幺儿深厚的爱。母亲的舌尖轻触我的眼膜，为我舔走淤积的杂质……

8

母亲的舌头

失明以前，我视力很好，能清楚地看到世间万物。除了能看到物体外，我还能看到母亲对我的爱，我看到母亲为我做的一切，母亲对我们的关爱……真的，母亲有很多孩子，她同样很爱每个人，我这个老幺，得到母亲的爱最多。

母亲的爱让我深深感动。在失明的日子里，我看不到什么，但我能更清楚地看到母亲对我的关爱，更让我知道母亲为我做出的许多牺牲。母亲可以用舌头帮我治疗眼疾，可以为了我做任何事。

从医生那里拿到药后，母亲每天都煎药给我喝。刚开始服药的头三个月里，我每天要服三次药，每次一包，但母亲为了我的眼睛能尽快康复，每次喝完药后，都会把药渣再煨一次让我服下。

母亲为我做这些事从不知道累，我却很不好意思让母亲每天为我煎药，还像喂婴儿一样给我喂药。

中药的苦味，比不上我心中既强迫自己又可怜母亲的那份苦涩。按照医生的嘱咐服完药后，就到了母亲要用舌头帮我舔眼球的阶段。这需要让眼里的白质从眼球上分离出来，但这些白质并不容易褪下来，母亲每天都舔，每天至少半小时，配合着药性来做。

就算是正常、干净的眼睛，也没有谁愿意用舌头去帮别人舔，何况像我这样喝下中药后排出许多眼屎、眼泪的眼睛。尽管我看不到，但我可以感觉得到，我的整个眼睛都污秽不堪，而且还有一股恶臭味儿。

我觉得很不是滋味，不想让母亲这样做，但母亲对儿子的爱，让她忘记了这种厌恶。母亲命令我准备好让她来帮我清除这些秽物，我跪在母亲面前，听从她的吩咐，让她帮我舔眼睛。母亲不同意，怕我跪得太久太累，所以让我躺在床上。

我躺在高枕的床上，拼命睁大眼睛。母亲凑上来，快要碰到我的脸。我直起身来说："太脏了，妈，还有很多眼屎，我怕有疾病。"

"没关系，妈不怕脏。"

"但是……"我闭上眼睛，不想让母亲为我治疗。

"事儿别多，睁开眼睛。"母亲大声地命令，我不情愿又不敢违背母亲的意愿，赶紧睁开眼，撑开眼皮，看着正上方。母亲按住我的脸，贴近我的眼睛。

我还记得，母亲第一次为我治疗时，我能听到反胃且激烈作呕的声音。我马上意识到其实母亲也需要很大的勇气，因为眼睛里的臭味以及浑浊不堪的眼球。母亲就算准备好了开始，也忍不住要呕吐。

看到母亲那么艰难，我感到很伤心。"妈……妈不要那样了，我愿意让医生用刀帮我把它切掉。"

嘴上这么说，心里还是感到害怕，但母亲没改变主意。"不用，妈能做到，妈能做到……"

母亲说完，用茶漱了漱口，又开始为我治疗，这次没反胃了。我想母亲是怕我再拒绝，所以强忍着没有作呕，母亲用舌头往眼球各个方向撩去，为我清除眼内的秽物。

我心疼我的母亲，我们能感受到彼此的爱，我紧紧地抱住母亲，母亲也紧紧地抱住了我。

随后母亲继续为我治疗，用她的舌尖触及我眼内的白质，每只眼睛要半小时，按医生的吩咐，每天下来就是一个小时。

母亲帮我舔完两只眼睛后，我马上就从床上翻身起来，给母亲跪了下来。母亲问："修试你干吗？"

"妈，我想给你磕头，感谢妈为我付出了一切。"

"不用这样啊，修试，你是我的儿子，不用感谢为娘啊，因为这是做母亲的责任啊。修试你记住，母亲愿意为儿子去死，这只是一件小事而已。"

母亲阻止了我，更慈爱地将我揽在怀中，不想让我为她下跪。

母亲帮我舔了六个月眼里的杂质，这段时间里，我比以前眼睛好的时候更清楚地看到了母亲对儿子的爱。每次想到母亲要为我做这些，我就热泪盈眶。好多次，我都流着泪跟母亲说：“妈，不要那样做，我不要再让你受苦了。”我就像一个不孝子，但母亲每次都为我拭去泪水，告诉我：“修试，妈没有觉得帮你做这些是在受苦，母亲愿意那样做，只要你的眼睛能好起来，只要你听我的，只要你好，就是对妈妈最好的报答方式了。”

母亲的这句话一直深深印在我的脑海里。我一直提醒自己，一定要好起来，这样才能去工作，赡养母亲，报答她对我的恩情。

我一直想，母亲为我做了那么多了，我一定不能再让她失望。

眼睛恢复得比预期慢，也跟我们家庭贫困有关，到了最后三个月，变卖田产得来的钱已经用完，家里已经没太多钱再去抓药回来给我治眼睛。原来每天两次的药，也减为每天一次，只有少数时候服用两次。母亲不得不四处奔走，到处借债来买药给我吃，希望我能尽快复明。最后，所有疗程服完，母亲用舌头帮我治疗的效果也出来了，比医生说的慢了一个月，但这也不是他的错。

进入第七个月，每天吃药，加上母亲悉心地为我舔去眼内的杂质，我的眼睛慢慢起了变化。被那些白色杂质覆盖住的眼珠，慢慢开始看得到黑眼球的影子了。母亲比谁都先见到，最初见到黑眼球那天，母亲边舔边笑，高兴得眼泪都流了出来，她跟我说：“噢！……修试，你的眼睛开始好转啦！”

果真，从那以后没几天，我慢慢地能模模糊糊地看到周围的一些东西了。我还记得我再次见到这个世界的那天，尽管还不是那么清晰，但我已经激动得发颤，全身的毛孔都竖起来了，我好想跳起来大喊：“成功了……我看得到了，我看得到了！”

我大声地告诉所有人，那一刻，父亲和母亲都来拥抱我，我们激动地抱在了一起，流下了开心的泪水。

从那天以后，周围的一切慢慢开始在我眼里清晰起来。我开始能看到邻居拿来给我们的鱼的样子，盘子里的豌豆也开始慢慢变得有颜色起来，这些都给了我越来越多的信心。

到了第八个月，我已经完全复明了，我高兴极了。以前痛苦不堪、屏气吃药、让母亲舔眼睛的日子就要一去不复返了。

我看得到了！我不是瞎子了！就在我高兴的时候，父母也从外面回来了，我跑过去抱住母亲，喊道：“妈，我看得见了！”

我能再次看到这个世界，让全家人都激动万分，但最高兴的莫过于我的母亲了，因为她是为此付出最多的人，是唯一一个用舌头为我舔去杂质、从不嫌弃我的人。

我自己更是高兴，因为我可以看到母亲的脸庞，可以看着母亲的脸，告诉她我是多么的爱她：“妈妈，我爱你，谢谢妈妈，让我能有今天！”

我看到了母亲的笑脸，更看到了母亲因高兴而流下的泪水。我到今天仍记得母亲笑得泪流满面的样子，那是我重新看到这个世界的日子。又有谁能想到呢，一个在黑暗中生活了五年的盲人，竟然可以重新看到这个世界。

我曾经是世界上最倒霉的人，但幸运之神最后还是眷顾着我。我对自己说，我一定要报答父母的恩情，他们已经为我含辛茹苦太多，从此以后，我一定要为他们奋斗，为他们做些什么。

治好眼睛、重见光明以后，我感觉到积蓄多年的力量开始爆发出来了，我无时无刻不想工作。那时我已18岁，身体逐渐强壮起来，开始受雇帮人家种田种地，挑尿挑粪

9

忍累挑担来报恩

失明那几年，我忍受了太多苦楚，很多事情要做做不来，多少次，我感到无能为力。重拾光明后，我想已经没什么能让我感到困难的了。只要眼睛看得见，有力气，我什么都能做。什么重活、累活我都愿意做，只要能补回我失去的五年时光，能够为父母还上因为眼疾而背上的沉重债务，我一定要让全家过上好日子。

我已经过了童年时期，现在的我就要 18 岁了，已经成为一个健康的大小伙子。满身的力气让我工作起来从不知道累。除了帮助家里干活以外，我还到外面打临工，什么活儿都做。那时候我只有一个念头——一定要挣钱。我知道自己学的书本知识很少，只上过一年零四个月的学，但我有一身的力气和战胜困难的意志去挣钱。

我一直这样想，别人为我付出了那么多，但我呢，又能够为别人做些什么？越想这些我就越有力气，工作起来不知道苦，不知道累。我帮家里挑粮担菜，还有挑尿挑粪以用在自家的田里，再脏再累的活儿我都不怕。

在老家的那个小村子，买卖大粪是生活中最普通不过的事，因为大粪可以用来做肥料。我长大后，也对这些很熟悉。有钱人是不会自己挑大粪的，一般是雇人挑到田地里。愿意帮别人挑大粪的人不多，因为大家都认为这是一种繁重又低下的工作，挑大粪的人总是被村里人看不起。因为没钱，我没有雇人挑过粪，家里田地的粪肥都是我们自己挑进去的，并没觉得有什么厌恶的。

装尿的大桶，加上屎尿，普通人一般挑不动，非要身体特别强壮的男人才能胜任，但也不是轻而易举。对于我来说，我可以再加些重量，为的是每次能多得点钱。

一般人每次挑的15公斤的小桶，一挑也就是30公斤而已。我要求他们给我换成大桶，每只桶可以装25公斤，每次挑两桶，就是50公斤。挑起来已实属不易，还要挑到田里，走路的时候就必须控制好走路的节奏，否则粪水会洒出来，甚至在半路就会摔跤。

有了大桶后，我装上清水来回试了几次，保证水不会往外洒、自己也不会摔跤后，才放心地挑着出去买粪肥。那时候，我用的那对大桶，是全镇最大的。

我得到那对大桶后，母亲不让我挑，她担心我的身体。"阿修，你能挑得动吗，用一般的桶吧，大桶太重了，你的肩膀会疼的，划不来啊。"

"没关系，妈，我的肩膀结实着呢。"

"但妈还是觉得……"

尽管她尽力想阻止我，但我不想再听下去，怕自己心软，就赶紧挑起桶出门去了。我还被村里人嘲笑："瞎子变疯子了，那么大的桶怎么能挑得动！"

我不理会他们，只管埋着头挑，慢慢地，村里人都看出了我勤奋和忍耐的品性。他们都开始夸我，教训自家孩子也经常拿我做榜样："看看人家修试，不挑轻厌重的，挣了多少钱都留给父母。"我的名字在当地成为了挑战生活的代名词，最让我开心的还是我成为孝顺父母的好榜样。

我不仅挑人尿，还挑牛马的屎尿，因为这些和人尿和着用，是很好的农家肥，种什么都会长得很好。

我看到人家用人尿制作农家肥，也学会了这些方法，因此不管是自家的牛马屎尿，还是别人家的，只要给我，我都会挑回来制作成肥料，并不为此感到羞愧。别人认为肮脏的这些东西，我反而认为很有利用价值。

牛马的屎尿拿回来以后，要立即和人尿混合，再加些水，浇到木薯、芋头以及蔬菜根部。程序并不复杂，但屎尿的气味异常难忍，否则，很难把一片菜地浇上粪肥。

我从小就很习惯这些，这对以后来到泰国有着巨大的帮助，因为来泰后的一段时间，我在工厂里再次当了"掏粪工"，而且是那家工厂里唯一愿意做这件事的人。

我愿意干重活，除了受雇帮人家挑东西外，还在乡里收购尿、粪，并卖给人家做肥料。收购尿、粪，也要检查质量，要知道哪种好，哪种不好

10

废物的价值

人的排泄物——尿和屎，在很多人尤其是城里人看来，真的只是废物。不奇怪，大多数人都这样想。

但当我还是青少年时，这些排泄物，不管是大便还是小便都是很有价值的。人们甚至要争抢着买，用于给自家田施肥。

我打起了杂工，同时也做起了买卖粪肥的事。

我的杂工工作，主要就是帮别人搬东西，以此赚钱。搬的东西有很多种，比如盐、酱油、糖、豆子等。赚到钱后，一部分拿去收购粪便，给家里的地施肥；剩下的钱就拿去买生活必需品，比如大米、猪肉和其他一些用于维持家庭生计的东西。

买卖粪肥不像搬运这样容易。因为搬运或是挑担的活，仅仅是用到体力，不用去想怎么解决问题。把东西搬完，雇你的老板就会给钱。当我踏进买卖粪肥的行当，很多事情我必须思考、计划，要解决遇到的问题。由于善于观察、喜欢对所看到的东西进行分析，再加上一些卖粪肥的人也传授给我很多经验，这让我从什么都不知道到知道，对粪肥有了真正的了解。比如，出来买粪肥做肥料的人不只我一个，竞争对手人数差不多十个，并且大多是大买家，有很多资金。想买的人多，想卖的人很少，这让想卖粪肥的人受益不小。买家到了争抢粪肥的地步，口才好、会说话成为很重要的优势，这样的人可以从抢购到粪肥的人手中再买过来，仅仅只要多给一些钱。

我只是个小买家，没有钱去和其他人竞价，也没有钱从那些竞到价的人手中买回来，只能借助谈判的方法建立良好的关系。有的人家很喜欢我，甚至和我提前预约，说好再回来买他们的粪肥的时间，并且承诺不卖给除我之外的其他人。

我还记得当时买粪肥的价格，灌满50公斤重的两桶大概值60元。那时候，粮食缺乏造成物价很高，吃一顿就要花掉10元。买卖粪肥不仅在附近村子之间进行，有时候要走上3公里远，甚至走5公里的也有。

从买卖粪肥开始，如果我没有深入进去就不会知道，粪肥——其实并不是那么简单——有许多种，质量也不一样，一不小心就会被卖粪肥的人骗了，会让像我这样的新手头痛。所以，当长大了以后成了买卖粪肥的小伙，要让粪肥发挥最大的功效，我就必须真正了解粪肥。

挑选有质量的粪肥的要点就是：

第一，要有丰富的泡沫。那意味着尿里的养分充足，可以做肥料。如果打上来后，泡沫冒一两下就没有了，那样的尿质量低劣，价格也相应的低。

第二，气味浓重。尿没有太多味道，是人没有吃富有营养的食物所致。吃不好、睡不好的人，尿就没有什么气味。这些卖家知道自己吃的东西没有什么营养，就想办法弄出气味来欺骗买家。大多数往尿罐里放几条鱼，希望鱼的腥味能制造出尿臭味的假象来，但那些有经验的买家或是机灵聪明一点的都不会上当。除非是在有鱼腥味的尿中放入有够多的干货并能完全分解掉。

第三，必须是黄色的。有部分卖家有方法“调色”——他们找来稻草把它浸泡在尿罐里一段时间。那些稻草被酸化后分解出颜色，让尿的颜色更加深。这个问题，买家必须仔细检查。

我一直坚持检查，即使出现失误，也当做教训从不忘记。吃的亏越多，教训越多，也就会更加聪明。当然，我不会再和在尿上做手脚的人家做生意。以后没有必要和不诚实的人交往，最多也就是见面时笑笑而已。

学会看尿的好坏后，事情还没有就此结束，我还要知道最高质量的尿都在哪儿。不断搜寻一段时间后，我明白了，有好尿的地方有两处：

第一，抽大烟的人家的夜壶。我们当地叫抽大烟的人“吃烟”。他们撒的尿算是最好的了，因为会有很多的泡沫，而那时人们认为每一个泡沫就代表土壤所需的每一粒养分。哪天能收到吃烟人家的尿，我就会很高兴。用到自家地里会让土壤肥沃，提高收成；拿去卖也可以得个好价钱。

第二，有钱人家的夜壶。那个时候，中国人的生活是非常拮据的。有蛋、有咸鱼吃已经算是特殊。那些生活条件好的人家，比如有蛋、有猪、有鸡或是有咸鱼的，他家人的尿就有养分，也是有足量的泡沫的尿，算是排在吃烟人家之后第二类有营养的尿。买家都想得到，因此我们常展开价格竞争和谈判。我分析认为，有时候钱不是最重要的，如果得到卖家的欣赏，他会很乐意卖给我们。有时没必要出高价钱，但必须依赖交际。有时竞争对手给出了比我高的价钱，但说话不好听，卖家还是卖给我，尽管我出价有点低。

中等家庭的夜壶算三等级，这一人群饮食不规律。他们大多只生活在中等家庭或是偏下一点，做点零碎小买卖。有时吃得好，有时吃得差，尿泡沫很少，并且常常喜欢在尿里做手脚。如果买家不仔细检查，可能会收到做了手脚的尿。

贫民窟人家的夜壶里都是一些穷人的尿，特别是贫民窟、失业者和那些没有钱买有营养的东西吃的人的尿。这些人吃饭只是为了肚子饱，不在乎有益还是无益，尿里也就几乎没有什么养分遗留。虽然他们的尿里还隐约有一些小颗粒，但还是没有多大价值的，以致他们为了蒙混买家，得到好价钱，也都想方设法在尿罐里做手脚。

对于买家来说这并不难，因为买家也会看卖家的“处境”，就是他们本身所表现出来的。有时这些人提供的尿有气味、有泡沫甚至也有较好的色泽，看上去很不错，但是他们贫困的样子却让人一眼就对尿的质量产生怀疑。买家也会想：他们吃都吃不好，怎么会撒出质量高的尿呢？然后仔细检查，往往就能看出他们的尿确实做过了手脚。当然，这点必须取决于个人的观察力和经验！所以说买尿也不是一件简单的事。

作为一个收尿的生意人，要具备一些生意人成功的必备素质，比如善于交谈，富有智慧，长于机敏。我也必须和有好尿的卖家建立起好的关系，利用人与人之间的善意关系，让他把好的尿卖给我。我坚持的首要原则是忠诚和诚信。不欺诈是我做生意至今一贯坚守的原则。

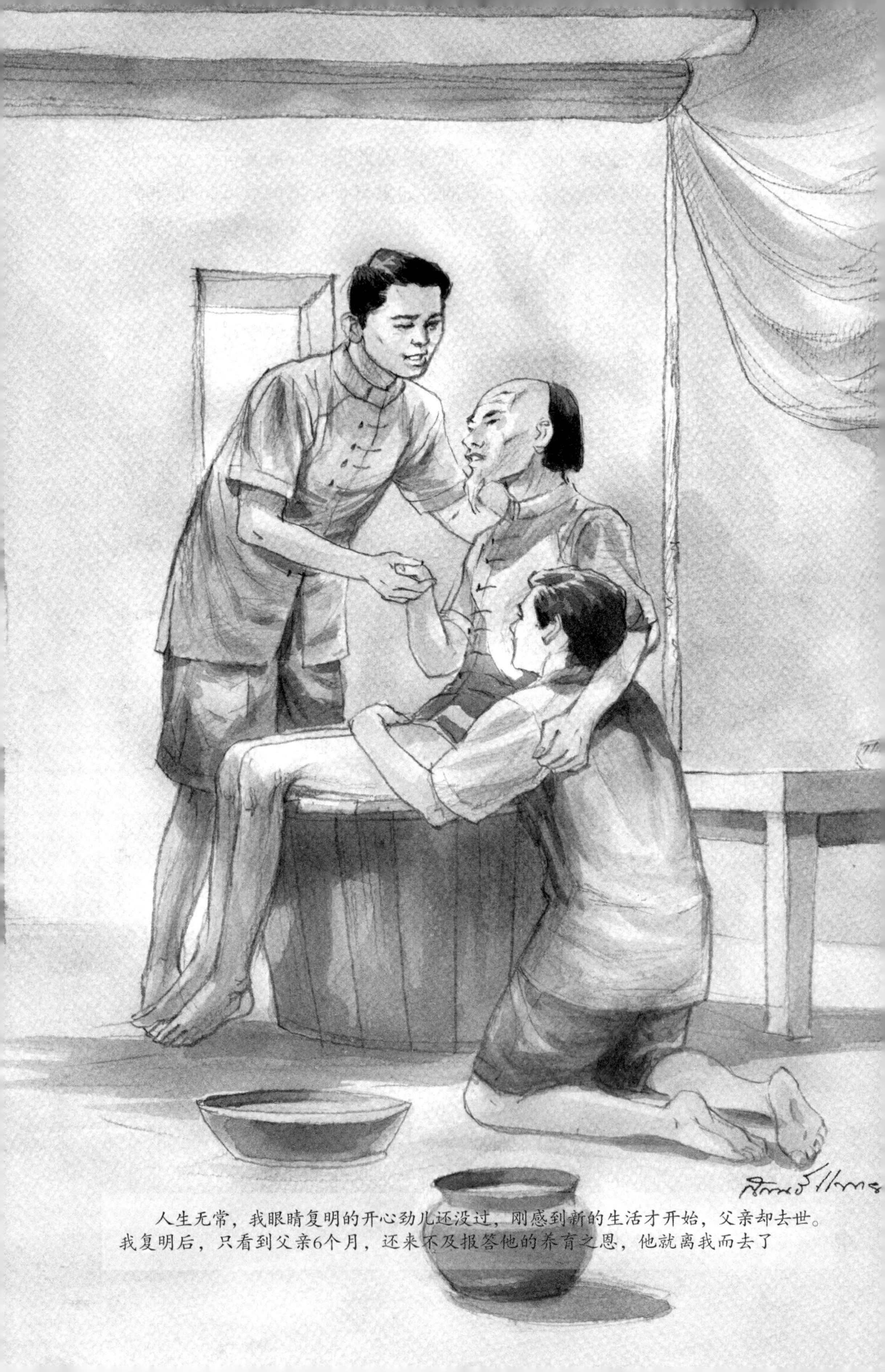

人生无常，我眼睛复明的开心劲儿还没过，刚感到新的生活才开始，父亲却去世。我复明后，只看到父亲6个月，还来不及报答他的养育之恩，他就离我而去了

11

有喜有悲

快乐和悲伤就好比呼吸一样，吸进呼出如此接近，不断交替。

我失明长达四年半，好了才6个月，正在为恢复视力而欢呼后不久，爸爸却开始生病，我还没来得及回报他，他就匆匆离世了。正如中国的一句古话：福祸相依。

父亲去世时66岁，我17岁7个月。

父亲去世前，已经患有许多病，其中一个就是大小便不能正常排泄，所以他常常吵着说自己活不了几天。我也常常看到妈妈偷偷地哭，还说："爸爸的病情越来越严重，可能活不久啦！"

"我们必须带他去看医生……"我对妈妈说，却忘了我们已经穷得没有钱了。妈妈回答："我们没有钱……家底都卖光了。"

由于家境贫寒，尽管村子里也有诊所，但我们没有钱带父亲去治疗。就算是有钱也必须排队，因为每天都有很多病人就诊。我所在的县城有三四十万人，却只有两所医院，这显然无法满足病患。乡村里的医生不是很优秀也不是很专业，用来治病的药也就一两样，不管头痛发热还是肚子痛，就开一种药吃。我们不想带父亲去这些乡村诊所。

我很痛心并责备自己，全都是因为我，妈妈卖了地，全家人倾家荡产只为了给我治好眼睛。如果没有动用这笔钱来给我治疗，我们家也许就可以治好爸爸的病。

后来我得知，父亲患的是结石，并且已经很多年，但他就是不愿卖了地和房子去看病，一直忍着。而当我要看病的时候，父亲却丝毫没有犹豫，心甘情愿地让母亲去变卖家产。

父亲从来都不为自己着想，我无法忘记来自父亲的伟大无私的爱。

由于没有办法带父亲去治疗，我们只能尽其所能在家照顾他，只能眼睁睁地看着羸弱的他卧病在床。

我没有放弃带父亲去看病的想法，我想我必须更努力地干活，攒到足够多的钱才行。但这显然不是一天两天就能做到的事，于是我在心里说："爸，你等我一会儿，我会带你去看医生的。你一定会好起来的。"

一天，我帮人家搬尿桶回来的时候，听见父亲痛苦的哀叫声。我急忙跑进家，看到母亲扶着躺在地上的父亲。

"妈，妈，爸怎么了？"

我吃惊地冲进去，只见到父亲的脸庞已经扭曲变形。

"你爸想撒尿，但撒不出来。妈也不知道该怎么办。"

"爸痛啊，太难受了。"父亲呻吟着说。

"爸！"我哭喊着，夹杂着心疼父亲的泪水，"我来帮爸爸把尿引出来。"

尽管从没做过引尿，但邻居曾经说起过，并教过我方法。我和哥哥准备材料，给爸爸弄输尿管。我们买了一根直径 1 毫米、长 1 厘米的中空的带有橡胶软头的管子。我先涂了一层油，然后就将管子插进父亲的尿道里，做这的时候，我都不忍看着父亲痛苦。

尽管父亲痛得叫，叫得脸都变形了，但我还是不得不把那根管子插进去大约七节手指长。

父亲不痛的时候，我不曾想过这样做。父亲也一样，在这次之前都不让我弄。因为那肯定很痛，非常痛苦。到了今天，父亲痛得什么都无所谓了。我就这样自己给父亲接了根输尿管，膀胱里聚集的尿液慢慢顺着管子流出来，约有大半碗那么多。

我开心地看着父亲。父亲扭曲变形的脸开始露出了丝丝微笑。从那天起，父亲每次小便，我就负责插输尿管，他不必再为撒不出尿而痛苦地呻吟。

除了难受得撒不出尿外，父亲还因为无法正常排便而腹部肿胀，也因此常常痛得蜷成一团。

从父亲有了排便难的毛病后，我和哥哥又多了一件差事。我负责用自己的手指伸进去肛门为父亲把大便一块块地抠出来，三哥帮我抱着父亲的肚子，以便父亲更容易排泄大便。

大便排出后，父亲就感觉舒服了，也不呻吟了。处理完大便就要处理残留的小便，之后要把那些用具拿去清洗。我做得心甘情愿，不嫌脏臭，只希望父亲和我们相处的时间尽量地长点，就算再累几倍也情愿。

那天，我被村里人请去搬运尿罐。母亲突然叫人来喊我，说看情况你爸可能不行啦，你赶快回去。听到来人这样报信，我感觉晴空霹雳——上午出门前，我才帮父亲插的输尿管，还以为他今天能休息好。

我立刻回家，果真父亲的症状更加严重了。我上前紧握父亲的手不停地说："爸，我会带你去看医生。你放心好了。你不会有事的。"

"不用带我去了，我自己清楚，我就快死了……"

一听到父亲那样说，我和哥哥们都哭了，紧紧地握着父亲的手。

"不，你不会死的。我不想你死。"我一边说一边哭，泪水满面。

"每个人都会死的，不要难过了，我死后也不要多做什么。拿把锄头到坟地里挖个坑埋了就是啦。买棺材的钱就不用花了，拿去买点米吃。"

越听下去，我们大家就越是伤心。即便将要永远离开我们，最后时刻，父亲还是不愿家人受苦。

在心跳停止前，他用极其微弱的声音说出了最后的遗愿："照顾好你们的妈妈，不要让她一个人。"说完后，父亲就再也没有睁开眼睛。

父亲对一起同甘共苦过来的母亲的担忧远多过对死亡的恐惧——这是父亲弥留之际最大的牵挂。

我紧紧地抱着父亲伤心地痛哭。之前，我曾经流过很多泪，但从来没有像这次这么伤心难过。父亲仿佛是我的靠山，永远屹立在我的心中。母亲并不比我好过，但她还有那么一点点的镇定，过来告诉我说："不要太难过了，修试。生老病死就是人的一生，没有谁可以避免。"

"我知道……我只想让父亲和我多待一会儿，让我有机会照顾他，回报他的一点恩情。但我还来不及为父亲做点什么，他就先离我远去了。"我满脸泪水地说。

带父亲治病的想法就这样破灭了，苦楚涌上心头：因为穷，因为没有钱，我连父亲的命都没能保住。我没有本事，是个无用的儿子，父亲也因此早逝。我伤心地哭着，责备自己没有能力，找不到钱带父亲去看病。我看着父亲的遗体，眼泪不停地流："爸，原谅我。我没有能力救得了你。"

父亲走后，家里剩下的钱也就所剩无几，我们连买棺材和办丧事的钱都没有。我辛苦在外赚来的钱只能维持家里的生活，一部分还要拿去还债。但我们没有照父亲临终所说那样用最简单最便宜的方式把他埋了。让父亲在地下有个栖身之所，这是作为儿子最后能为父亲做的事了。于是，我和其他两个哥哥商量找钱买棺材的事，最后我们一致同意，用土地作抵押。我们拿出一半的土地抵押5年。在抵押期间，本家允许我们继续耕种，但需要将收成的70%给本家，剩余的30%自己得。尽管不太公平，但我们没有其他选择，只能接受。

换来的钱只够买最便宜的棺材，我很难过，恨自己没有本事为父亲办更好一点的丧事。我们把父亲的遗体抬到棺材里，然后和两个哥哥一起抬到了山上。

父亲生前高瞻远瞩，在我要出生时，他为自己选好了坟地，并且在旁边为母亲也选了一块。他选的坟地长2米，宽1.2米，旁边有一条小道通往为母亲留的坟地。母亲告诉我们：父亲这样做是想到死后，和她能相互看着，可以聊聊天。听了母亲的话后，我眼泪直流，真是钦佩父亲对母亲那真挚的爱。

我和哥哥抬棺材，之后就慢慢把棺材放到墓坑里。

母亲站在那里，泪不停地往下流。我的两个哥哥轮流铲土盖棺。我的心像被刀绞一样，眼泪混杂着雨水往下流。我在心里对父亲说："爸，安息吧！我会照看好妈的，会把妈照看得很好，不会丢下妈的。我发誓！"

我思绪烦乱，想离开家去泰国谋生，又担心母亲。父亲临走前，我答应他不会丢下母亲去任何地方，但母亲同意我可以去泰国工作。如果幸运，以后能当上老板，将会让母亲过上舒适的日子

12

忍痛别母

理想与现实往往有很大的差距，一直想着要这样做，结果却常常事与愿违。我的想法是：跟母亲在一起，照顾母亲。父亲去世后，我更是一直这样想。

我曾经跟父亲保证，我不会抛弃母亲，一定会好好地伺候母亲。离开母亲出远门的想法，从来没在我的脑海里闪现过。人生常常充满了意想不到的转折，之前我无论如何也没想过要背井离乡，远别中国。

1945 年，日本宣布投降，这个好消息传遍整个世界。尽管不是关心天下大事的人，但我们也由衷地为世界上许多脱离日本控制的国家而感到高兴。这些国家的人们可以过上安稳、幸福的日子了，不用每天生活在恐惧里，什么都不敢做。渔民们慢慢开始出海捕鱼而不用担心日本兵找麻烦，人们都可以自由出行，到达他想要去的地方。

一些有想法的人开始前往更远的地方寻找自己的梦想，而没有这些机会的人也开始想着要怎样为自己创造更好的生活环境。周围的环境慢慢好转，人们的生活和心灵都慢慢从战争中恢复过来。

日本投降的时候，泰国开放国门、接纳外来移民的消息传遍了我的家乡，而中国方面也允许国人自由出境。这对于想闯荡天涯的人来说，无疑是个好机会。因此很多中国人都口耳相传，如果想要发达，就去泰国。

刚开始我不以为意，不丢下母亲是我不想赴泰的原因。但村里人都很激动，很多人想着要去，包括我们家族里的两位嫂嫂，一位是伯父的儿媳妇，一位则是我的亲嫂嫂。她们约我一起赴泰：“去吧，修试，一起去好了。”

“不去，我不想去，在中国也一样可以过日子。”我拒绝了她们。

“真是不懂事，泰国啊，是鱼米之乡，富饶、和平，做买卖容易，只要勤奋一点的人，都成了老板。”

我听了两位嫂嫂的话，还是没什么兴趣。直到听到曾去过泰国并有亲戚在泰国的邻居老人说起，我才开始动心。我和那个老人经常一起放牛，老人总爱讲泰国的事给我听。他说到的关于泰国的，永远都是好的方面。“泰国太富饶了，河里有鱼，田里有稻，有很多大条大条的海鱼，很好吃。”老人每天都讲泰国的好吃的给我听，每次都听得我口水直流。老人说我应该去，只要勤劳忍耐一些，肯定会发达的。

“在中国干什么？这样种田、放牛，什么时候才会发财啊？去泰国才有机会发达，那里物产丰富，中国人去那里做买卖、当大老板的人多得是。”

老人的话让我陷入沉思，因为我的梦想就是做生意，想有更好的前途。我还想让母亲丰衣足食。现在我每天都干活，但只能勉强糊口，看不到前途，我想去开始新生活。

我想去试试，但一想到谁来照顾母亲时，就难以抉择。反反复复想了好几天，母亲好像知道了我的心思，因为几天来好些人来劝我去泰国。我常常发呆的神情逃不过母亲的眼睛，她对我说：“修试，你想去泰国，对吗？”

“没……我没想着去。”我不敢看母亲的眼睛。

“不对，我把你养大，妈知道你想什么，你想去但担心妈。”

我无言以对，母亲能读懂我的心思，她对我说：“不用担心妈，妈能照顾自己，我有亲戚，有姐妹，还有其他的孩子呀。”

“但我不想丢下妈啊！”

“不要老是想丢下妈啊，你要想着，去是为了未来，也是为了妈妈，如果你富裕了，也可以让妈过上好日子啊，也仍然是孝顺的好孩子啊。”

我边听边点头，眼泪忍不住流了下来……

这时候，“二战”刚消停，内战又爆发。国家的形势让人安不下心，于是很多人成群结队地逃离。

我最终决定，告别母亲去泰国。经过多方打听，我了解到去泰国要到汕头乘船，最普通的船舱的旅费是22万关金券。这笔钱在当时可是一笔不菲的开销，我自己的积蓄远远不够付船费。

我开口向我认为有可能的人借钱，但没人愿意帮我。因为那时候大家都想存点钱，以防急需，或者迁往其他地方。由于战争的影响，物价奇高。

两位嫂嫂知道我改变主意，想去泰国，都很高兴，立即去准备赴泰的旅费。大伯父家的嫂嫂有亲戚一起帮忙，很快就凑齐了。我和亲嫂嫂方面，母亲、哥哥、嫂子都一起帮忙想办法。最后，仅有的一头牛被卖了 5 万关金券，哥哥、嫂嫂和我辛苦多年刚从债主手里买回来的 3 亩半左右的田地被卖了大约 22 万关金券，再加上我们卖树、卖柴、卖稻草一点点积累的还有 2 万关金券，一共凑了 29 万关金券，还差 15 万关金券要靠借贷。那时候肯借款给我们的有两家，一家借给了我们 7 万关金券，一家借给 8 万关金券，终于凑足了我们需要的 44 万关金券。全家人都想着我们去泰国后，可以马上挣钱寄回家，还完这些债。

凑钱期间，有亲戚说要先交押金，我后来才知道根本就不用交押金，到汕头直接买票就可以了。但当时我们交了 10 多万押金后，只剩下 17 万，只好再去贷款。第一家借钱给我们的人很难说话了，第二家更难，最后好说歹说才借到钱，凑足 24 万。

我想，如果第二家没借到，我和嫂子就只能去一个人，嫂子肯定不比我强，因为我来到泰国就可以挣钱，可以尽快送钱回来还债。但如果问母亲、哥哥跟嫂嫂，他们肯定要我等凑足了钱一起去，或者让嫂子先去，因为她的丈夫在泰国。另外一个重要的问题是，给亲戚拿去交押金的钱，也不知道他是不是真的交了，因为我看到他穿着新衣服，镶了金牙，还在牙齿上装了一个绿色的玉饰。

我很担心去不了泰国，想来想去，决定避开嫂嫂的视线，先来泰国！我知道钱放在哪里，也知道钥匙在哪里。那天下午，我找到钥匙，打开放钱的匣子，把里面所有的 23 万还多一点的钱都拿出来，放在一个旧旧的袋子里，并把袋子藏好，准备第二天离家。

老家曾装着那 23 万多关金券的箱子，到现在还保留着

“再见，母亲！再见，我爱的家！”

尽管我的家仅仅是栖息而已，不美观也不舒服，但对我来说，是我身心得到休息的地方、给我温暖的地方，是任何地方都无法比拟的。

和我那时候所用的相类似的关金券（1945 年）

从家里跑出来后，我决定去拜一拜当地的三座庙，其中两座是村里的神庙，还有一座是较大的城隍庙。我祈求神灵佑我平安赴泰，助我成功发财

13

拜祭三神

我整夜都没睡着，把藏钱的袋子紧紧别在腰间。我害怕留下什么痕迹，害怕他们去查找钱匣后发现钱丢了，马上赶来，那样我可能就走不掉了。

我穿上平时去地里的衣服，并带了镰刀和篮子，就像每天清早去田地里干活儿一样出了门。如果他们起来没看到我，但是也看到农具不在了，就会以为我下地了，也不会产生怀疑。

大概凌晨5点，我走出家门，往田地方向的小路走去。出门的时候，低洼的路面上还有积水，显然昨天晚上下过雨。积水的地方都是泥，踩上去，留下了深深的脚印，而我的脚上也带上不少泥土。但我顾不上这些，只想着加紧脚步，走得越远越好。

最初我想从家旁边的河上的一座小木桥上通过，但突然又想到，如果哥哥跟嫂嫂出来追我，他们肯定要找到有桥的这边来。想了许久，我决定不走有桥的那段，选择涉水过河。

我从小就熟悉这条河流，所以也不感到害怕。我拄着一根小小的竹子就过了河，虽然那时候的河水刚好过膝，但也使得我的裤子湿透，我想提起裤脚来也做不到，因为腾不出手来——还提着镰刀跟篮子呢。

河水是从山上流下来的，所以寒得彻骨。在河中间的，是一个个圆圆的石子儿，好几次我踩下去后差点滑进冰凉的河水中，但我那时候还沉浸在要离开家、走得越远越好的念头中，根本没感到害怕。

走了一会儿，终于登上了岸，站在对岸一条小小的土路上。我放下心来，深深地吸了口气，望了望家的方向。

这一望，我心里一下子产生了动摇的念头，可怜的母亲如果知道我逃到泰国，她会伤心成什么样。想到她可能哭着想我回来，我矛盾极了，想哭，想不去了，但我都已经走出来了，不能再退回去了。于是，我硬下心肠来，决定赶紧继续走下去。

不久就走到了路边的一个棚屋，我赶紧放下镰刀篮子，不再去管它们了。因为我拿着它们出来，只是掩人耳目，让他们以为我出来割草而已，而我的家人要知道我偷了钱逃跑而追来，恐怕也来不及了。

天开始亮了，我也能慢慢看清楚身边的东西了，我看了自己一下，不由得倒吸一口冷气：全身就一套破旧的衣服，一条大短裤，连装衣鞋的袋子都没有带，不像出远门，倒像一个要出门去干活儿的人。但能走掉也算成功，如果打扮成出远门的样子，肯定会引起别人注意，会被家里人或者村里人怀疑，那计划肯定就泡汤了。

经过一些村子的门口，有人喊我去喝口粥，我谢绝了，加快了赶路的脚步。我不知累地大步向前，长年来习惯了挑重担的我，赶这些路，感觉很轻松，一点问题都没有。

大约 5 点半，我经过了一个小小的庙，叫做天王爷庙，是那村子的山神庙。小庙位于山腰，走上去也有一段路，我绕道上去，在天王爷面前磕了头，默念了 12 遍祷告词，并许下心愿："我叫修试，姓陈，希望天王爷保佑我平安抵达泰国，如果我到了泰国还没死，能飞黄腾达，我一定会回来把它修成一座漂亮的庙宇。"

拜完后，我马上启程，走了不到 100 米，又遇到一座庙，叫做松伯墩伯公庙，我又进去磕了 12 个头，并许下同样的心愿，让它保佑我平安到达揭阳县和泰国。

那时候时间还早，到了能看清对面人的脸后，我赶紧到了有去揭阳县的载客自行车的地方，叫了一个车夫，讲好 500 关金券将我送到揭阳县的码头。

这段路很长，有 30 来公里，一般人坐在只有一层薄板的自行车后座上，肯定要臀部疼，但我根本就没有知觉，因为我只想尽快到达揭阳县码头。

到了目的地以后，我立即付了车钱，刚好看到那里有一座大大的庙宇——揭阳县城隍庙。这座庙与刚才经过的小庙不一样，看起来气派多了。我赶紧走进去跪下，磕了 12 个头，许愿道："我叫修试，姓陈，希望这座庙的神明保佑我，让我平安抵达泰国，希望不死，希望发财，希望有很多个儿子，我还会再来拜祭，并捐钱扩建此庙。”

这座大庙的柱子上挂了好几幅巨幅对联，我看了以后留下了很深的印象。它教导人们：勤奋、忍耐、诚实会带来财富。

拜读完这些对联，我下决心照着这些训词去做，如果我真的飞黄腾达了，我还要回来拜祭，并在这个庙做善事。

出了寺庙，已近傍晚，我径自去吃了一碗面条。这是我赶了那么多路，坐了30公里的自行车后吃的第一顿饭。

揭阳县城隍庙和庙里的对联，对联的内容我一直铭记在心，并成为指导我一直行善的警句，无论我成功与否

我20岁时的照片，摄于1945年，用于在广东汕头登船的资料

14

逗留汕头

从揭阳市的城隍庙要乘船才能到汕头，下船后步行两公里，最后才可到达比较大的港口。

到了汕头，我开始担心身上带的钱在路上不够用，于是就把乘船的费用22万关金券分出来，看一下还剩多少钱。因为离船起航的时间还有七天，所以我要保证钱能支撑到那一天。

我数了数钱才知道，除了船票，只剩下7 000关金券，而这些钱要用七天，看来是少了点儿，哪里够吃饭睡觉的花销啊。单单是住在价格很便宜的一家叫做“永安街”的小客栈里，每晚的花费都是300～400关金券。何况还有伙食费，即便是最便宜的一顿饭也要500关金券，甚至更多，所以我每天只能吃一顿饭。也就是说，为了能够挨到上船的那天，我每天花费不能超过1 000关金券。我感到有些为难，但是在心里一直鼓励自己说：“一定要挺住。”

由于每天只能吃一顿饭，所以我到下午5点的时候才去吃饭，而且只能就着豆腐乳喝粥，有时候可以吃点炒空心菜。虽然食物相同，但一直每天只吃一顿，倒也从未感觉到乏味。

等待起航的这段时间，我了解到每天都会有很多人来买船票准备外出，平均每天400～500人之多。我就像一只井底之蛙，才知道外面的世界如此广阔，也才知道原来有如此多的人要离开中国到泰国去。

泰国一定像人们传说的那样美好。只要勤恳一点儿，一定会有发财致富的机会——我开始相信那一切都是真的。

终于等到了航船启程的日子。在等待船驶出海港的那段时间里，我的手一直紧紧地攥着船票，生怕它丢了。因为它是我开始新生活的唯一希望，对于我来说，那是世界上最贵重的一张纸。如果它丢了，那就意味着我的未来、我的希望破灭了。

正当我在港口附近转悠的时候，突然有人在后面叫我的名字："修试。"

我转过身来看，吓了一跳。因为我看到了三哥，三哥当年27岁，正向我走来。

片刻之后，我定下神来，自言自语说："这如何是好啊？"

"修试，你偷了钱想逃跑是吗？把票退了，回家再说！"三哥很急切地说。

我一听立马很着急地吼起来："不，我要去泰国，如果我回家的话，就再也没有机会了。如果回家的话，也不知道还能剩下多少钱了……亲戚说拿去存起来的钱，也不知道是不是真的存起来了。他们镶了金牙，带着翡翠项链，还买了新的衣服，不知道他们从哪里弄来的钱。"

我继续说道："我拿来的钱也只是家里给的去泰国的路费而已。我先去泰国那边，工作赚钱然后会把钱寄回给家里的。嫂子要去了泰国，如果在经济方面有困难，我一定会送钱来的。三哥，你知道我是什么样的人，我是一心想着工作赚钱、赚了多少钱都全部给家里的人，这次去泰国也是一样。我发誓我会每个月都往家里寄钱的。"

我一口气说了很多话，向三哥解释，并求他理解。最后，三哥表示不再阻止我上船去泰国，他跟我讲了我跑出来之后家里发生的事情。我这才知道在我消失之后，家里的每个人都很震惊。母亲动员了家里所有的人，满大街打梆子敲钟，叫着我的名字。村里的每个犄角旮旯都找遍了，但连影子都没见到，所以大家也就纷纷回到家中。有些人认为我被老虎吃掉了，因为进到山里面，很有可能遇到老虎。母亲不停地哭泣，每个人都很担心我。

几天过去了，三哥和四嫂开始感觉不对劲，于是赶快打开放钱的盒子，看过之后恍然明白。"盒子里的钱不见了，修试也不见了，这说明一定是修试拿了钱。"他们立刻意识到："修试一定是拿着钱去汕头了，因为那些钱正好够买船票去泰国。"

这就是三哥能够找到汕头来的原因。为了能找到我，他选了近路，并且千方百计地抢时间，所以只比我晚到汕头一个礼拜。

"能找到你，知道你没有被老虎叼走，哥感到很高兴。但你至少应该告诉妈，告诉家里人不要担心呀。你到了泰国不要忘记给家里写信。哥会照顾好家里的。放心吧！”三哥不停地嘱托我，并让我放心。

船要离港了，必须上船了，我很高兴，同时很心酸。

我很少见到三哥流泪，但是那次他哭了。

泪水迷蒙了我的双眼，我再也抑制不住，只好任它恣意地滑落下来。

“祝你好运，修试。”三哥从嘴边颤颤地说出这句话，我点点头，想说点什么，但又好像有东西堵在了嗓子里，以至于我说不出话来。我努力而艰难地挤出一句话：“如果有了钱，我一定会寄回来，一定会回来看望你们的，请一定帮我照顾好妈妈。”

我即将离开故乡，离开我生长的中国土地。人们几乎都登船了，我们兄弟俩的手还紧紧握在一起，不忍松开。

三哥一直陪到我的船离开港口。我永远记得那一天，天空布满了乌云，显得有些阴暗，不多时，便下起了小雨。我们就这样在雨中含泪而别。其实我也不知道自己的选择是好是坏，我只知道要去寻找自己的未来。

船开始离港，雨也下得更大更猛了。在我眼中，中国大陆渐行渐远，三哥的身影在雨雾和泪水中也变得越来越模糊。

离开了故乡，从此要到更广大的世界里去打拼，要独自去面对人生，我感到了一种失落和怅然。前途未卜，不知道将来会遇到什么事情，虽然如此，我从未感到过害怕和胆怯。

我正在去往泰国的路上，我只希望那里能给我带来好运，让我兴旺发达。我在心里暗暗发誓：我一定要发财！

大船载着近3 800个人启程往泰国，我可能是这艘船上最穷的一个。我的家当是一件衬衫和一条短裤，没有一席一枕，连拖鞋也没一双。到达泰国一共要七天七夜，谁死在船上，就被直接扔到海里，无边的大海成了这些人的葬身之地

15

船上的日子

有将近3 800人乘坐的“贵阳号”轮船离家远行，我清楚地记得，那天是1945年10月13日。

这一天，我有生以来第一次出远门，去到一个自己从未见过、完全陌生的地方去。这是令我十分激动、高兴的一天，也是十分伤心的一天。我的心中五味杂陈，激动与伤心交织在一起。

这时的我，就像一只刚刚飞出巢穴的小鸟，忐忑的心怦怦直跳。我在心里想：“我能够实现自己的梦想吗？如果不能的话，那么我又该怎么生活啊？”

正当我不停地胡思乱想时，船也在不停地走，最终距离汕头港越来越远。这时，我注意到大部分人或多或少地带着行李，每个人都攥着自己的行李包。只有我，什么也不用担心，因为我没有带任何行李，连睡觉的席子和枕头都没有带，有的只是穿在身上的那一身旧衣服而已，甚至连鞋子都没穿。跟船上同行的其他人比起来，我算是最穷的一个。

这就是离家后最初的状况。船上十分拥挤，身子几乎不能动，基本上只能在有限的空间里呆坐着。这样的日子实在无聊透顶，我想快点儿到目的地。

船上每个人都呆呆地坐着，时睡时醒，他们都是在第二次世界大战刚刚结束两个月后从中国出来的贫苦人。他们觉得，与其在原来的地方苦苦挣扎，不如出来打拼的好。

“贵阳号”上的乘客95%是穷人，剩下的那一小部分则是一些有钱人，他们能够坐在船上特设的或是最好的叫做“麻梨房”的房间里。

听说，麻梨房是很漂亮的睡房，里面有舒适柔软的床供休息睡觉。对于像我这样坐低等舱的旅客来说，甭想着有床睡觉了，在船上能找个靠头的地方就是奢侈。实在感觉很累的时候，我就躺在船板上睡觉。没有席子，没有枕头，所有的穷人都这样忍耐着。

在船上，吃饭也是个问题。船上提供的饭菜不够吃，每次吃饭都要争抢。船工做完饭就把饭倒在一起，低等舱的乘客要自己拿着盘子去盛，因为食物太少，不够乘客分的，所以就会互相争抢。

在船上发生的一件事深深地触动了我。一个大约 12 岁的男孩跑去争抢食物，被后面的人用力撞了一下，他就被撞到滚烫的饭堆里，烫伤很严重，不久就离开了人世。

盛完米饭之后还要死死地端着盘子挤着去排队，等着船上负责伙食的人盛一些菜倒在米饭上。

我们这些人没有权利选择食物。他们做什么，我们都要迅速地抢来吃，因为肚子很饿。船上的伙食，大部分时间都是便宜的炒空心菜，要不就是炒冬瓜或者冬瓜汤。有时换花样，就拿萝卜来做一些菜。

盛饭的时候很拥挤，一定要有耐性，我一盛到饭就迫不及待地填饱肚子。

晚上的天气跟白天的不一样，阴凉而且潮湿，风吹得整个脸都麻木了，鼻涕和眼泪不知不觉地流下来。我用手在脸颊上不停地揉搓，以便使脸能够温暖些，有一些知觉。

没有被子御寒，被冻得睡不着时，我就蜷缩着身子坐在船边。有时看看天，有时看看海面，就这样让自己的思绪任意飘飞。

有时我也忍不住问自己，我这样漂洋过海远离家园究竟是对还是错？以后自己面临的，究竟是好运还是厄运？如果到了泰国，比在中国的时候更艰难，那么我为什么还要让自己受累呢？当然，这些也只是想想而已，因为那时我已经没有退路了。

“贵阳号”载着旅客在海上颠簸了近一个礼拜，我渐渐习惯了船上的生活，也了解了船上形形色色的人。

有的人富有，有的人贫穷。那些有钱人准备了美味可口、营养健康的食品，吃饭的时候就围在一起快乐地享用美食。而像我这样的穷人们，只要能有一口吃的填饱肚子就已经算是幸运了，哪里还管得了美不美味、营养不营养。

在“贵阳号”颠簸漂流的途中，最让我悲伤的事情就是看到有人病死在船上。有人身体太弱，加上饮食欠佳，支撑不住这种颠簸的长途旅途，还没有到达目的地就死在船上。船上的工作人员将尸体装到一个完全密封的麻袋里面，举行一个超度亡灵的仪式，然后就抛于茫茫大海之中。一个活生生的人就这样孤零零地死去，这种景象实在凄惨。

每次遇到这种情况，我都感到很难过，不自觉地联想到家中牵挂我的母亲和兄弟姐妹们。如果我也这样死去，他们会多么伤心啊！

每天都会有人病，有人死，还有很多人晕船。在我赶路的这几天里就已经死了大约十个人了。很幸运的是，我的身体很强健，再加上那时刚刚20岁出头，所以没有受到疾病的折磨。

在船上颠簸了七天七夜，“贵阳号”终于载着我们到达了泰国。我开始看到满眼新鲜翠绿的植物，这些真的都跟人们说的一样。

能到达目的地，我很高兴。更令我高兴的是，我很快就会看到几年前就来到泰国的哥哥了。不知道他们还记不记得我？想到这些，我就兴奋不已，激动不已。

CHINA
LAOS
THAILAND
BANGKOK
CAMBODIA
VIETNAM
MALAYSIA

踏上泰国

虚线表示那时候“贵阳号”轮船从中国汕头到泰国曼谷的航线

16

踏上泰国

“贵阳号”轮船缓慢地驶近泰国。我看到一条茫茫无际的大河，河两岸一片富饶景象，这些跟中国完全不一样。这里的空气很湿润，我深深地吸了一口，同时在心里嘀咕着：这就是泰国吗？

最终，我确认，这就是我日夜盼望的泰国。我终于来到这个被中国人叫做“潘背”的地方了！我高兴极了，几乎要欢呼雀跃地叫起来：我终于到泰国了！泰国将会使我飞黄腾达！

轮船抵达泰国的那天正好是我的生日。我心里想：自己也不知道走了什么好运，能在泰国过20岁生日（按实岁算是19岁），这也算是一个吉兆吧！

那时已是傍晚四五点钟了，泰国十月份的天气虽然没有像中国那样冷，但只穿了一套衣服的我还是感觉到一股寒意；心里感觉更冷，因为其他旅客都有亲朋好友来接，而我是孤身一人，我的哥哥不知道我来，更不可能接我。

在所有的乘客当中，可能我算是最穷困的一个。没有亲朋好友，没有随身行李，身无分文，我所拥有的仅仅是一双手而已。

当轮船刚停靠在曼谷挽叻帕亚盖寺旁的河港的时候，人群便开始骚动起来。我往船下望去，看到船下有人高兴地向船上招手，迎接自己的亲朋好友。他们也许是通过信件约定好了来接船，以能够尽快地回去休息或做其他事情。

回过头来看看自己，有种羁旅天涯的感觉，哥哥们不知道我已经来到泰国，我只希望能遇到两个哥哥。有一件事情是我以前不知道的——刚来到泰国的每个人都要暂留，等着亲朋好友们来接走。

检查人员在检查从曼谷港口进入泰国的人们时，是相当仔细认真的。因为有将近四千名旅客，所以这是一项很繁重的工作，每个人都要跟时间赛跑。我注意到泰国的工作人员都不会说中文，所以一直要翻译来帮助沟通交流。

有泰国人来证明身份的旅客，会被安排到另外一组，那些人不论是证明人还是乘客都要按下指纹，证明已经通过检查之后，检查人员才会允许进入泰国。

我注意到一同下船的人中，60% ~70%有人来证明，当所有的手续办完之后，那些一起刚从船上下来的旅客就消失了一半。剩下的都是和我一样没有人来证明或是要等不知在哪里的泰国亲戚或朋友来证明的人。

有一些人没有离开，是因为与亲戚朋友约定的时间出现了偏差或者没有沟通好，这使得后面的检查非常麻烦。

除此之外，检查人员还要检查像我和其他这样漂洋过海而来的人的眼珠子，可能是为了扣下那些生病或者携带病菌的人吧。而我在检查眼睛这一关没有通过，因为我有红眼病，当然，最重要的是，没有人来接我。

那个潮州翻译跟我讲，最好能想个办法联系上在泰国的亲戚，让他们尽快来证明我的身份，否则极有可能被遣送回国。

听到有可能被遣送回中国，我犹如五雷轰顶——历经苦难漂洋过海，花了那么多钱，最后要被遣送回去，那是我如何也接受不了的。

但是希望还没有完全破灭，我想哥哥一定会来接我的。我努力地给自己打气，不断地告诉自己："我不可能那样倒霉的。"

检查人员从下午四五点钟一直检查到掌灯时分，我在寻找着来接我的人，但是没有。我感到不安，开始有些紧张着急了。

那些没有人来证明身份的一千多名旅客要被海关带到城里集中起来。简单地说，就是被监禁起来，等着检查或者等着亲友日后来接。

与我同病相怜的一千多人都被带进了拘留所，那是一个很黑的夜晚，我的心里也是一片漆黑，充满着焦虑和不安。

那时候，我全身脏兮兮的，因为在汕头的七天以及在船上的七天，整整十四天我都没有洗过澡。而要在移民局的拘留所里面待上多少天，我还不知道。在拘留所的日子里，我与同一房间的人们聊天才晓得，每个人都有着不同的梦想。我还是感到一点点的幸运，跟我乘同一条船来的大都是客家人，而且被关到了同一间监房里面。

我们聊得很投机，并且还互相嘱托，如果谁有机会先从这里出去，就要跟彼此在泰国的熟人联系，让他们来证明另一个人的身份。大家就这样许下了承诺。

我在拘留所里关了两天，就有人来证明被关在一起的客家人，使他在我之前获得了自由。对于我来说，当同病相怜的朋友出去后，我希望他没有忘记我，没有忘记曾经许下的诺言，会帮我联系亲戚朋友来接我出去。我想那个客家人朋友一定会尽快地帮我联系哥哥的。

在等待的那段时间里，泰国方面会准时提供饭菜和水给像我这样被扣留的人。他们提供的是装在镀锌的旧盘子里的米饭和炒空心菜，虽然有生以来第一次在拘留所里吃饭，但是我还是感到在泰国吃的第一顿饭是如此的美味可口。

拘留所的伙食很简单，跟我在“贵阳号”上吃的没什么两样，只有米饭和炒空心菜而已。我们这些人都默默地吃自己的饭，同时每个人的思绪都飘向了四面八方。

美好的时光总是匆匆而逝，糟糕的日子总让人觉得漫长。

又过了两天，我的哥哥才来到移民局证明我的身份，而且还要交 400 铢的手续费。在那个年代里，这不是一笔小数目。我的两个哥哥不得不东奔西跑跟朋友借钱来保释我出去。虽然我只在拘留所里面待了四天，但当看到哥哥那一刻，我高兴得难以形容，几乎忘掉了之前所有的不快。

起初他俩不记得我，呆呆地站在那里打量我。这并不奇怪，因为他们是在我还很小的时候见到过我，但无论如何，一母所生，长相上还是有些相似的。最后我们习惯了彼此的长相和声音。

“非常感谢……非常感谢两位哥哥，使我能够进入泰国。”

那是我遭拘留四天四夜后，再一次完完全全地看到泰国。

两个哥哥把我带到了大哥在越端客寺十字路口的家里。十八天十八夜没有洗澡的我终于能够洗澡了。洗完澡后，哥哥就带着我去见了大嫂和四个侄子侄女。哥哥的家庭是一个大家庭，大哥的孩子，也就是我的侄子侄女们都还小。我跟大家打过招呼后，就请求去休息了。奔波了好几个昼夜，我实在太累了。

那一晚是我在这个当时叫“暹罗”的地方睡得最踏实的一晚。

刚来到泰国，我住在大哥家里，帮助大哥做皮鞋。做好鞋后，就挑到附近的鞋店卖。有人会买几双，有人根本不买，也有人很不情愿地买下，拼命地压低价格。有时候，我们不得不亏本卖掉皮鞋，因为大哥还等着那天卖鞋的钱去给全家买吃的

17

走街串巷为卖鞋

在中国的时候我曾过着异常艰苦的生活。那时，我曾经梦想，来到泰国就会有着舒服的生活，至少能吃饱，能睡好，再也不会像在中国那样艰苦了。然而，现实却没有想象的那么美好。

自从踏上泰国土地，我的境遇就很艰苦窘迫。刚到泰国时，就被抓进拘留所去，之后与大哥在一起生活。在这之前，我从未了解过大哥在泰国的生活有多么艰难，只是一直认为，大哥在泰国要比我在中国生活得舒服，然而现实告诉我，这种想法是错的。

在泰国我跟大哥一家住在曼谷的越端客寺附近，这个地方以前叫做“帕纳空”。那时候当地人民的生活也很窘迫，跟我在中国时差不了多少。

我不禁在心里想：我这不是逃出虎口又进狼窝吗？

虽然生活一样艰难，但是我已经没有了退路，只有迎难而上这条路可走了。尽管要经历严寒酷暑和艰难困苦，但我一定要坚持走下去直至成功。

当想到这些的时候，我内心便涌动着战胜困难的力量。在泰国的第一天，只是为了能留在泰国，还不用说什么进步之类的，我就必须在各个方面改变自己以适应泰国的生活。那时候我只有一个念头，那就是怎样才能有一份工作，怎样才能赚到钱养活自己。

来到泰国，首要的障碍就是语言。在泰国，语言不通是做任何事情的最大障碍。那时候我不会说泰语，也听不明白别人在讲什么，这样我怎么去联系工作啊？于是，我当时最紧要的事情，便是要尽快地学会泰语。

其次，另一件让我不安的事情就是跟大哥的家庭在一起生活。前面已经提到，在我来之前，大哥家里的生活境况就已经十分艰难了，他们一家人经常是吃了上顿没下顿。而我的到来，又给他的家里添了一张嘴，增添了困难，对于他们本已困难的生活更是雪上加霜了。

我曾有点不好意思地跟大哥说起过："大哥，给你家里添了这么多麻烦，我总感觉有点不好意思，我不会打扰大哥太久的，我会尽快找工作的，等一找到工作我就搬走。"

"哦……修试，你不要多想，你是我的弟弟，不管怎么困难，我们都要互相帮助的。你可以一直跟大哥住在一起，我是哥哥，我有义务替父母照顾弟弟。"

我的大哥很疼爱他的弟弟。我听了大哥的话，心里的忧虑开始渐渐地消散。但是这并没有让我心安理得，反而更使我觉得不应该成为大哥的负担，我要帮大哥工作，赚钱。大哥是一名鞋工，自己做自己卖。我到了这个家之后，大哥的负担就更重了。他每天要很早开始紧张地工作，做出更多的鞋子，从而能够拿出去多卖一点儿，用卖鞋的钱来养家糊口。如果哪天做的鞋卖不出去或者卖出去得比较慢，那么家里的每个人就都要挨饿了。

生活所迫，有时大哥不得不以便宜的价格卖掉这些鞋子，那样就几乎赚不到钱。但是为了能有钱买米买菜、养家糊口，也只能这样做了。大哥生活窘迫并不是我到来的时候才这样的，事实上已经很久了。但我的到来，使得本来就窘迫的生活更加艰难了。

这让大嫂有些难以接受，所以我也不奇怪为什么她不太待见我了。尽管大嫂对我没有好脸色，但我能够理解她，我从来没有埋怨过她。我想我不能白吃白喝，我必须工作，必须帮家里赚钱，只有这样，境况才会好转起来。

两三天过去了，大嫂对于我到来的不满，再也忍耐不住而爆发了："我们家已经是吃了上顿没下顿了，现在又有外人来给我们家添累赘。我只希望你自己心里能明白，能够快点找点活儿养活自己，不要长期增加我们的负担。"

听到大嫂的话后，我心里很不是滋味，努力地跟大嫂解释说，我不是要黏着大哥蹭吃蹭喝。但大嫂根本不给我说话的机会，岔开话题："像你这么年纪轻轻、身强力壮的，应该不会想让你大哥养着吧？"

于是大哥开始教我做鞋子，没几天我就学会了。我也开始帮助大哥做起了他很早以前就擅长的工作。做完之后，帮助大哥拿到各处去卖。

就这样，我和大哥大嫂还有孩子们，每天天还没亮就起来做鞋子。为了能够及时拿出去卖，我们必须眼疾手快，跟时间赛跑，忙得都没有时间休息。

虽然说做一双鞋没有多少活儿，但每道工序都是手工完成的，所以一个人一天最多也只能做四五双而已。

鞋子做完了，就要拿出去卖。大哥让我跟着出去卖鞋子，我就帮助大哥提着鞋子到各种我们认为会买我们鞋子的商店去叫卖。几次下来，我发现大哥带我去的每个店铺老板都没有专门要买我们鞋子的意思。大哥不得不进去低声下气地恳求他们买我们的鞋子："阿伯，帮帮忙吧！买双鞋子吧！今天我走街串巷一整天了还没有开张，您就帮帮忙买一双吧！"

有些商店的店主心好会买，嘴里说是积德行善，却将价格压得很低，以至于我们也没有办法卖给他。

有些商店的店主不买不要紧，还很生气地将我们赶出来："不买……不买，这么破烂的鞋子，去别的地方卖吧，快走！滚！"

很多次我和大哥都被赶了出来。鞋子卖不出去也就罢了，还要被别人骂，这很令人伤心！做鞋子已经很劳累了，走街串巷卖鞋子更累，更何况鞋子还很难卖出去。我看这是一个不怎么值得做的工作。

大部分顾客都说大哥的鞋子不好，每一句否定的话都让大哥感到很焦虑。我跟大哥差不多感觉，但是可能没有他那么焦虑，因为我不用负责妻儿的生活，大哥却要担心拿什么来养活老婆孩子。

这样的情况越来越多，这让我产生了疑问：为什么大哥要一直忍耐着做这一行呢？为什么不找别的比这更好做的工作呢？大哥为什么要忍受着身体和内心的双重疲劳，来做这个赚不了多少钱的买卖？

我才刚刚跟大哥做这个没几天，就已经看出这一行没有任何发展前途，而且是越做越没有出路的行业。但由于我刚来不久，也就不便多说，我将这些疑问都放在心里。

于是，每天我继续跟大哥还有一个工人起早贪黑地做鞋子，做完了就背着鞋子出去卖。我们一路全都靠双脚走，走很远的路，从那家商店出来又进这家，从早一直走到晚，我们哥俩累得几乎骨头都要散架。

如果鞋子卖得好，那么劳累就会一扫而光，但有的时候走了一整天没开张，还被骂来骂去。我们是生意人，为什么总感觉像是讨饭的呢？累点儿就不说了，每天还要听那些店主的难听话，有一天，我再也忍不住内心的憋屈，按捺不住自己内心的怒气，向大哥发了一次脾气。

大哥呆呆地站在那里，很疑惑地看着我。平时我不太发脾气，特别是对大哥，而且我从来没有说过让他伤心的话。但是我这次一时冲动，根本没考虑到大哥会伤心。

发完了脾气，我心里不再憋屈了。但是回头想想，自己心里还是感觉不舒服。不是因为害怕大哥生我的气，而是我责备大哥没有扬眉吐气，可是我自己呢？我又有什么地方做得比大哥好呢？何况我还要靠着大哥，哪里都去不了。我想我应该尽快出去找一份比较有前途的工作。

那时我想过了，如果一直做大哥的这种生意，是没有机会发达的。因为大哥做这一行已经十七年了，到现在还是在贫困中苦苦挣扎。这已经很清楚地证明，这个工作做来做去，也很难有出人头地的一天。

提着一串串鞋子进进出出各种各样的商店，一直从挽叻一带走到唐人街和彻伦功一带，还要去恳求人家来买不想要的东西。这些事情是没有什么值得留恋的。所以，当我越是看到大哥进到每个店里跟店主央求，我越是感到急躁。

更何况，大哥常常将自己的困难摆出来让买家知道，以博得他们的同情和怜悯。比如，大哥常常喜欢告诉那些店主说："我们哥俩从大早上就开始奔波着卖鞋子了。到现在累得要死都没有卖出一双去，求您帮忙买一双吧，求求您买一双吧！"

这种把自己说得很苦以博得买家同情的做法，让那些要买的店主一听到就很得意，以为真没有人买我们的鞋子，所以就把价格压得很低。有的时候大哥为了能够有钱给家里人买吃的，就不得不亏本卖给他们。有些人甚至把价格压得让我们亏本了，还是不愿意买。

有的时候看到大哥将18铢（泰国货币单位）一双的鞋子降到将近一半的价钱还是卖不出去，这让我明白：尽管商品的价格再低，如果买家不需要，那么他们也不会买。

我对大哥卖东西的方法不太认同。我认为，这样做不但对卖鞋子没有帮助，还会让人们认为我们的鞋子没有价值，以至于不得不以如此低的价格来卖。

我跟大哥在一起做了十来天，就一心想要出去找一份新的工作了。到了第十二天，一个店铺老板给我的忠告，促使我最终下决心离开哥哥家，自己去找工作。

还记得那天，我们哥俩像每天那样大清早就提着鞋子出门了，然后就从挽叻一带开始一直转悠着卖到彻伦功一带。我们俩从大清早就开始走街串巷，进进出出大概有几十家店铺，但是每次都会遭到店主们的拒绝。

那天还是一样，大哥将价格降到几乎亏本的地步，还是没有哪个店主愿意买我们的鞋子放在店里卖。有些店铺不买，是因为大哥不久前才卖给他们，原来买的鞋子还没有卖出去，所以也就不愿意再买新的了。尽管大哥给他们降价很多，依旧无济于事。

我们俩又累又饿，大清早上从家里出来还一直没有吃东西，肚子里空空如也，甚至饿得眼睛都花了，但还要背着鞋子，希望有店铺会买我们的鞋子，以使我们能有钱买点吃的东西。我们俩走着走着，就来到了位于彻伦功的一家店铺，大哥叫我一起进去试一试。

大哥卖鞋的方法依然没有变，他跟店主说，他很想将八双鞋全都卖掉，恳求店主能够买下。大哥又说，我们哥俩从大清早就出来卖鞋了，去了好几家店铺，每家店铺都不买，由于从早晨就一直没有吃东西，现在饿得肚子疼。如果店主不帮忙买下鞋子，我们肯定会饿死的。

店主听到大哥那样说，就要求降价。店主从来没有可怜我们或者帮助我们的意思，他只想着压低价格，以赚取更大利润空间，他才不管我们赔了多少呢。那天，那个店主愿意买下所有的鞋子，但是不断地压低价格。能够将鞋子卖出去，已经使大哥很高兴了，以至于没有考虑会不会赚钱。

我并没有跟着高兴，因为我知道大哥这种卖鞋子的方法不太对，我觉得，就是这个原因，使他在泰国十七年还是原地踏步，没有什么发展。

从彻伦功那家店铺出来之前，店主叫我单独进去："阿弟啊，进屋里面说句话，我有事情要告诉你。"

店主只叫了我一个人，没有叫我大哥。对这突如其来的邀请，我有点儿迷惑不解，大哥也有些怀疑。

进到里屋，店主说的一席话，我至今没有忘记。因为店主教给我的是卖东西的技巧，还以大哥卖鞋子为例。他说："哪里有你哥这样卖东西的？去卖东西给人家，然后还要告诉别人说，走了一整天了都卖不掉。这样会使人们感觉，反正你去哪里卖都没有人买，我就尽量压低价格，因为不论价格怎么低，你们反正都要卖的。"

除此之外，那个店主还悄悄地告诉我：如果要想把鞋子卖出去，就要说，我哪里都还没去，直接就到您这里卖了，您是我们的第一个顾客。这样就不会有人知道事实上我们前面一直都卖不出去，买家还会因自己是第一个买家而感到满意。

店主说，看到我是做生意的料，所以一定要做有前途的生意；如果想要做好生意，就一定不要像哥哥那样讲。

从那家店出来，大哥叫我一起去吃饭，他显得很高兴，没有问店主叫我去做什么，我也不想跟他讲，因为怕让大哥感到不满。

我们俩就这样静静地坐在那里吃饭。我默默地想着店主的话，决定问大哥："大哥为什么不试试做其他工作呢？或许会比这个好。"

"大哥没有时间去尝试做其他的，每天老婆孩子都要吃，都要用。如果大哥不忍耐，不做鞋子，不卖鞋子，大哥也不知道要从哪里赚钱来养活他们。"

我如果还一直跟大哥一起做鞋子，卖鞋子，那么我的生活也一定只会原地踏步，没有什么发展。一想到大哥终日操劳只为朝夕糊口的活法，我就不能接受。

吃完饭后，我告诉大哥我要走了，大哥一愣："为什么？修试，你要去哪里？去做什么？住在大哥家里你有什么不顺心的吗？是不是你嫂子跟你说什么难听的话了？"

"没有，我住在大哥家里每件事情都很顺心，但是我想出去尝试做其他的事情，或许会更好一些呢。"

我马上说明了实情，大哥也就点头说："大哥知道自己没有本事，没有什么好的生意，大哥也希望你比大哥强，希望你能找到好的生意，大哥祝你成功。"

从大哥家里搬出来后，我不知道自己要去哪里，去做什么，我只知道我要离开原来的地方，去寻找一个更有发展潜力的地方。我一定要让自己的生活变得更美好！

我在皮革厂得到一份工作，从早工作到晚。下班后我又去做另外一份工作，在港口搬货，从晚上七点到十点，这份工作带给我每日五铢的额外收入

18

当工厂男工

我从大哥家里出来还不到一天的时间，就成为一个工厂打工仔。这家工厂叫“和合发皮厂”，我能进去工作完全是一个偶然。

在来泰国之前，我认识一个曾在我家附近叫卖豆腐的人。我清楚地记得他的长相，因为我不止一次照顾过他的生意。在家里的时候我就知道他已经去了泰国，没想到我再一次见到他是在泰国。那时我正在马路边漫无目的地闲逛，见到他，立刻上去打招呼。

卖豆腐的那个人感觉很纳闷：“你是谁？怎么知道我的名字？”

“我是修试啊，就是住在石湖的，我那时还经常买您的豆腐吃呢。”

在对我点头微笑之前，他呆立着想了半天。

“哦……也是从中国来的，一定是刚刚到泰国不久吧。”

“是啊，我才刚来十二天。”

由于是同乡，我俩聊得很投机。刚说了一会儿，他就问我现在在哪里，做什么工作。我照直回答：“我刚从大哥家里出来，正在找工作做呢。”我也顺口问他：“有没有什么工作可以介绍给我的？”他想了一下说：“现在和合发皮厂正在招工，我跟他们说说推荐你去，你去吗？”

听到他这么说，我高兴得几乎控制不住自己了。于是他就带我去见了和合发皮厂的老板。

虽说只是做一名工厂工人，但我还是很愿意的。当时想着，我将来有钱了，再也不用依靠谁了。我只希望这份工作和薪水能够成为我实现梦想的桥梁——我的梦想是能够有一份属于自己的事业。

我开始在和合发皮厂工作，每个月的工资是 80 铢。这个待遇并不算差，因为在 1945 年的时候，一碗粿条才十几士丁，这样我每天吃饭的花费还不到 1 铢。我用钱很节省，而且住在工厂里面是免费的，所以我就在想，我要努力地攒更多的钱。

比较好的是老板跟我很合得来，所以能够提前预支工资，这就使我有钱吃饭了。做完一个月后，我就再也没有向老板预支过工资。

这期间，当我走到唐人街附近的时候，看到有人在高档的饭店里吃饭，我心里想，为什么他们有钱在这样高档的饭店吃美味佳肴啊。当我走过金店的时候，看到有很多人在买金饰，我心里又在想，为什么他们有钱来买金饰啊。这些在唐人街的所见所闻使我的精神有些焦躁，我一直在想：为什么我不像他们那样富有？怎么做才能够发财呢？

好多个晚上，我整晚整晚地睡不着，每次闭上眼睛就看到他们在吃美味佳肴，每次闭上眼睛满眼都是金饰，可惜那不是我的。

我非常希望拥有那样美好的生活，虽然这些要求超出了我当时的能力所及。于是，我就想，我要怎么才能赚钱，怎样才会发达呢？我有机会发达吗？所以，在工厂工作一段时间后，我就开始找额外的工作来做。

第二天下班后，我直奔码头去找工作。很幸运，获得了一份在曼谷挽叻帕亚盖港口搬运稻米的工作。我不怕苦不怕累，只要能够赚到钱，什么活儿都可以做。这份港口搬运工的工作薪水是每三个小时 5 铢，时间为每天晚上七点一直工作到晚上十点。所以那时候我开始在两个地方工作。

每天早晨我很早起床，为的是能够准时到和合发皮厂上班。工厂每天大概傍晚六点下班，下班后我要马上洗澡换衣服，准备到港口去做搬运工，其实就是苦力。那时候我每天都工作，从来没有休息过，每个星期工作七天，每天都是从早上六点一直工作到晚上十点。

两份工作给我带来的收入不菲。和合发皮厂每月给我 80 铢薪水，港口每月再给我 150 铢工钱，所以那时候我每个月可以赚大约 230 铢。在“二战”刚刚结束不久的时候，一铢（计量单位）重的黄金才几十泰铢，每个月能赚到两百多铢薪水，对我来说算是很多了。

当我背大米两个多月后，有了 400 铢积蓄，但是我不断地想还有没有别的途径，可以让我挣到更多的钱，可以寄钱回家给母亲，给兄弟，给嫂子。我虽然逃离家乡来到泰国，但是我答应说每个月给家里寄钱的。更主要的是我想发大财，成为富翁。突然，有一个人在中午时间来到皮革厂找我，说是我的亲戚介绍来的。聊了一会儿后，他说："刚来到泰国的中国人都想马上致富，给家里寄钱寄东西，因为中国还很穷，没有吃没有穿，饿死的人很多。我可以教你迅速致富的方法，让你中国的家人不挨饿。"

这是1950年搬运工扛大米装船的照片，扛大米是我曾经的工作之一

这个人其实是个卖假钞的，能说会道，看我有了点意向，他又说："现在100铢的假钞刚刚发行使用，我把100铢的假钞用30铢的价格卖给你。"然后他把100铢的假钞和真钞一一对比，我几乎看不出有什么不同。我很贪心，一下子买了10张100铢假钞，花了300铢，我心里非常兴奋，一下子我的钱增加了700铢，加上原来的钱，近1000铢了。我刚来泰国三个月就能把在中国的债务全部还清。卖假钞的人对我说："恭喜你发财了，我已经让很多人发财了，你这个仅仅是开始，一开始就挣这么多钱，我想以后你会挣得更多的。"

卖假钞的人倒是热心，教我怎么使用假钞——一次最多只能用一张，身上不能带三张以上，因为三张以上算是违法的。只有一张不算违法，一般不会被发现；如果被发现，警察盘问时就说是从同事那里得到的，同事常常借钱，后来一次性还了我一张100铢的……就找这样的借口，但不能说是老板给的。

"如果警察让我去叫给我假钞的同事，我怎么回答呢？"

"就回答说那个朋友已经去清迈好几个月了，就找类似的理由，保证没有问题，只有印钞票的人才能看得出来，一般人是看不出的。即使他怀疑，他说没有零钱找你，你就收回它，抱怨几句。这样的事，你完全能做到，我不会看错人的，你现在不发财，什么时候发财？"他最后撂下这么一句话，想发财的念头促使我下定决心。

那天傍晚，我没有去背大米，我快乐地看着假钞，策划着怎么把钱花出去，怎样才能万无一失。

我把假钞浸泡在水里，放上一些皮革厂用的和假钞一样的颜料，然后用水洗干净，一张一张晒干，我一大早就起来看假钞，加工过的假钞看起来比较旧，和真的一样。我拿来一大叠报纸，把假钞压平，然后收起来，和平常一样去皮革厂工作，想着傍晚去哪儿花钱。

我使用的面值 100 铢的假钞极其类似真钞，但非常幸运的是：
我及时知错就改，退回该退回的钱，并且销毁了所有的假钞

首先去孔堤码头附近的一家商店，灯光比较暗淡，一个十五六岁的女孩帮父母卖东西，看起来还不太老练。卖了一天的东西应该有零钱找的，我就去买了两盒香烟，每盒 50 泰分，然后买了很多吃的，一共花了 3 铢，她找我一大堆零钱。我立刻回家，把钱放好，再拿出第二张假钞。

我坐上双排车来到敦凯一带，观察了好几家商店，然后走进一家老爷爷和老太太开的商店，我仍旧买两盒香烟和一些吃的，花了 3 铢。老头接过我的 100 铢后，走到油灯下细细看了很长一会儿，我说："肯定没有问题的，钱是刚从老板那里得到的。"

他一听我的口音是客家人，就放心了。我接过找的零钱非常高兴，装出

一副刚从中国来的小伙子的样子，其实在心里暗自得意自己的能力和老练。回到家后，我把钱包好，又去了帕卡空一家商店，从一个 50 岁左右的女人的商店里买了 8 铢的零用品。

轻轻松松就花了三张 100 铢的假钞，我非常高兴："一个晚上我挣了 200 多铢，一个月的话能挣上 5 000 铢，如果做两三个月，钱就是上万了，真是暴发户，可以把中国的债务全部还清。我可以给嫂子买船票，我可以吃好的、穿好的，我可以到唐人街去买很多黄金，我可以有资本做一个大老板，我可以得到别人的尊敬。"突然间，那些接受假钞的老伯伯老婆婆的脸出现在我的脑海。

"老伯伯老婆婆多么艰难，我工作一个月才挣 100 铢，在皮革厂工作的同事一个月才 60～70 铢，用假钞一天我就挣了 200 多铢。但是那些卖东西的要卖多少东西才能挣回 100 铢，我一天使得两三个人痛心、伤心了。破坏他们的生活，两三个月要有多少人受罪，我犯下的罪孽这么深重！"

那个晚上我彻夜难眠，一方面想发财，另一方面又不想作孽。"造孽！可耻！我年轻力壮，却去欺骗眼花的老头老太太和不懂事的小姑娘！"这种想法控制了我。

"我一定要把钱还给他们！"

第二天傍晚，我要回了两张假钞，至于敦凯那家，我用不流利的潮州话说："我朋友把钱给我，说拿不准是不是假钞，因为现在假钞比较多，我怕拿到假钞的人痛心，所以决定用零钱支付比较好。"

"100 铢的钞票很少有人用，所以我这里一共只有两张 100 铢的。"

我很快认出我的那张 100 铢，我拿回它，把找回的零钱给他，并把买东西的钱也给了商店。我顿时觉得心情愉快，晚上酣然入睡，那天是我很长时间以来睡得最香的一天。

我算了一下，三天没有去背大米，算是损失 15 铢。花了 300 铢买假钞，花时间买没有用的东西，我非常心疼花力气背大米挣来的钱，但转念一想如果我继续这样干的话，早晚有一天要被警察抓住，毁了我的一生。

"这件事要引以为训，以后再也不做了，一心干实事，再也不想找发财的捷径了。"

我从来没有和任何人聊起这件事，直到编写这本书，为了给所有的子孙后代们一个教训。一定要立志做好人，诚实，不给别人和社会制造麻烦。

非常幸运，我及时知错就改，这就是所谓的知耻。

第一家大剧院，位于曼谷耀华力路天外天巷（1950 年左右）

在伦披尼弯一带，我曾坐过这样的电车（1950 年左右）（照片由乃春·卡差帕琳提供，来源于《侨批与华人》“东南亚复兴”一节。）

八世皇时期的钱币，是我刚到泰国时所用的货币（1945 年）

九世皇时期最初的纸币和硬币，是我到泰国四五年后使用的货币（1950 年）

挣钱以后，我首先想到的就是母亲，马上通过批局寄食品给在中国的母亲。20天后收到回信说寄去的东西都收到了，我把信看了一遍又一遍

19

寄钱回家

当把所有的钱都买了假钞以后，我不得不加倍工作挣钱。当自己有那么多钱的时候，我就想到了安全的问题，我害怕钱被别人偷走。

发薪水那天，我没有去领薪水，而是和老板商量：“老板，我想把工资都寄存在你那里。”

“修试，都寄存在我这里，你拿什么吃饭啊？”老板皱着眉头，奇怪地问我。

“我每天另外在曼谷港口做搬运工，我可以用那些工钱来吃饭和生活。我不想把这么多钱放在身上，麻烦老板帮我寄存一下。”

在这之前由于我工作勤奋努力，从来不偷懒，老板就已经很喜欢我了。现在他更喜欢我，因为我是个知道攒钱的人，不像其他人那样从不攒钱，总是提前预支工资。老板赞赏地看着我，然后说：“可以，修试，你什么时候用钱，就什么时候来支取吧。”

从那以后，我就再也没有领过工资。老板还经常跟我开玩笑说：“如果我把修试的工资都拿去花掉了，那么修试该怎么办啊？”

我也笑着回话说：“我相信老板，做大生意的人一定是值得信赖的人。”

我这样说后，他总是很高兴地大笑起来。

我工作很愉快，因为有收入，特别是自己能有钱存起来。只要我有条不紊地做着工作，每个月就一定会有收入。这之后我想到的第一个人就是我的妈妈。

妈妈帮我医治眼睛、让我重见光明的情景一直印在我的心里。这件事情温暖着我的心灵，让我感觉到无比幸福。我告诉自己说：“现在我工作赚钱了，一定要寄钱给妈妈和哥哥。”

那时候寄钱或是寄粮食需要找一定的门路，要去跟批局联系，让他们操办。我跟坐落在新华旅店批局的一个我熟悉的邮寄钱物到中国的柜台联系。我去联系这些事情的时候，只需带着一封信去，不用拿钱和物去。凭着对人们的信任，他们会先帮忙将东西置办齐，寄送过去之后，再交钱给他们。若是在当今，必须是先交钱，后办事。

三聘街上随处可见批局，1940 年左右，仅三聘街就有 78 家批局

在泰国与中国之间输送信件以及钱物的店，也就是泰华人所称的“批局”，图中为耀华力路天外天巷那一片的批局

泰国的批局会把我的信和帮忙买的粮食等通过轮船送到中国的批局，这要花大约 20 天的时间才能送到。当信和粮食等物品到了目的地，中国的批局就会给我家里人送去一份通知信，告诉他们有人寄钱物来。

我的哥哥接到通知信后很高兴，立刻去批局设立的分支机构领取钱物。我寄信和物品给妈妈，并在信中写道：“妈妈，我很想念你们。妈妈不用为我担心，我在泰国过得很好。现在我有了工作，有了工资。我给家里寄去了钱和200公斤的稻米（两麻袋），两桶豆油，两桶糖以及两桶米粉。请转告家里的每一个人，我爱他们也很想他们。”

又过了大约20天的时间，我就从批局接到了家里的回信。信上涂了一些胶水，这主要是防止信到主人手里之前被别人开启。我打开信来看，里面还有一小袋我寄回国的稻米，这是为了告诉我批局是按照我说的去做，没有寄不好的稻米，邮寄的是很好的东西。我看了之后，感觉他们完全是按照我吩咐的去做的，于是就交了所有的费用给批局。

大米	两袋重	200公斤	价格50铢
豆油	2桶重	50公斤	价格60铢
糖	2桶重	40公斤	价格60铢
米粉	2桶重	40公斤	价格70铢
一共4个项目		合计240铢	

妈妈让哥哥写信告诉我说，她知道我很安全就已经很高兴了，希望我不要有什么疾病，也不要像在中国一样忍饥挨饿。除了妈妈在信里的那些美好祝愿外，哥哥还在信里告诉我，两位嫂子也已经来到泰国了。

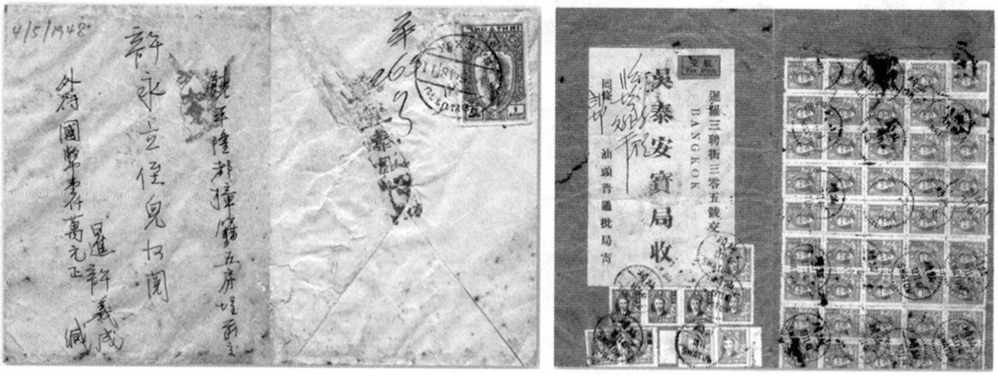

这就是当时寄到中国的各家批局承寄的侨批。1945年到1950年间，从泰国寄回上亿铢侨批

从1946年到1949年整整四年，我一直往家里寄钱和生活物品。直到沙立·他那叻元帅上台，出台了法律禁止泰国跟中国联系，也使得我不能再给

妈妈和哥哥寄钱物。那时候法律相当的严，如果有谁违反规定，就要被抓去坐牢。

我整天埋头做着繁重的工作，以至于不知道劳累，只为了能够赚到更多的钱。人们看到我这么拼命，都感到奇怪：我是从哪里来的力气来做这么繁重的工作？我的两个哥哥来看望我的时候，知道我没早没晚地工作，他们都提醒我："修试，这样拼命是不行的，工作之外，我们一定要留时间给自己休息，像你这样整天没日没夜地工作，身体是吃不消的。如果有什么闪失，是不值得的。"

"哥，我还很年轻力壮，不会那么容易病倒的，有工作给我做，我就要抓紧做，抓紧赚钱攒钱。"

"你急什么啊，哥是怕你还没来得及花钱就累死了。"

我只是对两个哥哥笑了笑，因为他们并不了解我心里的想法。我之所以如此拼命工作，是想有用来投资的资金，有自己的生意。我从来没有想过要一直这样当苦力。我没有将心中的梦想说给两个哥哥听，因为怕哥哥说我胡说八道。我只是跟他们说，不用为我担心，在中国的时候，我曾经做过这种苦力。

大哥走过来抱住我的肩膀，给我鼓励。虽然他没有说什么，但是我从他眼神中能够看出，他很心疼我。

"大哥没有用啊，不能帮弟弟什么忙，所以你才这么的辛苦啊。"大哥很伤心地说。

"谁说我大哥没用，在我刚来泰国的时候，是大哥把我从拘留所里领出来的，是大哥收留我，给我吃的给我住的。就这些就让我很感激了。什么时候有机会了，我一定会报答大哥恩情的。"

大哥点点头，轻轻地拍了拍我的肩膀，笑了笑之后嘱咐我一定照顾好自己的身体。

而对我来说，那时我只想着："工作就是生命，生命就是工作。"我经常告诉自己说："我一定要成功，我要有自己的事业，我一定要成为老板。"

每一天都好像是我生命的终点一样，我加倍努力地工作，直到后来自己成为拥有百亿资金的老板。虽然那时我还只是一个没有前途的苦力，只能整天靠着出卖体力来讨生活。

皮具厂的厕所里粪满了，工人们推来推去，没人愿意把大粪掏出去。我自告奋勇去做，因为这是我在中国就做惯的活儿

20

甘为掏粪工

在掏大粪这方面，我算是有经验的了。在中国的时候我曾经买过大粪，然后运回来铺在田里当肥料。不论是什么样的工作，哪怕是最低贱、众人都嫌弃的工作，我都可以去做。

对我来说，只要做的是诚实、不欺骗别人的工作，那任何一种工作都没有什么可嫌弃的。

我的这些经验令一些泰国人感到惊奇，尤其是在和合发皮厂的厕所被堵的时候。在这之前也发生过，老板就站在那儿强迫工人想办法解决，样子很是狼狈。我来工厂刚一个多月，厕所的问题又出现了。这可是一件让厂里人很着急上火的事情。

为了使厕所能继续使用，和合发皮厂的老板还是用老办法解决问题，也就是叫一名工人来把那些大便小便都舀出去，然后放到其他地方去。工厂的 12 名工人还是像原来那样推来推去，没有谁愿意去做。那时整个工厂都乱了，因为只有两间厕所，而两间厕所同时都堵了。

我没有多说什么，我知道这是自己擅长的工作，因为在中国我就运送过大粪，所以在没人命令的情况下，我主动上去解决这个问题。老板满意地笑了，并表扬我："修试很好，不像其他人那样怕脏怕累。"

我进到厕所里面，伸手将堵在厕所里的东西掏出来，然后在将大便小便舀出来之前先打开阀门。做这些的时候，我没有用手捂着嘴捂着鼻子，也没有什么嫌弃的表情。

那些还不算什么，掏粪时我的动作迅速灵活、有节奏，这让老板和工厂里的每一个人都目瞪口呆。当我把粪池里的粪掏完并放到化粪池之后，每个人都捂着鼻子和嘴看我，就像在看一个怪物一样，我却若无其事地走开了，没有表现出丝毫嫌臭和嫌脏的表情。

“等会儿，他一定会像我们一样呕吐。”有人说。

但我并没有像他们说的那样呕吐。

老板看到我掏粪和送粪的技术后，很是赞许。他表扬我工作努力，从来没有嫌弃过任何一种工作。所以，每个月当厕所满的时候，我就成了厂里唯一一个不用命令也不用别人帮助就清理厕所的人，我不但清理厕所，还将粪运送到化粪池。

我在厂里的名气也大了起来。很多人都赞扬我很勤奋、很努力，对工作从不挑三拣四。老板和老板娘也经常这样称赞我。老板娘很喜欢我，对我总是另眼相看，在我去工作不能跟大家一起吃饭的时候，她经常留一些热乎的、好吃的饭菜给我。

这也引来一些人的嫉妒。他们不能跟我比，就在背后说我坏话：“疯子，掏粪的疯子……他掏粪怎么不嫌臭也不见吐啊，估计是他鼻子坏掉了。”

“他舀粪就像舀水一样，还不知道是不是舀去偷偷地吃掉呢。”

“真奇怪，太奇怪了，还有人喜欢大粪？”

他们怎么说，我从来不放在心上，也不因此生气。他们没有当着我的面说，是我的一个朋友告诉我的，他很替我生气。我就对我朋友说：“随便他们，谁想说什么就随他说去，反正我又不是那样的人。”

这是实现我宏大梦想的一个阶梯，那时我天天想，尽管我还不知道将来我会成为什么公司的老板，但是我一定要成为老板！

我每天不知疲倦地在皮具厂干活儿，晚上去码头当搬运工，不去玩，也不喝酒、不赌博，最后我积攒了近6 000铢，如果那时候买金子的话，可以买好几十铢了。那时候我就开始在想，我以后也要像我的老板一样开一家皮具厂

21

工人变老板

我整天一心从事繁重的工作，从来没有那些浪费钱的陋习，或其他不必要的浪费钱的爱好。而其他的工人喜欢喝酒、抽烟、赌博之类的，或者去逛窑子——为了能消除工作的焦虑和疲劳去找各种乐子。对于我来说，我的快乐就是工作、赚钱、攒钱。

两份工作赚来的钱，每个月我都要拿出一部分来寄给在中国的妈妈和亲人们，另外拿出一部分作为自己的生活费，这部分生活费我用得非常节省。剩下的钱我就存起来，为了将来能够投资生意自己做老板。

在和合发皮厂工作以及在港口做搬运工两年零四个月之后，也就是1948年，我已经积攒了大约6 000泰铢的钱。在那个时候，这已经算是很大一笔钱了。如果拿去买黄金的话，能买几十铢重。我开始看到将来做老板的希望越来越大。

我心里充满自信地想，这些钱就是我的资本，我拿这些钱去做生意会让我变得发达起来的。

在皮厂工作的这两年，让我更好地了解和熟悉了皮革这个行业和流程。我想了解，也很注意观察，而且很努力地记住生产的每道工序和其他杂事，所以也算内行了吧。

有时候我也会产生要做皮革生意的想法，因为我的老板就是靠做这个生意发达的，所以我认为这也有可能使我发达。

显然在工厂里学的那点儿生产方面的知识是不够的，还要学习到哪里去购买生产原料，生产出来之后要卖给谁等。这些事情是生产之外的，所以每当有时间的时候，我就出去找这方面的资料，跟外面那些皮革行业的人聊天，这让我学到了生产以外的知识。这样我的知识就比较全面了。

当我把所有的知识都记在脑子里之后，接下来的事情就是物色工厂的地点了。那时候，我看上了一家已经关门的老厂子，叫做“振东皮厂”，它坐落在孔堤附近，占地大约1莱100平方哇（约2 000平方米，莱、哇均为泰国的面积计量单位）。我看上这家厂子，因为它原来就是生产皮革的，周围也有很多皮革厂，不用再麻烦去新建厂房。我认为在做生意聚集的地方做同类生意，会比自己独自到外面去做要好。

看上那家工厂之后，我就进去跟厂主商谈租用的细节问题。当厂主告知要签3年的租赁合同，每个月租金是600铢时，我还没有下定决心。于是我就告诉他，我很中意，但需要一点时间考虑一下再做决定。

我承认，不论是租金还是地点，我都很中意。而且看得出来，厂主也很想让我租。好多机器是现成的，这更让我跃跃欲试，想去放手一搏了。最后我决定动手去做了，因为我想：“先做就先有收获，后做就后有收获，但不做就没有收获。”

我不想再等下去了，尽管那时候我手头只有6 000泰铢。

我从和合发皮厂辞职了。辞职那天，我告诉老板说要把以前寄存的钱全部领出来的时候，老板吓了一跳，马上问：“修试，为什么啊？你辞职要去哪里工作啊？有人给你的工资比我给的高吗？”

我跟老板说：“我没有跳槽去别的地方，因为在这里工作已经很好了。”

“啊，那为什么要辞职啊？”

老板不解地看着我，我也不想撒谎骗他，因为他一直以来对我都很好，给我工作和赚钱的机会。于是我就直接说：“我正准备去开一家自己的工厂。”

老板瞪大眼睛，这是他怎么也想不到的。想当老板，我的能力和在这方面的知识，我想老板是不会怀疑的。但资金是最重要的，老板不相信我才工作两年，怎么就攒够了开工厂的钱了呢。于是我告诉老板说，我要用自己攒的钱去租一个工厂来做，这样老板才明白。

如果是其他老板，听到我要开一家同样的工厂，八成会非常生气。但这个老板心胸并不狭隘，他知道我是一个很勤奋的人，一直以来都为他努力地工作。就在我让他帮我取寄存工资的时候，他还祝愿我说：“你是一个好人，当你为了自己的发展辞职的时候，我也祝愿你好运，祝你获得成功。”

和合发皮厂的老板是我生命中的第一个贵人，我永远都不会忘记他。

我拿着 6 000 铢开始了人生的第一次生意。

来到泰国才两年多，我就如愿成为皮革厂的老板。我给自己的第一家皮革工厂起名叫“势兴利皮厂”。这也是我第一次当老板。

没多久，我的皮革厂的生意就做得有模有样了。产量不断增加，顾客购买皮革的数量也在增加。工厂开业三四个月后，我以前担心的周转资金的问题就发生了。

做皮革生意，要往三方面投入资金。

第一是要去购买原皮料。买到皮料后要送去清洗一两天，再用石灰埋起来，然后放到硫酸里面泡七八天，再拿出来清理掉毛、油和一些剩肉。在这之后，还要泡在水里一两天的时间，将其洗干净。

第二是投资在皮革的生产中。要按照需要的厚度对皮革进行裁切，然后将皮革放到防腐药液里泡十五天。之后拿出去晾晒一两天让皮革干透，最后一道工序是按照顾客要求上色。

第三是顾客会拖欠一两个月的资金。虽然说在购买皮革原料的时候，我们也会延缓一两个月的时间付给卖家款项，但是我必须要留有至少六个月的资金投到整个生产系统之中。

由于生产皮革成品的时间大约需要 30 天，加上让顾客还款的平均时间是 45 天，但原料卖家给我的结款时间只有 30 天，所以总体来讲，每个月我的厂子要有销售额两倍的资金方可正常运转。销售额每个月都在增加，但我所有的资金不够，所以就产生了资金周转不开的问题。

每天都有顾客来工厂买产品，但是我没有了资金，没有钱去买生产所需的原材料。所有的资金都投到生产出来的产品上了，产品也卖给了顾客，但是收款的日期还没有到，拿不到钱。简单地说就是入不敷出。

我不得不为如何寻找资金来维持工厂运转而发愁。现在我走到这一步，已没有退路了，我不可能停下来不做。想了好几天，我要从哪里获得资金呢？

刚买回来的牛皮，用水洗干净以后，再用石灰和硫黄浸渍

用专用的刷刀刷掉牛皮上的油

晾干牛皮后，按照客户的要求上色

上色以后完工的牛皮，客户大多拿去制成皮鞋

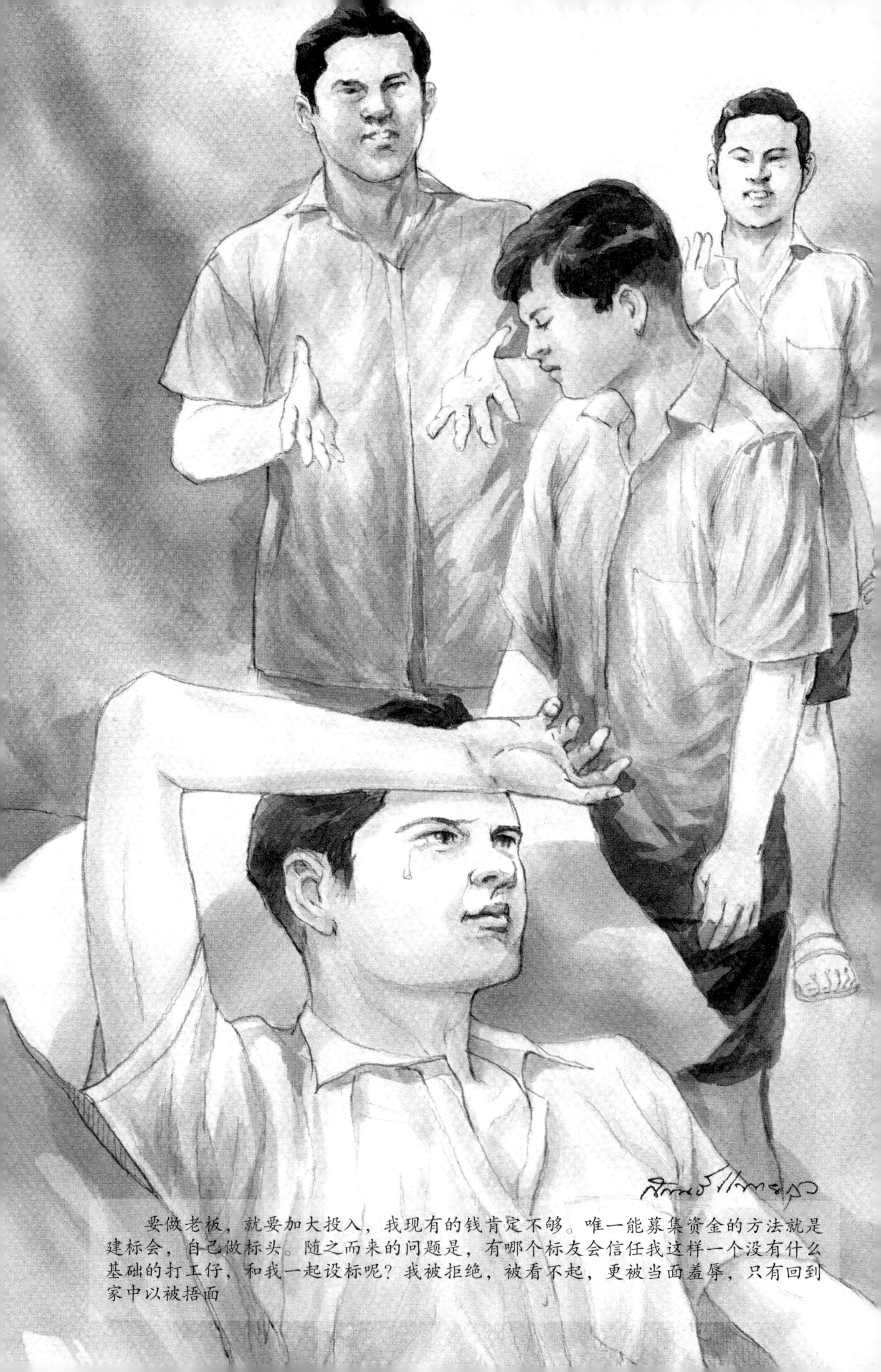

要做老板，就要加大投入，我现有的钱肯定不够。唯一能募集资金的方法就是建标会，自己做标头。随之而来的问题是，有哪个标友会信任我这样一个没有什么基础的打工仔，和我一起设标呢？我被拒绝，被看不起，更被当面羞辱，只有回到家中以被捂面

22

设标会解决问题

我想到了以设立标会的形式来募集资金。我曾听说过，中国人漂洋过海来到这里，最后飞黄腾达做上老板，一开始的时候都是以标会的形式来募集资金进行商业生意的。

设立标会是最容易筹集到资金的办法。没有存款，没有固定资产抵押，也没有人担保的中国人，不能去向银行借款，只能找那些认识的、放心的、能够相信的人来一起入会。对于想做生意的需要周转资金的中国人来说，这是解决问题的唯一办法。很多老板能够成功就是从设立标会开始的。

我计划着要设立 20 手标会，每手每月 500 铢，那么可以筹集到一万铢。这些资金估计就可以解决周转金短缺问题了。我觉得，以设立标会的形式筹集资金会比从银行或其他金融机构贷款要容易很多，但是到了实际操作的时候，我却不知道要找谁来一起合作了。像我这样二十几岁的年轻人，根本就不认识谁，再加上我是来到泰国才两年的中国人，有谁能信得过我，愿意跟我合作呢？

尤其是我要担任会头，会头的主要任务是收集会员的资金，然后把筹集的会费交给中标的会员。如果会员卷钱跑了，责任就得由会头担负，所以会头必须是有信誉且大家信得过的人。

很多不懂标会的人会怀疑：会头能得到什么呢？会头比一般会员特别的地方是，他不用竞标就可以获得第一轮资金的使用权，这也算是标会设立后给会头的回报吧。会头拿钱去不用付利息，一般的会员就要付利息。

我不太在意这个，我所在意的是不知道什么时候才能设立标会。因为我需要尽快筹集到资金，而且必须做会头，这样才有权利拿第一笔股份资金去解决我工厂缺少周转资金的问题。关于入会的人选问题，我躺着想了好几天，后来我认为应该去请自己人，最好是自己的亲戚来入会，因为这样比较放心。于是我想到了一个同姓的亲戚。

这个亲戚比我大10岁，那时已经32岁了。他已经做生意发达了。我就是看到他比较有钱而且又是同姓的亲戚，所以认为他应该不会拒绝的。况且我是请求他帮忙，又不是去跟他要钱，只是请他来一起入会，然后帮忙介绍人来凑足20名会员而已。我认为这不是什么费力的事情。

第二天我带着要设立标会以解决我皮革厂运转问题的想法来跟他商量。我跟他说，我现在正准备设立20名会员的标会，每手每月500铢，我做会头。20名会员，每个月就可以筹集一万铢。

他静静地坐在那里听我说完，当我要开口邀请他加入的时候，他从头到脚地打量我，弄得我有些紧张，那还不算，他说了一句让我无言以对的话："你邀请我一起入会，你有什么值得让我放心的吗？"

虽然没有直接拒绝，但是他话里的意思就是瞧不起我。他说我刚来泰国，什么信用度都没有，刚建立了工厂，还是租人家的，也没有什么固定资产，想要筹集资金去做生意，怎么让人相信我做的生意就好呢？有什么能够让他相信，入会之后资金不会有损失，能够获得红利呢？

在六十多年前，一万铢钱是一笔很大的数目。能够设立如此数额标会的会头必须是有很好信用度的、能够被信托的人，因为他要对20个人的资金负责。如果哪个会员遇到什么问题，要求退会，那么会头就要有能力偿还他的份额。

简单地说，他对我不放心，不相信我。他认为他跟我一起入股之后，我有可能会卷走他的钱。他为了拒绝我，说的最后一句话是："别说当哥的小看你，像你这样，能够找到跟你一起入标会的都难啊，更别说你要当大股东了。"

这个亲戚的话让我痛心疾首，以至于使我留下了伤心的泪水。

虽然事实上正如他说的，我刚来到泰国，是没有什么值得人相信的，但他应该想到我们是亲戚，同样是中国人，同样是为了逃离苦海而来到泰国打拼的中国人。华人都知道，我们做生意的人能够有今天，都是靠着互相帮助才实现的。特别是同宗同姓的人，更是绝对不会丢弃彼此的。

想想他们刚来泰国的时候，如果没有人相信他们，没有人给他们机会，他们怎么会到今天这个地步？有些人发达了，有自己的生意，当上老板了，恐怕就把以前刚起步时的情景给忘了。他不帮助我就算了，也不用说如此难听的话啊。

他的话让我非常伤心。在中国人的观念里面，同宗同姓的人拒绝帮忙，往往被认为是很糟糕的事情，给人感觉很不好。他的话差点儿使我失去继续奋斗下去的勇气。

我的心很乱，也有要放弃筹集资金的想法。但想到曾经当苦力当打工仔的情景，我又产生要继续奋斗下去的力量。

我告诉自己，我不能认输，我一定要重新站起来，从中国漂洋过海来到了泰国，怎么能轻易就认输呢？到了中午，我又重新振作，此时我又想到了另外一个亲戚。

这个亲戚是我们家族中第十九代子孙。他比我小一辈，我是第十八代。如果将彼此的关系理清楚了，我们之间还是比较亲近的。我期望着他能够给予我帮助。

我并没有对依靠亲戚心生余悸。虽然第一次的时候，那个亲戚让我失望了，但是我总认为“血浓于水”。不管怎么说，亲戚还是要比外人好说话的。

于是我决定再一次去跟另外一个亲戚商量关于入标会的事情。他跟我是同宗同姓的亲戚。我错了——我的这个亲戚再一次让我失望、让我伤心，比第一次还要严重。我不但再次被看扁了，而且还受到了侮辱。

我还清楚地记得我去找第十九代那个亲戚的情景。他是一家规模很大、有很多工人的皮厂老板。他很富有。

那天我满怀希望地去找他，穿过工厂的大门进到里面时，看到他们兄弟三人正在吃饭。我不想打扰他们，于是就坐在那里等他们吃完，再进去找他。

我面带笑容地站在他们面前，但是他们静静地坐在那里打量我，就像见到了怪物一样，这让我感觉很不自在，于是我就努力跟他们搭话：“兄弟几个吃完饭了？”

“吃完了。”他们冷冷地回答道。

“有什么事？”

“我不是来捣乱的，我是想来请大哥一起入股的。”

三兄弟中的一个傲慢地站了起来，用双手拍打身上，就像要把不干净的东西从身上赶走一样，然后开口说道：“你真他妈的臭！”他这样说了三次。

我像犯了错似的站在那里，另外两个兄弟也说：“还不走啊，难道让工人拖你出去啊!”

我再也忍不住怒气了，于是回敬道：“我没有像你们说的那样臭，三位!你们不想帮我，我去找别人也可以，不用你们做那么恶心的动作来赶我。”

“呵! 谁把他给我赶得远远的，太臭了，臭死了! 今后别再放他进来了。”

他们的话像刀子一样深深地刺进了我的心里。我不明白他们为什么这样瞧不起我，我不是来要饭的，也不是来要钱的，我只是请他们一起来入标会的，竟然被这样侮辱。尽管那件事情已过去六十多年了，但是那三个人的动作和话语至今还深深地烙在我的心里。

我站在那儿默默地看着他们，自尊心受到了极大的伤害，但只能忍气吞声，有苦只能往肚子里咽。我从出生以来还没有被人驱赶过，也没有被人如此瞧不起过，真是不敢相信，同宗同姓的人竟然能做出这种事。就算不愿意帮忙，至少也应该给人留点面子，也不至于表现出如此的厌恶，好像我是什么瘟神似的。

我一直忍着心中的怒气，控制着自己的情绪。最后我对他们说：“不用人来拖我，我自己会走，是我自己的错，对不起，打扰你们了。”

说完之后，我抬起头径直走出了那个工厂的大门。

一回到住处，我就开始哭，又生气又伤心。今天早上，因为亲戚瞧不起我，我已经哭了一次了；中午我又被另一个亲戚瞧不起，不仅是看不起，还嫌弃我，赶我走。这一次比今天早上那次更厉害，好像我是什么肮脏的臭东西。

我仅有的坚强被这两次的遭遇给消耗殆尽了。我昏昏沉沉地从下午睡到傍晚，又从傍晚睡到天黑。整个晚上我都在流泪，同时生气地想，穷人就不是人吗? 穷人就很讨厌吗? 穷人就是很肮脏的东西，全身散发着难忍的秽气吗?

“太臭了，臭死人了!”每当想到刚才去见的人说的这句话，我就非常心痛，痛得以至于我一直掉眼泪，甚至泪流满面。

被同宗同姓的人看不起，没有尊严，甚至都没被看做是人，对于我来说，这种痛是比世界上任何痛楚都来得更彻底!

两次被同宗同姓的人拒绝、嫌弃的感觉是很难用语言来表达的。我感到自己很孤独，就好像整个世界上只剩下我一个人一样。

虽然离开中国，离开我亲爱的母亲，离开我从小就生活的家，我也感到伤心孤独，但是这种感觉跟这次的伤心孤独是不一样的。

整个夜晚，我都迷迷糊糊地在这种悲伤之中沉睡。在灰心丧气之中，有一个问题冒了出来。那就是如果我不继续奋斗下去，不努力立业的话，将来我一生都会被人瞧不起的。我的耳朵已经听到太多的被亲戚和讨厌的人瞧不起的声音了。

天快要亮的时候，我开始清醒了，我安慰自己说，我要坚强，我要继续奋斗，我一定要战胜困难，一定要建立自己的基业，如果自己认输的话，那么我更会被人瞧不起的。

我曾经失明五年，两次自杀失败，几乎是从鬼门关前走过一趟了。我从中国漂洋过海来到泰国，当时所有的财产只有身上的一套旧衣服而已。而今只不过是被亲戚看不起，被亲戚嫌弃而已，我一定要成功，一定要建立自己的基业，让他们承认我的能力。

想到这里，我就安稳地入睡了。第二天早晨起来，我想我一定要继续奋斗，绝不向面前的困难低头认输。

累伯愿意和我一起设立标会，完了两手标以后，还介绍别的朋友加入。在累伯的帮助下，我一共设了21手标。累伯是我的大恩人，我这辈子也不会忘记他对我的恩惠

23

长辈施援手

第二天，大概是早上10点钟我醒来，依然没有放弃找人来一起设立标会的想法。这次我没有找亲戚，想到的是累伯，他是我非常尊敬的一位姓黄的老人。

累伯的外貌装束就像中国古画里有德的人一样，上嘴唇上留着长长的胡子。他心很好，很有礼貌，认识的人也很多，很多人都尊重他。他是一位喜欢助人为乐的老者，跟孔堤附近的每个人都很有交情。

那天早晨我决定去找累伯。但见到他的时候，我没有直接跟他讲设立标会的事，而是先跟他聊了一些其他的事情。

“累伯，您吃饭了吗？”

累伯好像已经看出来，我来找他是有事要商量，于是就开口说道：“吃了……今天是什么风把你修试吹到我这里来了？”

那时候我想跟累伯说设立标会的事情，但是心里害怕如果说了之后，会不会被拒绝或者他像亲戚那样瞧不起我呢？但是我还是想说，因为自从认识累伯以来，我知道他不是那种说话很恶毒的人。于是我决定开口。

“累伯……”我只说了这两个字，就吞吞吐吐地说不出来了。

累伯奇怪地看着我，问道：“修试，有什么事吗？为什么不继续说下去啊？今天你的行为很古怪啊，好像有点心不在焉似的。”

我鼓起勇气跟累伯说道：“我有事情想让累伯帮忙。”

说出这句话后，我感觉就好像从心口搬走了一座山。说真的，其实我还在昨天两次被拒绝的余悸中没有缓过神来。我害怕累伯也会嫌弃我，跟我绝交，所以我没敢都说出来。而累伯却说："怎么不说了……想让累伯帮什么忙就说出来。"

"我打算设立标会，想请累伯帮忙入一手，一手500铢。"

累伯认真地听着。我说完之后，他一言不发，这让我心惊胆战，不知道他是怎么想的。

过了一会儿累伯就跟我说："修试你还这么年轻，就知道做生意了，知道讨生活了，累伯很愿意帮你这样的人啊，我入两手。"

这句话好像是从天堂里传来的，就像是一缕阳光照进我寒冷的心里，让我感觉到如此的温暖。我感激地看着累伯。

累伯短短的一句话，不仅仅是入了两手而已，还使我这个22岁的年轻人又重拾信心。他介绍了另外七个人入会，在那天，加上累伯的两手，一共筹集到九手。在后面的日子里，累伯又带我去认识了一些人，这样又有两手加入标会，现在一共有11手了。

凭借着累伯的帮助，那些不认识我的人也敢跟我一起入标。没用几天，我就找够了20手，算上我在内一共是21手。

累伯让我改变了以前"血浓于水""亲戚总比外人好"的观点。累伯是我生命中的恩人，我这一辈子都不会忘记他！

我得到一个黄姓老伯帮助的这件事情，在一定范围内引起轩然大波。因为这件事让当地所有的中国人都在议论，为什么同是姓陈的，那些有能力帮助的人不伸手帮一把，反而要一个外姓人来帮助？这也成了陈姓家族"很丢脸"的一件事。

别人相信我、帮助我之后，那些嫌弃我、瞧不起我、拒绝帮助我的同姓人，特别是在几天前，那个嫌弃我将我赶出工厂的陈姓第十九代的兄弟三人，他们的所作所为就像重重地扇了自己一耳光。

当事情发生这样的变化之后，我们越是保持缄默，他们那些人越是臭名远扬，被人们指责。他们害怕以后没有人愿意跟他们交往，影响生意，于是就心急火燎地跑来找我，跟我说想在标会里入一手。我已经筹集到需要的资金了，没必要再继续接收会员了。就算拒绝他们，我也不用担心什么，但那样做无疑是扇了我那亲戚的嘴巴。我不是那种睚眦必报的人，尽管他们曾经让我心痛、让我伤心，但是我没有因此记仇，也没想要报复他们。于是我选择了忍气吞声，就像他们从来没有嫌弃我、看不起我一样。我面带微笑地告诉他们说："很好啊，我也正好在等你们兄弟呢。"我还说了很多赞扬他们的好话。

虽然说我心里还是在生他们的气，他们让我那么耻辱，这并不是一两天说忘就忘的，直到今天我还没有忘记。只是那时候我想到，笨蛋才会生气，疯子才会发火，所以才克制住自己的。

反过来一想，我才22岁，当老板也才几个月而已，所以肯定不会得到人们太多信任的，他们之前拒绝我也是很正常的。当有长辈来帮助后，我一张嘴提设立标会的事情，大家就都对我有信心，正是因为有长辈们全心全意的支持和担保。我一定要把标会的会费管理好，使它能够顺利地轮到最后一手，让长辈们放心。事实上，我也做得非常好，连累伯都开口称赞我："修试，你这么年轻，就做得这么好，管理标会的会费是一件很重要的事情，可不要砸了自己的名声啊。如果名声臭了，那么你以后就会很困难了，以后就再也没有人愿意帮你了。好好做吧。"

这已经过去六十多年了，到现在我还能记得每一个标会会员的名字，尤其是对我有恩的累伯。

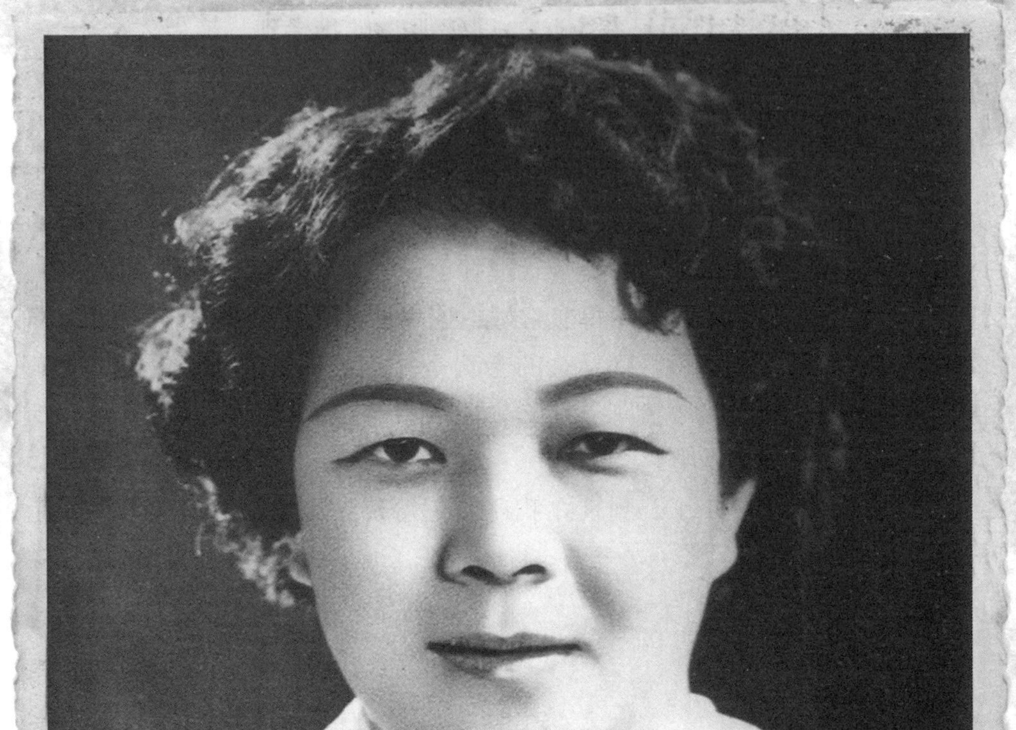

张秋梅19岁时的玉照（摄于1949年）

24

遇见意中人

做生意并不像剥根香蕉放进嘴里那么容易。我们在现实生活中所见到的一些实际情况也常常跟自己之前的一些想法有很大出入。正像中国的一句古话："事非经过不知难。"

泰语有云："要区分象和马哪个更好，需要亲自去骑一骑。"经商也一样，想要知道结果如何，只有试着亲自放手一做。做了之后，我们才能从中知道结果。而其间的困难，我们可能从未见过，甚至从未听过。

作为拥有一家庞大工厂的老板，工作更是十分艰苦的。大脑需要不停地思考，根本就没有休息片刻的时间。只有到了自己的生物钟实在无法正常运转的那一刻，自然而然地睡着了，我才可以不用去思考事情。

我该算是位很年轻的老板了，年仅 22 岁就成了一家大工厂的老板，更特殊的是，我还是一位单身老板。

就我这个年龄段的绝大多数年轻人而言，大家常常关注的是漂亮的女孩子，或是忙着追求她们，但我连想都没想过。可能是因为太了解自己，还没到能对谁负责的地步，所以就怕连累别人和我一起受苦。当然，这种想法也使我无法更多地去关注女性。

我不关注异性，并不意味着异性就不关注我。我这么年轻，就成为一个老板，对于大多数美女和介绍人来说，正是一个极大的关注点。因为海外华侨想要在这里建工厂并拥有所有权，其中需要克服的艰难困苦，自不胜言。我年纪轻轻就能驾驭这些，并取得成功，这不正向大家证明了：我是个有才能、很勤奋、为理想和生活而打拼的有雄心壮志的人吗？

有人说，在这群从中国坐船南下来到泰国的人中，也就是俗话所说的“同上一条船”的人中，我成功的速度在很多人的意料之外。再加上我本人也很英俊，所以无疑是很多异性的心仪对象。这不是我自吹自擂，人们一直都这样评价。

当时我周围的异性，恰像众星拱月一般，有很多异性对我表达了爱意，还有很多大人物想招我为婿。我并没有太在意，还是把所有精力投入到工作上，不在意身边的人。

但建议我找对象的声音，开始一天比一天响：“修试呀，什么时候才娶个媳妇来帮你一块打拼呀？事业重要，家庭也很重要呀。”

有的人也这样说：“对于我们来说，一个成功的男人应该在一些方面达成自己的理想才算是成功。其中，金钱和家庭就是缺一不可的两个方面。”除非真的撞到了那个自己心仪无比的对象，真的到了那个时候，也就无法逃避了。

有一次，我被一个我认识并很尊敬的朋友约去与一客家人家吃饭，这位朋友只是说：“修试呀，我有个好姑娘想要介绍给你认识，她非常想认识你。”

“她是谁？为什么想认识我呢？”

“你就不要问这么多了，反正我又不会把你给煮成酸辣汤吃了就是啦。认识一下仰慕你的人，又不是什么坏事情。记住，以后可不要忘了报答我哦。”那位朋友笑了笑说。

时至今日，他当年的话仿佛还在我耳边回荡。因为正是他看似不经意的一个举动，让这位叫张秋梅的女孩出现在我的生命中。之后的许多年，她为我生儿育女，为我排忧解难，成为我灿烂辉煌的生命中相濡以沫、恩爱有加的至亲之人。所以，直到今天，我都未曾忘记这位朋友的恩情。

我按照约定的时间，随朋友到了那个客家人的家里。一进房间，我就见到了一位端坐安静的漂亮女孩——她就是秋梅，当年正值芳龄十八。

朋友介绍我给秋梅的父亲认识，他看看我后只是笑了笑。

落座后，秋梅合十向媒婆行泰国礼，像是很熟悉的样子。朋友笑笑，然后正式介绍我和秋梅认识：“秋梅，这是修试哥哥，我和你提过的。”

秋梅看看我后笑笑，然后很害羞地向我行礼。

我不知道当时那位朋友和她低语了些什么，但她的脸庞很快红了起来，不敢正面看我。而那时，我只是静静地、呆呆地审视着她，暗暗在心里赞美她的美丽和文静。我们坐着聊了一会儿，之后朋友就带我去见秋梅的母亲。

她母亲得了重病，无法起身和我们聊天，但她很想见见我。

秋梅的母亲大约 43 岁，看上去心地很好。

“很高兴能见到你。”她的声音尽管微弱，但面容始终带着开心的微笑。

“朋友跟我说，你是一个很好的人，非常的勤奋，我就很想认识了。我相信我是不会失望的，以你的人品和德行，现在我更加相信，你真的是个不错的人。”

“您太过奖了！”

随后，她道出自己最大的心愿：“我是秋梅的妈妈，想把女儿交给你照顾，希望你们能够成为伴侣。我不清楚自己还能活多长时间，但我真的很想看到自己的女儿嫁个好人，那样，我死也瞑目啦。”

秋梅母亲说的话让我一下子愣住了，但当时我什么特别的反应都没有表现出来。我只想给一个病危的人一点慰藉，我也希望能够让她心无牵挂。

那天谈话之后，她对我很满意，希望我常常去看她。我也常去，但仅仅是看在遂一个病人心愿的份上。多次的接触之后，我知道了秋梅母亲的一些往事——她出生在一户殷实人家，但她爱上一个比较贫穷的人，这让她受到世俗成见的折磨。

“爱情无价，为了能和秋梅的父亲在一起，她放弃了幸福和优越的生活，从千金小姐变成一个村姑。历时多年，她仍然追随自己的爱情，而坦然地面对贫穷的折磨——这是带着荆棘的伟大爱情。”

后来我听说，秋梅竟然和我是同一年从中国出来的，当时她只有十五六岁。和父母在泰国一起生活的 3 年时间里，她也整日忙碌地赚钱以补贴家用。比如，去鞋厂做鞋，为了每月 30 铢，她每日在工厂吃住。这样，她每个月只有两天假期。

秋梅的爸爸从前卖过鲭鱼，学了一手好厨艺，因此得到在一家铝制品厂做厨师的工作。而她的妈妈，可能是因为原来的生活条件优越，进入这样一个贫苦的家庭之后，整日操劳让她最终积劳成疾，最近几年一直卧床在家，做不了什么活。

可能也是冥冥中上天的安排，让我们相遇相知。从那以后，我和秋梅就常常见面。说实在的，当初去她家也只是出于对一个病人的怜悯，听了秋梅妈妈的遭遇后，我很想通过我的努力，使她恢复起信心来。一旦人有了信心和希望，那她也就一定能够更快地康复起来，这样我也算是做了件好事。

最初，我对秋梅没有太多男女之情，尽管她既可爱又漂亮，而且贤惠。

只是当时，我满脑子都是我要建立起自己的事业来，所以一心就只想着这一件事了；并且刚成为工厂老板，尚有很多困难和问题需要花费心思；另外，我债务缠身，还不知道将来的生活怎么办。千头万绪的事情集中在一起，我哪有时间、精力去想其他的事情呀。

几个月进出于她们家，但一切都没有什么进展。我没有回绝，也没有承诺和秋梅结婚的事。秋梅妈妈的身体好了很多后，我就开始慢慢疏远，很少去了。最初牵线搭桥的朋友，就催我去看看秋梅和她妈妈。

“为什么最近都没有去找秋梅啦?”

“我没时间，并且秋梅妈妈的身体也好起来了。也不用太担心啦。”

“现在去找，不只是去看病人啦，而是应该去找秋梅商量什么时候成亲。都相处了这么久，你怎么也没什么行动。”

他的话，让我感觉被人强迫做自己还没有准备好的事情。我就毫不客气地说：“像我这样的人，还需要有人来教吗？我不是傻子。”

之所以这样说，因为我是个十分自信的人，并且只会做自己真正想做的事情。催促和束缚反而使我感觉被人牵着走，压抑得让我都忘了自己。回想一下，我还是不小心把话给说重了。等冷静下来后，我换了一种缓和的口气：“其实，即使我决定了和某个姑娘成亲，我也该花点时间来了解对方，是不是?”

“随你的便，希望没有其他人把秋梅给先娶了。”他不满意地说。

这倒真的不是他吓唬我，秋梅确实是个美女，拥有富家太太所有的资本，也有很多富贵人家的公子慕名而来。朋友常常把这些消息告诉我。但是，不管谁来见她，秋梅也只是婉拒，表示不喜欢，或是看不上。

朋友不相信秋梅拒绝别人的理由，告诉我说：“秋梅一定喜欢上你啦，所以不愿意嫁给其他任何人啦。”

我听到这些以后，抑制住内心的激动，突然感觉一下心跳加速，没有在意他说的是不是真的。

之后，我又听说秋梅的爸妈正准备安排一个男家让秋梅相亲，而且还是个有地位的人家。我听到以后，突然感觉发热，浑身不自在。

为什么会有那样的感觉？我后来才知道，这种担心来自在意她，或者说是开始喜欢上她了。秋梅的方方面面，不论是心肠还是性格，慢慢地印在了我心里。

我十分欣赏秋梅的一点就是，她不像那些追逐时髦的女性，每天只知道涂口红、描眉毛、追求穿衣打扮，对工作的事情一点兴趣都没有。秋梅不爱这些虚荣，她甚至不像其他女生一样穿高跟鞋。

我自己见到了还不说，我的朋友不断地在我的面前表扬她。“秋梅好呀，做了家庭主妇呀，就不用担心钱财留不住。她勤俭不浪费。这样的人谁娶了谁走运！”

这一点，正好说到了我的心坎里。我认为，做我的老婆和我孩子的母亲的人，一定要是个有想法、懂得持家的人。这对于建立一个稳固的家庭是十分重要的。

自从对秋梅有些好感后，我开始常常去找她。

尽管如此，我还是没有考虑结婚这件事，只顾着拼命工作，连喘气的时间都没有，直到我认识的人都喜欢说我是工作狂。但是，不这样疯狂行吗？我想，既然我把所有的钱都砸在皮革厂这个生意上。如果不真心付出，只顾去想其他事，那还怎么做得成功呢？

两年多的时间里，我把全部的精力都放在了工厂的事务上，工厂的运作已经步入了正轨。这期间朋友不断催着我结婚。我好好地想了想，我和秋梅交往也有两年啦，是时候了。

最后我就答应了。我告诉朋友说我想结婚了，他高兴极了，说：“功夫没白费啊。努力了这么久。你人不错，秋梅也好。好人和好人在一块，那可真是好上加好，你们一定会飞黄腾达的。”

但是，也有反对我们这门婚事的人，就是我的亲哥哥。哥哥怕我结婚后，就没有钱给远在中国的母亲了。哥哥认为我也会和他一样。自从来到泰国以后，他就有了几个孩子，有很多困难，自己温饱都有点吃紧，当然就没有钱给父母了。所以哥哥就坚决反对。

结婚对于一个中国家庭来说是一件大事。在挑选终生伴侣上，应该认真听取亲人的建议，获得他们的认可。既然两个哥哥都不同意，看起来我就不该结婚。

决定和秋梅结婚后，我得到处去借礼金、媒人红包、请客的开销以及其他零零碎碎的开支。要为新娘戴上的那条项链，我是从三姐那里借来的

25

借钱成亲

自从我开工厂后，所有的钱全投进去了，剩下的一点也只是用于工厂内部的运转，不能随便挪作他用。生意越来越大，周转的资金也必须不断增加。所以，尽管外人认为我是工厂大老板，应该很有钱了，但实际上，我没有什么钱可以随意支使，有的只是运转资金和等着清还的债务。

开始做生意时借钱，到了结婚，我还是难逃借钱的命运。我向熟人借钱，一共借了 1 200 铢。利息是每个月百分之二，比一般的贷款利率还低一半。

秋梅父母方面要了 1 200 铢的礼金。在 20 世纪 50 年代，那可不是个小数目，是一笔很可观的彩礼了。除了礼金外，要准备相当于礼金百分之十的红包给媒人——也就是我的那位朋友。另外，还要为新娘准备结婚用的金银首饰。我想减少开支，索性去向三姐借金项链。

“我想借姐姐的金项链给秋梅在婚礼上戴。婚礼结束后就马上还回来。”我十分羞愧地说。

“为什么不去买呢?”

按常理，每个人都会在意自己的东西。三姐是个走街叫卖快餐的小老板，本身条件也不是很好，所以有点不想给。

“我有很多开支，怕买了金项链后，钱会不够。”

三姐只是静静地坐着，像是没听见。这让我觉得，我不该让三姐这样为难，既然结婚是我一个人的事，我该自己想解决的办法。我就和她说：“如果姐姐很为难的话，我就自己去买好了。”

说完我就转身要走。接着三姐叫住我，像是想通了：“修试等等，不用去买了，姐姐借给你啦。”

三姐从脖子上取下金项链交给我，而我还在为三姐为什么会那么容易就决定借出项链而发愣。

“发什么愣，到底要还是不要？”

我立刻伸手去接，甚至都来不及举手向三姐行一个恭敬的拜礼。

三姐的那条金项链是条很旧的项链，她一直随身佩戴。拿来以后，我就马上拿去好好地清洗了一下，直到看上去很漂亮，像新买来的一样，因为这条金项链是给我的新娘在婚礼上佩戴的。

那一天尽管已过了几十年，但我仍然清晰地记得。当时，我和秋梅没有很多钱去举办既隆重又体面的婚宴，宴请的客人也不多，只是双方的几个亲人，加起来 11 位，包括借金项链的三姐和来参加婚礼的四姐。那天晚上，婚礼上充满喜庆气氛，每个人都满目欢喜，这让我感到热血沸腾，不知道也说不清楚是什么感觉。

在和秋梅近距离进行仪式的时候，我更是心跳加速。

准备婚宴的厨师，弄了一桌桌好菜。我印象中付给厨师每桌 350 铢，但他不收我的钱，也许知道我不是很有钱。时至今日，我还是很感激好心的他。

婚礼上有很多事让我印象深刻，但有件事让我十分伤心难过——我的两个亲哥哥没有来参加我和秋梅的婚礼。也许是因为我和哥哥们在结婚的事情上有多次争吵。尽管我多次保证，结婚后我不会忘了在中国的母亲和哥哥姐姐们，一定会按时照常给他们寄钱，但哥哥们担心我一旦结婚，有了老婆孩子，就没有钱给中国的母亲寄钱了。

尽管我也知道哥哥对我结婚这件事不满，但我始终没有想到，他们真的会不来参加我的婚礼。无论怎么说，这是他们亲弟弟人生中的一件大事。那天晚上，我白等一场，从婚礼开始直到进行仪式，到最后吃饭了，我依然对参加婚宴的客人们说：“请再等一等我的哥哥。”

从下午一点一直等到两点半，两个哥哥还是没有到。我开始有点坐立不安，伸长了脖子找，直到一个表兄走来轻声地对我说：“不要再等啦，修试。两个哥哥可能来不了了，让客人这样久等不太好。等会儿，他们就会开始抱怨了。这样好了，先吃饭啦。”

另外一位表兄还唠叨说：“两个哥哥为什么不来，是不是出什么事了？”

我点点头，说：“是不是真的出了什么事，所以不能来啦？”

我压抑着自己，不知道该和秋梅家的长辈们怎么说。说两个哥哥可能出意外了，不好；说我和两个哥哥在结婚的问题上有分歧，场面上不好看，会让秋梅的父母和亲戚不高兴，也会认为哥哥们不好。我不希望发展到那个地步。我偷偷把钱装到了一个红包里，然后对大家说："两个哥哥有要事在身，来不了了，但是送来了红包祝贺。"

我必须匆忙地编个故事，每个人就不会太在意。我松了口气，总算解决了问题。一直到婚礼结束，一切都很顺利。

至于那条我从三姐那里借来给秋梅在婚礼上戴的有一铢重的金项链，在婚礼结束后十天，我立刻还给了三姐。秋梅也没有说什么，因为我告诉了她实情。

婚后，我们没有什么蜜月。秋梅是一位很好的妻子，她悉心地照顾我，除了日常的衣食起居外，还养猪填补家用

26

夫妻新生活

现在的年轻人，结婚后就会去度蜜月。我和秋梅，没有机会像他们一样，欢欢喜喜地度个甜甜蜜蜜的蜜月。结婚之后，我们就恢复了原来的生活状态。我要管理工厂，秋梅辞了原来工厂的工作，除了照顾我和做家务外，还必须跟我一起去工厂帮忙。

秋梅给了我很大的帮助。我开始认同从长辈和朋友那里听来的话了。确实，家和万事兴，有了另一半会让自己的生活拥有快乐，让自己的生活更加稳定。

婚后的生活让我活得更有意义、有价值。比起单身时，有种完全不一样的快乐。秋梅是个很好的妻子，不管是照顾我还是打理家务，都显得得心应手，为我分担了很多事务。有了她来照管衣食住行，我就不必在这些问题上浪费时间，也就有了更加充足的时间去做和想其他的事情。

除了打理家务外，秋梅也时常到工厂帮忙，因为她想帮助家里增加经济收入。

其实，如果秋梅不是个勤奋的人而是个喜欢清闲的人，她没必要付出这么多。堂堂工厂老板的妻子，按理说不做什么都可以生活得很好。但我的妻子很勤劳，不喜欢闲着。她跟我商量，想养猪增加点收入。我也认同，就去买了两头小猪给她养。

猪圈就在工厂里。每天秋梅都要弄猪食、喂猪，还要给猪圈打扫卫生。要照看好，不能脏，不然猪会生病。她天天都忙着养猪的事。养猪本身就是件苦力活，对于一个像她这样身单力薄的人来说，尤其如此。但她还是不知疲倦地一直坚持去做。

果真，秋梅养猪这个项目也成了家庭收入的一个来源。我一直没有帮她养猪，皮革厂有太多的事情，多得都无暇顾及她了。由于资金有限，所以在工厂里我必须身兼数职，上到老板，下到苦力，工厂里的活全都干过。

总之，为了省下请工人的钱，我们各自都很辛苦地工作。好在我们俩都相互理解并不屈不挠。

婚后没多久，秋梅就怀了孩子。我们像其他新婚夫妇一样高兴，因为结婚一个很重要的原因，就是能够传宗接代，延续香火。孩子是夫妻爱情的结晶，是送给父母最好的礼物。“孩子是夫妻心灵的金链”这句老话，我一直很赞同。

自从知道秋梅怀了我们的孩子，我们之间的感情更深了。因为，她不仅仅是我的妻子，还是我亲生骨肉的母亲。这种血缘亲情，让她成为我生命中一个非常重要的人。我更加用心地照顾她，一起等待孩子降临的那一天。

九个月，对于一直盼望的我们来说，的确有点漫长。不过，那天最终还是到来了。秋梅生的第一个孩子是个男孩。我兴奋得难以言表，给儿子取名陈汉洲，泰文名“帕瓦”。

当看到儿子的脸时，我努力奋斗的动力增强了很多。我希望能够建立起良好而坚实的基业，让他过得好，能有基业留下来让他来打理。我想，将来他会成为一股重要的力量，经营打理我的事业，传递我的梦想。

这一切，最终化为现实。从那天起直到今天，已过去六十多年了。他——我的大儿子——陈汉洲，继承了我的想法和我一手创立起来的事业，让东方实业集团这个家族企业成为泰国首屈一指的公司。

汉洲证明了他的血液里充满了拼搏、智慧、吃苦耐劳、果断、坚定这些优良的品质。他和弟弟、妹妹所作出的成绩，让我深深地感觉到我的养育、指导、教诲和栽培没有白费。他们让我充满了骄傲和自豪。

回过头看看刚结婚的那段日子，我们遇到各种各样的问题，随着小生命一个个降临，我们的责任在不断加重。我是从苦日子中过来的，倒也习惯，只是可怜的秋梅比原来更辛苦了，既要照看孩子，又要养猪、做家务，但她从来都没有抱怨过。

我俩都是不服输的人。两年过后，我投资的皮革厂为我获得起家的第一桶金。于是，我就想着扩大原来的工厂。1952 年底，我买下了一家叫林春发的旧皮革厂，面积大约 25 亩。原来的老板将工厂及全部设备以 12 000 铢的价格卖给了我，土地的租金为每年 2 500 铢，合同期为 10 年。

我的第二家工厂就这样诞生了，取名“建伟隆皮厂”。

我在制革行业做到第六年，事业却遭受了沉重的打击。当时，牛皮在国外很值钱，很多人甚至杀了牛卖皮。出于对农民没有牛耕田种地的担心，泰国政府出台政策，禁止出口原生或是加工牛皮。这一政策虽然保证了农业的发展，却给制皮公司以致命的打击。资金少的人或是短线投资的只能卷铺盖走人，一家家都关了门。在其他公司纷纷排着队关门时，我也不比其他同行好到哪里去。

事实上，在遭遇事业低谷的 1956 年之前，我已经遇到了无数的坎坷。最大的一次应该算是被人赖账，或者说是提货人拒绝付货款。尤其是 1951 年，一个大客户赖了大约 5 000 铢的货款，这在那时可是笔不小的数目。当时一辆新车还不到一万铢。

那时可真是事业的低潮期。虽然手头的生意不好做，我也没有停下来，一直在寻找其他的出路。说来也巧，突然有个朋友邀我去南部打工割橡胶，在勿洞县外四五十公里的一个地方。

秋梅极力劝阻：“你真的想好了？那很危险。听说那边时常有偷盗、杀人的事发生，还有野兽出没。我很担心，不想让你去。”

“我也不想去，只是没其他办法。现在工厂的生意难做。收入没有了，孩子又要吃、又要穿。我去赚点钱就回来。”

我立刻打断她的话，不想让她多说。说多了会让我更加犹豫。

我知道她为我好。其实，说真话，我也很明白，我选择的路既艰难又危险，我内心也很怕，实在不想去那么危险的地方打工。60 多年前的 1952 年，也拉府的勿洞县，也就是我要去割胶的地方，是个动荡的地方。每天都有人死去，根源就是“老虎”——既有真正意义上的老虎，也有被当地人称为“老虎”的坏人。那些坏人有的还会功夫，连当地的警察都拿他们没办法。每个人都很惧怕，连当地人也搬出那里，不愿再留下。遇到这些坏人可能连命都没有，外面的人当然就不敢去打工。所以，去那里打工的人都是些不怕死的人。我怕死，但更怕老婆孩子活活饿死。

我还担心远在中国的、需要我照顾的妈妈和哥哥们。如果我没有给他们寄钱，他们也可能受到影响而挨饿，我只能接受每天 350 铢的工钱到南部去割胶。这个工钱在当时已经是非常高了，看在工钱可观的份上，我决定去试试。春节过后，我就从曼谷开始南下打工。

那时最痛苦的莫过于和老婆孩子分开。每次眼睛才合上，就会浮现秋梅一边照看孩子一边养猪的情形。她一定很辛苦。我很担心她，可怜她一个人带孩子，越想越难过，认为不该留下她一个人来这里。但没有钱，我也没有其他办法。

那个时候的泰国还很落后。在泰国南部有很多的原始森林和野生动物，像毒蛇、巨蟒，最恐怖的莫过于老虎了。这样的密林里常常有老虎出没，不足为奇。它随时都有可能出来袭击人。

在去之前，我就听说过很多类似的传闻，尽管听到的这些让我有了些思想准备，但亲身经历依然让我感觉到毛骨悚然。我亲眼见到，我的一个同事被老虎活活咬死，拖去吃了。那次我和同事们正忙着工作，突然一只老虎出现在我们面前，抓住一个同事撕咬起来。

除了有老虎外，我还见过一条足足有十米长的巨蟒从离我不到四米的地方经过。吓得我全身麻木，脚不敢挪动，连呼吸也不敢。看到它走后，我吓得撒腿就跑。

我所处的环境非常艰苦，住的地方拥挤狭小，只能六个人一起睡在小小的竹棚里，仅仅只能睡下而不能挪动。但每个人必须忍耐，为了赚钱养家糊口。

想秋梅的时候，我就给她写信。在出门之前，我曾对秋梅说我会给她写信的，只是秋梅不识字，我叫她把信拿给哥哥，让哥哥读给她听。

我不辞辛苦地在南部割了六个多月的橡胶，赚了七八千铢，八月底的时候从南部回到曼谷孔堤继续自己的生意。

我在泰国南部割胶的过程

每天凌晨1点出去割胶

胶浆慢慢地流到容器里

凌晨5点，将采集到的胶浆倒入桶里

留在容器里的碎胶，可以拿去当作低质胶出售

将混合了酸的胶浆倒入塑形的容器中，过不了几分钟，胶浆就会变成软软的胶块

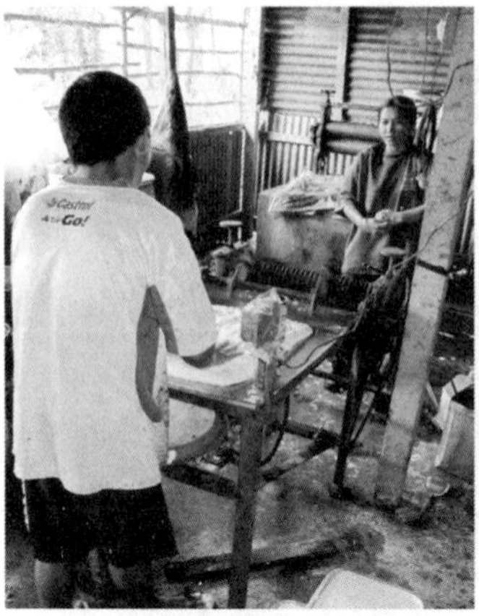

胶块被压干水分后，就变成了较薄的胶片

把薄胶片切割成更薄的胶片

割出带纹路的胶片

拿去晒干

白色的胶片晒干后，慢慢地变成了淡黄色，这就是制作胶片的最后一道工序，完成这道工序后，已经过了半天了

优质高价的胶片和低质的碎胶（价格大约为优质胶的一半）

人生的某个阶段，幸福与痛苦交替，时而富裕又时而贫穷。在禁止向外国出口兽皮的艰难时期，制革工厂倒闭无数。碰巧有朋友让我以很低的价钱接手制革工厂。更难以置信的是，在短短半年内，我竟然盘下3莱土地，可以重新经营

27

危机——既是危险又是机遇

回到曼谷后，我再也不想出远门工作了，尤其是去南部谋生。虽然收入丰厚，但要冒大风险，在橡胶林里做那样的割胶工，可能某天会死去。如果我死去了，老婆和孩子会有多困难呢。更重要的是，远离家庭在外谋生，见不到妻儿的面，对我来说内心充满难以言语的痛苦。

从南部回来后的那段时间，禁止向外国出口兽皮的禁令开始松动，皮革鞣制加工行业有所好转。我决定重新进入皮革鞣制加工，本钱只有当割胶工时挣到的 7 000 多铢工钱，可让制革工厂维持经营一段时间，算是我的幸运钱。只是接下来，制革工厂生意不能像以前那样有很多利润。好在我这个人很节俭，如泰国俗语说的：“有一分就努力攒到一块，东西够用就行了，钱少就花少点，能够维持就可以，千万别大手大脚，到最后要苦上很长时间。”由于省吃俭用，我手头总有现金或者随时可以变现的金器。凭着勤勉做生意、好客随和又诚实，加上朋友众多，我较容易拆借到钱款，再后来我抓住了人生的 一 个重要机会。

可以说，危难中总有机会。那年年底，我去买一家占地大约七莱半（25 亩）的倒闭的老制革工厂，工厂名称是“林顺发”。原工厂老板在政府实施兽皮出口禁令期间遭遇严重亏本，急着将工厂连同生产设备一起出手，转让价钱极低，仅要价 12 000 铢，而工厂土地每年租金为 2 500 铢，十年续约一次。这次仅工厂土地面积就是我原来工厂的七倍，这个价钱相当低。我没有犹豫，马上拿出积攒下来的钱再向熟人挪借部分就买下这家工厂，并马上与土地地主签下租约，取消了我每月要付租金600铢原有工厂的租约。我在新址继续办皮革厂，并将新工厂取名为“建伟隆皮厂”。

我有着较广的人际关系，于是动脑筋充分利用新工厂多达7莱半的土地。不到半年，就有人来承租其中的3莱（约11亩）土地来养鱼，租期十年，付给我20 000铢的转租金，土地租金为每年1 000铢，租金付给地主。养鱼人在承租土地挖出四口塘，养草鱼、松鱼、鲢鱼和鲶鱼。光找到第一家转租人，我就已经从买工厂这个交易中盈利8 000铢，还有占地1莱（约3亩半）多的厂房和另外3莱多的空地，每年向地主付租金1 500铢，这个价钱相当便宜。而得到的8 000铢利润，清还债务后还余下数千铢，我就买了金链收藏保存。

这次分租土地由我与承租人私下商定，用矮矮的篱笆划出地界，在一张纸上用中文写出租约。我只跟地主说来的人是自己的亲戚。一般情况下，来管理土地的是位中年妇女，每月过来看看出租的土地。每次见到她，我总会给她捎上几斤猪肉和其他食物当作手信，她也总是称赞我礼貌周全并祝我生意兴隆。

在1952年至1957年期间，我寻找其他生计以取代皮革厂生意，耀华力的一个算命先生指点我说，我做皮革厂生意会越做越穷，我于是抓紧去寻找新的生意门路，于是在1957年决定做木门木窗制作生意，这个由来我在后面的章节再详细解释。

过了五年，估摸是1960年的时候，又有人来向我租用土地。他们是朋友合伙的，一共三个人，前两人要开纺织厂，另一个要开豆腐坊，向我付转租费30 000铢，向地主付地租每年700铢。转租费贵些是因为我要将厂房分一半给他们用，我盈利30 000铢，而我的租金只用付每年80铢，还有近一半的厂房可用以及1莱多空地。这几年真是我运气最好的时候，既得到转租金，又得到价值300 000铢的木门、木窗加工订单。于是我拿出钱维修工厂、修路和建其他设施，我还购买了人生第一辆汽车——二手莫里斯车，其中最大的工程是将工厂的茅草屋顶换成锌铁皮。我的工厂在孔堤一带看上去很有钱，外人看我富裕了、有钱了，到哪儿都有人毫不犹豫地叫我为“老板”。转租土地让我腰杆一下子挺起来了，但土地转租完了，我剩下只有依靠做木门木窗和建出租屋的手艺。

回头看看我利润极少的皮革工厂，约在1955年时，政府要求所有皮革厂5年内从曼谷迁往北榄府挽甫，以让曼谷免受皮革厂种种污染尤其是恶臭气味。其实之前就一直有消息要求皮革厂迁出曼谷，但真正实施是从1955年才开始的。

将皮革厂迁至离曼谷很远的挽甫，需要资金购买土地，地价为每莱1万多铢，还要建厂房、购买机械及用于其他多种开支，合计下来需要用钱数十万计，而向银行贷款十分困难。当时政府除了划定土地范围及指定用做公共废水处理和控制废物污染的地点外，没有更多的帮助措施。要向挽甫迁移的皮革厂于是要设起各种标会，因为工厂业主都希望可中头标以有足够的资金购买土地和建设厂房。各种标会都在好一点儿的餐馆碰面和开标，那一带的餐馆生意因此特别红火，有的皮革厂老板几乎每天都吃宴席。而无法迁移的皮革厂就陆续关闭和转行。我的厂子也是其中一个没有大笔资金迁移的，利润也不多，销售额与其他厂子相比又很少，终于在1959年，我关闭了皮革厂。

在做木门木窗生意约莫两年之后，我经常看到有人找房子租住，而我自己的工人也想在工厂的附近找房子住。我就琢磨能不能建房子出租，盘算着什么人会来租，投资要多少，会赚多少和会亏多少等。觉得可行后，就在一莱多的土地上修建了出租房，一间出租房有两层，共建成了14间，每间月租140~200铢。这样我每月从出租房子可得到接近3 000铢的收入，作为家用绰绰有余了。出租房建成后就有人来租，很快14间房全部租完，这次成功让我非常得意。

在着手修建出租房期间，秋梅生下了第二个儿子，即我的第五个孩子。生活负担增加，但我不觉得有压力，因为出租房子可以让家庭有稳定的收入来源。我暗暗下定决心无论如何都不将这部分收入拿去做生意。

秋梅是个好女人，我的眼光没错。她能帮上我的大忙，从五个孩子的饮食、洗衣浆补、打扫家居清洁到养猪养鸡和做些零碎的事帮补家计，她都一手把持，从不叫苦叫累。

在拥有多莱空地的时候，秋梅就养猪养鸡养鸭养鹅。那时，人们喜欢浑身雪白、个头壮大的洋种猪，养洋种猪，肉比泰国本地猪多而可以卖出好价钱。秋梅买来10多公斤重的猪崽，每只25铢，养上10个月，猪就能长到80~90公斤，每公斤可卖7铢。用米糠、通心菜和从饭馆买来的剩饭菜，一次养上20头。

秋梅养的鸡也是西洋种鸡，毛白色，容易饲养而且长得快。晚上只要有点灯光，鸡就会一直不停地进食，不分昼夜，不到60天就可拿去卖。秋梅每次养鸡 50～60 只，每只可卖 20 多铢。

除了养猪养鸡，她还从做书包的皮革厂将边角碎料皮革整麻袋地买回来，用胶水层层粘成约 2 英寸厚，修切整齐就拿去卖给做鞋子的皮革厂，用作做鞋跟的原料，一个月也可卖得 80 铢左右。

卖猪卖鸡的收入，秋梅拿去换成小件金饰和存下部分现金，在必要的时候使用。如果没有这个勤劳能干的女人做我的老婆，我可能还要挨不少苦。

秋梅还有一个特别能干的地方，就是她很会向拖欠房租的租客收租要账，而且效率很高。

我的租客都了解我这个人心软，不好意思向人追债。如果租客说没钱付房租或者挣钱少不够交租，我一般都心软让他们拖欠。到后来几乎人人皆知，哪个租客经济有困难或者没钱给房租，就找我说情，几乎都能得到宽限。

这种事情让秋梅看不下去了，因为房租是家庭收入的固定来源，要用来应付开支，收不到租金就意味着无法开饭。因此，秋梅后来就自告奋勇地负责收房租，并不要我插手，谁要求宽限只能跟她直接说。要拖欠的租客不到万不得已就不敢开口，如果得到宽限也不敢再拖欠，可以说她跟租客收租金的事情比我做的好得多。

这件事上我非常佩服她，特别的事情需要特别才能的人才适合去做，我的妻子在收房租这件事上绝对是个能手，比我能干得多。这并不是指她口舌毒辣心够狠才收到房租，而是指她说话有艺术，善于沟通，知道灵活应变，对确实有困难的人也适当允许推迟交租，但对秋梅，租客一般都不食言。

1952—1962 年，是我人生苦乐交杂、时贫时富的阶段。兽皮出口禁令初期是一次危机，我被迫去南部割胶挣钱谋生，皮革厂纷纷倒闭。盘下倒闭的厂子，只不过半年将 3 莱多空地转租出去，让新经营的开木门木窗工厂生意得以维持。

我按时间先后把这段时间的重要经历罗列如下：

1945 年 初来泰国，在皮革厂打工，同时当搬运大米的苦力。

1947 年 初当皮革厂老板，厂子名叫“势兴利”。

1949 年 娶亲。

1950 年 有第一个孩子。

1952 年 受兽皮禁止出口令影响，皮革厂生意停顿。

1954 年 年初无收入，于是到南部割胶。

年底盘下 7 莱半土地，上有占地 1 莱多的厂房，只花了 12 000

铢。（危机中有机遇）

1955年 转租3莱土地给人养鱼，得到转租金20 000铢。（在机遇中碰上好运气）

停租旧厂房，重操皮革厂经营，名为“建伟隆皮厂”。

1956年 去学木工以从事木门木窗制作经营。

1957年 收到价值30万铢的木门、木窗加工订单。

1958年 修建出租房出租，改行不做皮革。

1960年 转租2莱土地和半间厂房给3个合伙人开纺织厂和豆腐作坊。

与四五个朋友合伙做进出口生意（机遇中存在危机），这次我没有经过仔细研究，没有评估风险、限制风险，报着5年来一直幸运还将继续幸运下去的侥幸心理，以赌博的心态投钱去做进出口生意，最后遭遇人生最大的危机。

1962年 做进出口生意失败，欠下差不多30万铢债务，几乎连利息都付不起，躲避债主，东挪西借过日子，坠入债务陷阱将近10年。（机遇中也存在风险）

我遇到生命中的又一次风暴，制革厂生意不好做，我不得不南下割胶，赚钱来养家糊口。尽管割胶工钱不错，但危险性也很高，加上离家的煎熬，我最后还是决定来曼谷找活儿干。最后在一家家具店找到一份木工活儿，在沙革寺附近做木窗

28

新职业，做门窗

为了实现自己的梦想，我开始寻找其他商机。

实际上，皮厂的收益没有达到预期效果。资金的回收周期长达6周以上，需要大量的资金周转，这使得原本资金就很少的我一段时间内只能看着钱一天天减少下去。最后，我终于意识到，仅仅是单一的制皮工厂一项业务，不能扬眉吐气。

1956年，我30岁。当时，我对建伟隆皮厂的生意失望到了极点。

直到有一天，我在唐人街办完事，正准备往家里走时，坐在路边的一个算命先生突然跟我打招呼。

他把我叫进去，起初我还犹豫了一下，但算命先生说他算得很准，不会骗我。正好我心烦，索性听下他怎么说。我问价钱，他说："就给我你包里剩下的80铢好了。"我吃了一惊，奇怪他怎么会知道我有多少钱在包里，于是开始有点好奇并想算上一算了。

但我也和算命先生直说："我算，不过只能给你40铢，剩下的要给孩子买点吃的。"

也许是算命先生同情吧，也同意40铢的特价。

算命先生叫张奇明，他看了看我的五行。在我告诉他生意时好时坏后，他说："你的命象不适合做皮革生意。做了也不会发。因为和水有关，只要是与水有关的生意你都不能做。"

"那做什么生意才会发呢?"我很好奇地问。

"要做和火有关的生意，地方要朝向太阳出来的方向——东边。如果能做到，保你发。”

算命先生还说，从我的面相上看，能看到嘴角边有“龙戏珠”，有这种面相的人一定会发大财。

那天后，我常常回想算命先生所说的话，特别是他说的“做皮革生意不会发，只会越做越亏”。这让我觉得很难决定，要找新的事情做，还要是和火有关的，按算命先生说的那样。最后我看到了木匠的活儿，既要用火，又和火有关。

不可否认，我相信了算命先生，不再那样坚持，但皮革的生意不能说不做就不做。我想：在放弃旧生意之前一定要有新生意了，没必要现在就丢了。因为如果新的生意看着或是想着很好，也许只是一时半会儿。

我去了一家做窗户的家具厂当起学徒来，同时做着老本行，让手下的人按我的安排做，而我就抽出身去学木匠活了。

在第一家家具厂打工做学徒，我遇到了一个可恶的老板，一个一点都不尊重他人的老板。学手艺的时候，工厂里的钱不够，我身上没有钱。在午休的时候，每个人都去休息，各自去找吃的东西。而我呢，没有钱去买东西吃，也就没有出去。我只能忍着，尽管肚子一直在咕咕叫。老板叫了一碗粿条一个人吃了起来。吃完一碗后，他又叫一碗来吃。但是他只吃了半碗，然后就不吃了，丢在那里。

他转过头来问正坐着做事还没有去休息的我说：“修试，想吃粿条吗?”

被他这样一问，我就点点头，以为他发慈悲请我吃。

“要想吃就把我剩下的半碗先吃完了，然后再去叫一碗。放在那呢，去拿来吃吧。”说着用手指指吃剩了的半碗粿条。

我一下愣了。开始还以为他只是说着玩的，但他的表情表明他说的是真的。我感到满腔的愤怒在胸口，很不高兴老板这样对我，因为这像是看不起人。我按捺住胸中的怒火，摇摇头。我当时在心里暗暗地想：“为什么这个老板心胸这么狭窄，心眼这么坏。请手下吃自己吃剩下的东西。”

我又对自己说：“陈修试，你就算穷得饿死了，也决不能吃别人吃剩下的东西!”

之后，我对他的敬重感就消失了，而对这家家具厂，也感到了失望。感情和相互的尊重一旦失去后，就很难让彼此再合作下去。那天以后，我就没有再回去那里做事了。

我没有停止做木匠的想法，四处奔走寻找新的木工厂的工作。不久我就得到了去另一家木工厂的机会，在那里我遇到了我的第二个老板。

这个老板不同于我曾遇到的第一个家具厂老板。他说话很有礼貌，心眼好，有爱心，也很会给别人留面子，我们说起话来非常投机，我很钦佩他。这些都让我更加安心地做学徒。

每天我都会骑着自行车往返于孔堤工厂和沙革木工厂之间，仅半小时。当时的公路空荡荡的，不像现在这样危险。和现在坐公共汽车从孔堤到沙革相比，骑自行车远比公共汽车快。

我十分认真地学做木工，我的勤奋好学让老板感到很满意，他常称赞我比其他人工作更卖力，是个勤奋的人。我从诚心教我的老板那里学了很多东西。我常常想，如果有一天我有能力了，我一定会回报他。但是，我当时想，老板好比是一头狮子，我只是一只小老鼠，小老鼠怎么能长到帮助狮子的那一天呢？

终于有一天，我这个小小的“老鼠”帮助了“狮子”一次。不久后，老板新接一单大生意，没有足够的钱。我从其他木匠那儿听说后，就走去找老板。

“老板是不是有一笔大生意，但接下来的钱不够？”

“啊……”老板点点头，沮丧地说，“正在想去哪里找钱呢，还想不出来。有生意做，却没有本钱。”

“我有办法找到钱。”看在他人不错的份上，加上对我一直很关照，我心甘情愿地帮他。

老板脸上是愣愣的表情，在疑惑着我怎么帮他，因为需要的钱不是个小数目。

“开什么玩笑。我要的可是一笔大数目。修试去哪里找呀？”

“我没有现钱。但我有金子。有 15 铢重的黄金。每铢的价格大概是 400 泰铢，拿去卖了可以卖 6 000 铢。应该够你做本金了吧？”当我告诉他我借给他 15 铢重的黄金做本金时，他顿时愣住了。

他怎么都想不明白，就我这样一个来学做木匠的学徒，哪里有能力买那么多的黄金。他问我：“修试，你从哪儿拿来的那么多金子？”

“是我买来留着的。”

我向他保证，所有的金子都是我辛辛苦苦赚钱买来的，并且我也很乐意帮助他。

他差点都呆了，很感激地看着我，并对我说：“谢谢你，修试。本来我是应该帮你的，反过来你却来帮我了。”

“不要这样说。你帮了我很多呀。教会了我木匠的手艺。我很高兴能有机会为你做点事。”

我的这份恩情，让本来就对我很好的老板更加对我好了。他毫无保留地把手艺全教给了我，给我的感觉就像家人一样。只要学的人用心学，教的人也会更用心。他对我说要六个月才能学成的，其实，我只用了四个月就学成了。

从那以后我成为了一名木匠师傅，开始独自承揽一些木窗的生意了。

学做门窗四个月后，我就开始凭自己的本事接活儿来做

听到中国有大批人被冻死的消息，我马上把自己的好被子给在中国乡下的母亲捎回去。没有钱买新被子，整个冬天我们全家就盖装大米的麻袋度过。尽管如此，每次想到母亲可以盖上我寄去的被子，我还是会高兴得热泪盈眶

29

母亲去世

人生境遇总是会不断变化，但是，有一件事情我一直在坚持，从来没放弃，不管生活顺利还是不顺利都要去做，那就是给在中国的母亲和兄长寄钱、寄生活用品。我一直坚持这样做，直至泰国政府下令绝对禁止寄钱捎带东西，迫于法规，才只好暂停给母亲和兄长寄钱和其他东西。

我经常会听到家乡和其他乡村遭遇饥荒、百姓生活无着落的消息。担心母亲和兄长们生活艰难，我感觉很难受。那时的中国，不少人生活仍然困苦，且有可能发生我小时候遇到的大饥荒，于是有些中国人不顾重重危险，逃往境外。

记得有一天，中国的兄长托人带来母亲去世的噩耗，我如五雷轰顶，浑身失去知觉。昔日母亲为让我的视力恢复如常的各种画面，马上呈现在脑海中，我悲痛无比，眼泪忍不住夺眶而出。

母亲 1958 年 4 月 28 日去世，享年 75 岁，而我是在母亲去世几乎两周后才接到消息。这是父亲去世后，我又一次失去至亲。在父亲弥留之际，我还有机会在身边伺候，直至他离去。临终前，父亲叮嘱我好好照顾母亲，不要离开母亲。

我没有听从父亲的叮嘱，离开母亲来泰国打拼，就像是忤逆之子，心里非常难过。我想回乡祭拜母亲，但政府法律规定禁止前往中国，中国当时也不对外开放，禁止与外国来往。

家书中说，母亲出殡时，是用我六年前捎回家的红色被子盖上棺木的。

一下又让我回想起成亲的日子。那时被子和枕头是娶亲最重要的物品，必须选用上好的。我成亲时的被子是英国生产的红色厚棉被，当时价格要 200 多铢。在成亲后两年，也就是 1952 年，冬天很冷，有消息说中国大批人被冻死，我很担心母亲，因为她年事已高，盖的是又薄又旧的、从祖父母那辈传下来的被子，我从懂事起就见过那床被子了。我在用英国的好被子，一直想找机会把这床被子给母亲用，秋梅听说后也同意马上把被子给母亲捎去。正好在泰国生活 20 多年的大哥决定带全家人迁回中国生活，于是我马上把被子给大哥，让他捎回去给母亲。

大哥带着全家一共六口人返回中国，路费很贵，要上万铢，在泰国的弟弟们要帮忙凑路费，我和二哥每人凑了 3 000 ~ 4 000 铢，另外两个姐姐也每人凑了 1 000 ~ 2 000 铢。我拿出的钱是攒起来用来做生意周转的，另外还借了一部分。当年泰国的天气很冷，我将被子捎去给母亲后，家里只剩下一床又小又薄的被子了，刚刚够一个人盖，买新被子的钱又不够。我于是拿来两条装大米的麻袋，洗了晾干后就在那个冬天当被子盖了。每次我盖着麻袋睡觉，一想到母亲盖上我捎去的好被子，一定会感到幸福，我就高兴得忍不住要流泪。

“母亲盖上那床质地好、暖和和柔软的被子，一定会睡得很好，祝母亲做个好梦……母亲晚安……”

“母亲辛苦了一辈子，希望母亲睡个安稳觉。不用担心，我会好好做人，照顾好自己，照顾好家人，让家里人过上幸福生活，生意兴隆，我会做到最好的，请母亲放心……”

我把对母亲的爱，用中文写成诗，表达出来。现在，我将这首诗收录进来，以让大家理解我对母亲的爱和种种思念之情。如下：

怀恩录

维母懿德，淑慧慈贤。
生吾育吾，功恩昊天。
先严训诲，日月昭然。
亦父亦师，既教且养。
惟祖与宗，安寂在先。
报本思源，继志传扬。

陈修试恭录　于乙酉年桂月

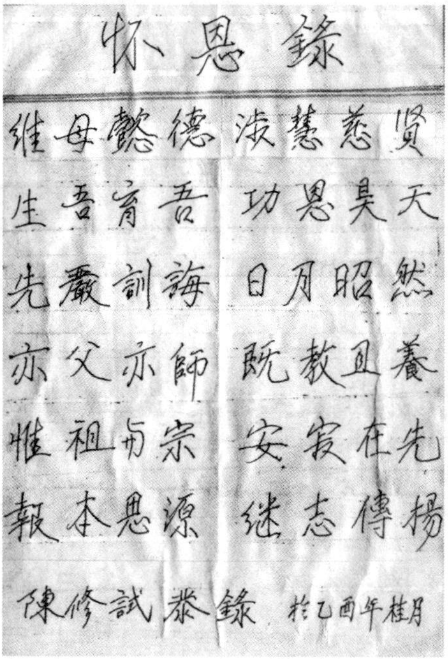

怀恩録

维母懿德 浓慧慈贤
生吾育吾 功恩昊天
先嚴訓誨 日月昭然
亦父亦師 既教且養
惟祖与宗 安寝在先
報本思源 继志傳揚

陳修試 恭録 於乙酉年桂月

我将我那时所表达对母亲的爱和对母爱的歌颂，全部浓缩在一张纸上，对母亲的爱可与天高地厚相比拟。

兄长和众亲戚为母亲举行了殡葬仪式，我只能在心里默默祷告：终有一天我会亲自在母亲墓前下跪祭拜。

我付出“学费”最昂贵的一课——尝试做进出口生意失败，亏掉几十万铢。这让我体会到：不要盲目去做自己没学过、了解不深入的生意，不要仰人鼻息，否则最后会落得难堪的下场

30

知道了什么叫“破产”

尽管我已是制革厂的老板，手头还接了做门窗的生意，但我的财产状况仍然没有明显的改善，依然忙于奔走，四处找钱。这让我无法停止做其他生意的念头。

1960年，通过多种渠道，我做起了进出口生意，希望这种生意能够让全家人都富起来。

萌发做进出口生意的念头，源自一次和几个商会朋友的交谈。其中一个叫张春赐的朋友谈起了邀我做进出口生意的事。“要想发财，最好从日本进货来卖，要不就出口农产品。”

之前我曾听人说起过，做进出口只要找对路子，就会发得不可收拾。这种念头一直存在我脑海里，所以没多想就欣然地接受了他的邀请。

问题还是资金，不管做什么生意都会遇到这个问题，这次也不例外。我需要的本金比以往更多，独自一人投资做两样事情已经很困难了，我只背着个老板和商人的名义，手头没有钱。

最后，我决定借高利贷来做进出口的生意。我从许多个人那里筹借到了30万，因此背负了巨大的债务。连放贷人都觉得我这样做风险太大了，劝我小心，只是我不太在意。

从做生意以来我都算顺利，不管是做制革厂还是做门窗生意。虽然不是什么能让我发家的大生意，但也没有让我亏过或是“破产”，基本可以填补家用。

当时，我只看到了好的一面，简单地认为做进出口生意一定赚，竟然一点都没有考虑过：如果不赚钱，我该怎么办呢。当然，经营两年后我被迫上了一堂重要的“课”——进出口业务严重亏损。

起初，我做得挺好，合伙人利用各种途径与各个银行和日本的进出口公司联系进口各种商品；我负责找钱，装修办公室，买办公用品和支付员工工资，包括周转资金等。我一直忙于筹措资金，其他的事什么都不知道。

问题出在欺诈和勒索上，这致使生意没办法做下去。其他合伙人躲债跑了，没人再提投资和损失的事。从进出口生意退出来后，我背负了几十万的债务。

事情没有就此结束——公司开出的支票，三天两头都有问题来。合伙人卖了东西然后拿支票自己签。好在我没有卷入开支票的事情，不用负责，也就没有被找到头上来，不然我也成被告了。

我为做进出口生意得到的教训支付了很高的学费，这也让我看清了一个事实：千万不要完全依靠别人、仰人鼻息地做生意。要是这样，到最后所有的命运都掌握在他人手里。

从做进出口生意这事，我还总结出了以下几点：第一，千万不要从事自己不了解和不擅长的行业；第二，做生意的钱不该全部借贷款或是高利贷，即便全部都是从银行贷的款也不该冒风险做；第三，投资的时候，不要只想到赚，要想到如果赔了拿什么还。

最后一条，我从没有想过它最终会成为困扰我们一家人生存的危机。我不能再坐以待毙。的确，解决贷款的方法已经没有太多，唯一的办法就是再做其他的生意。

那会儿，孩子们叫“张叔叔”的那个合伙人张春赐对我说，他十分懊悔，合伙做进出口生意没有想象中那样容易，还让我背了一屁股债。就在跑到乡下之前，他给了我一个“秘方”——一张写着中文的纸，上面写着橡胶的处理工艺，因为他曾开过一家橡胶鞋底厂。

他对我说：“对不起，是我让你陷入困境。没想到进出口生意会这样差。我没有什么能给你的了，除了这个秘方。修试你拿去看看，然后按上面说的试着做做，也许会让你发了。”

我从他手里接过秘方，没有多想。我正在找其他生意做不假，但必须承认我没有太在意这个秘方，因为还未走出上次合伙做生意失败的伤痛。简单地说，我还对他有点怀疑，那张纸只是很随随便便地折着。

最终做进出口发财的梦想就这样被无情地粉碎了。尽管不用承受被告的命运，但必须承担几十万的债务及利息。付清要花费十年的时间，要度过许许多多的危机。

因为被债主追债，我和秋梅以及孩子们，特别是最大的一个孩子都陷入了困境。我记得当时的情形，我们时刻都提心吊胆，必须到处躲，和债主玩躲迷藏，怕债主突然来要钱。

我一心想着进出口生意会有赚头，从来没想过如果生意失败了，我要怎么办？我只看到了事情积极的一面，这让我学到宝贵的一课。

我不愿退缩，还是想继续做生意。

马佩琴17岁时的玉照（摄于1962年）

31

又一人生伴侣*

那段时间手头太紧，资金周转不开，但我丝毫没有想过退缩。我仍然想再去拼一拼。于是，我想到短线借贷和长线借贷相结合，付一半再缓一半。借贷总计三十万铢，平均月息百分之三合计九千铢。做门窗生意的收入多的时候一个月能达到一万铢，少的时候只有五千铢，平均每个月可以赢利七千多铢。运气好的时候可以达到两万铢。但还不上利息的风险一直存在，我们甚至常常要卖掉或当掉家里的物件才能勉强还上本金。还不够的话，只有去找人借钱才能还上之前的贷款。受这次投资牵连，全家人都过得很辛苦，而且我自己也在欠债的困境中挣扎了十几年时间。

在退出进出口生意后，我把全部精力都投入到做门窗的生意上。当时的处境非常艰难。整周的时间我都围着借钱、工作、躲债转，没有时间为秋梅分担任何家务。最让我欣慰的是，我俩心心相印，从没因为琐事争吵过。就这样，我们一直咬着牙，硬挺过来了。直到我们有了第七个孩子。

当时我正忙碌于木材生意，常常要到郊外谈生意，根本就脱不开身，甚至没有时间回家。秋梅的工作量更重了，必须养猪，照看七个孩子。全部的家务都压在她一个人的身上，还要照顾刚出生不久的孩子，对她一个人来说太沉重了。

我很担心地看着秋梅，心里暗暗地想："不行。我不能再让秋梅这样一个人做重活下去。"

---

*编者注：虽然现行泰国法律规定一夫一妻制，但部分泰国家庭仍保留一夫多妻的习俗。

怎么做才好呢？我决定为她找一个保姆，帮她分担家务。接下来的问题是：我要去哪里找人呢？全部家务，照顾好几个孩子，还要养猪——即使请人，每个月给很多钱也难找。另外，其实我也没有这个经济能力，单是吃的用的就已经不够花了。

我想了好几个晚上，突然想起一个叫马佩琴的姑娘来。她是五年前来我这里租房子住的中国人家的女儿。当时她才十二岁，她在巴吞旺家的房子被烧了。

现在她已经十七岁了。我们两家非常熟。她是我七个孩子的玩伴，常在我家出出进进，连孩子们都有点儿粘她了。一有时间她就会领着孩子玩，特别是才六七个月大的那个孩子，正是可爱的时候，马佩琴着了迷地抱着他、逗他玩。

我看着她从小长大，很喜欢她。开始只是长辈对小孩的那种喜欢，直到她长成大姑娘，我对她的那种感觉慢慢有了变化。在我眼里她是个很漂亮的姑娘，最重要的是心眼好，朴素又勤快。她不同于我所见过的其他同龄女孩——喜欢化妆打扮，爱美却从不工作。

我暗暗地喜欢上了她，希望她帮秋梅分担一些活，特别是那些要外出联系的事情，或是开车接送孩子上学、放学。这是每天都必须面对的大问题。孩子要去学校，没有人接送，秋梅不会开车，我又必须在外跑业务，这儿那儿地到处联系，还要跑来接送孩子。有时工作忙得脱不开身，没办法接送孩子，常常托人帮忙，这确实让我感觉到很棘手。

如果有了佩琴来帮忙，很多事情都会好起来。

我的这个想法，对于我和秋梅来说是十分危险的。因为古话说："情愿丢了头一样大的金子，也不愿把老公让给别人。"这适用于各个国家，不管是泰国、中国还是其他国家。

和千金万银比起来，深爱丈夫的女人大部分会割舍钱财，但不能容忍与他人分享丈夫的爱。所以，如果我不仅让佩琴过来分担家务，还娶她，我们像夫妻一样生活在一起，这需要得到双方的同意，包括秋梅一方和佩琴一方。

尽管有风险，我还是想试一试。我开门见山地和秋梅说："你每天都这样辛苦，我很担心，想找个人来帮帮你。你看怎么样？如果我和佩琴结婚，让她来和我们一起住，成为一家人，她帮做家务，为你分忧解难。你看好不好？"

说完这些话，我感觉像抬走了压在胸口的一块大石头。之前我一直在纠结是说还是不说；说了后家里会不会火山爆发？秋梅一定不愿意，还会打闹，大骂我一顿。尽管很怕听到这些话，但最终我还是和盘托出所有的想法。

确实，我的话让秋梅惊呆了。随后，她的反应与我想象的截然不同。平时如果说错话或是说了她不喜欢的话，她会立刻反驳，但这次她没有说话。

我很疑惑地看着她的脸，上前抱住了她说："生我的气了？对不起，我让你不开心了，但我希望你能体谅我。我所想的一切，都是因为我太爱你了，不想你太辛苦。你现在既要工作，又要照顾孩子，你做得都很好，但我一直没有能力好好地待你，让你过这样辛苦的生活。所以，我有再娶的念头就是因为心疼你。"

秋梅看着我说："你真的是那样想？"

"你该清楚的，我不是好色之徒，从没有想过找外遇。我这样想，很大原因是想找个方法帮你。听着好像不是很好听，但我希望你能实事求是地想想看。佩琴能帮你做事，帮你看孩子，还能帮忙开车接送孩子们。她也是你看着长大的，心眼好，和我们一家也很融洽。她会对我们有很大的帮助。"

看到秋梅当时伤心的样子，我继续说："你不用担心我不爱你和孩子。就算多了佩琴，也不会减少我对你的爱。我会一样爱你和孩子。"

我的发誓让秋梅的脸色和表情慢慢有了转变，最后她迎合了我，让我和佩琴结婚。这算是我的福气，有这样一位心胸宽广、通情达理的妻子。我并不建议其他男人学我，因为可能会得到完全不一样的结果。

和秋梅谈妥，并不意味着事情就完了，相反这只是开始，因为我还没有去和佩琴说呢。

一直以来，这只是我一个人的想法。直到说服秋梅，我都没有和佩琴谈过。我不知道怎么开口。这真的不是件简单的事，我不是什么年轻人，更不是单身，37 岁，是做叔叔的年纪了，而她呢，才 17 岁，还是快到成亲年龄的大姑娘呢。我们之间相差整整 20 岁，大多数人只找同龄人。

再往深处想，说不定她早已喜欢上哪个同龄的小伙子。如果恰好真是那样，我所想好的一切和与秋梅说好的就白费了。因此，我在遂愿和失望之间，做好了思想准备，尤其是后者。

我努力寻找机会和佩琴讨论这事，终于等到了那天。没有其他人，只有佩琴一个人在出租房里，我立刻去找她聊。

尽管我很渴望得到佩琴关于婚姻的肯定答复，但首先，我还是最希望她能帮我开车并负责日常的客户联系，开车接送孩子上下学。最主要的工作就是请她帮我开车。因此第一个问题我就问：“想学开车吗？我来教你怎么样？”

“当然想呀。老板你真的愿意教我学吗？”

她的回答让我欣喜万分，一冲动我就立即向她求婚了。

“对了……有一件事想问问你。”

“想问我什么？”

“我想问你，如果让你和我结婚，你愿意吗？”

佩琴用很紧张的眼神看着我，以为我开玩笑：“老板，为什么开这样的玩笑呢？不怕秋梅姐姐闹翻天吗？”

我看着佩琴的眼睛，伸手紧紧抓住她的手以表真心：“没有开玩笑，我说的都是真的。秋梅姐也知道此事，她同意我和你结婚。如果你不信，可以亲自去问她。”

佩琴听后想了想，暂时点头表示同意。从那以后，我们之间的感情不断发展，但好长时间之后，佩琴才最终答应和我结婚。

当然，要不是当初我勇敢地提出那个请求，也就没有后来的这份姻缘。所以，即便是当时，看到她肯定的答复，我也兴奋得不得了了，甚至还生出一丝骄傲的感觉。

正如我认为的那样，她确实是真诚的女人，并且真心地爱我。我真的不是什么有钱人，条件也算不上优越，和我接近的人都知道我的情况如何。马佩琴和我家平常走得很近，当然也知道，我只是外表看着像个有钱人，有工厂、有车、有土地，事实上，我借贷的钱不少，为了周转资金常常陷入窘境。还有妻子和七个孩子，如果想来享福或是抱大腿的，最好还是离我越远越好。

所以，我感激马佩琴对我的真心，并感激她的父母没有反对婚事，即便我是已有家室的人。我想一定是两位老人看我是个好人，才放心让他们的女儿来到我身边。感动之余，我决心照看他们一辈子，以报答他们的恩情。

马佩琴同意后，我告诉了秋梅。她也为此高兴，并成为我和马佩琴婚礼最重要的操办人。对于很多人来说，自己的老婆为丈夫去向别的女人提亲，这听上去真是太不可思议了。

不光如此，她甚至还为我准备了聘礼和结婚用的首饰。为了婚礼，她卖了养的猪，换了一万铢，五千铢作为向马佩琴提婚的礼金，其他作为置办婚纱、首饰等的嫁妆钱。至于嫁妆，我已经买了 5 铢重的金项链给马佩琴作为结婚时的嫁妆。当时的金价在 400 铢左右。

想起这些，我常常觉得，三生三世我都无法报答秋梅对我的恩情。正是因为她的大度、宽广的胸怀，才促成了我和马佩琴的婚事。

有件事能很好地证明我们三个人之间真正的爱，那就是连结婚礼服都是我、秋梅和佩琴我们三个人一起去挑选的。

我与马佩琴结婚的事很快传开了。知道这件事的人用奇怪的眼神看着我，见到我路过时都会议论。最难听的就是指责我欺骗小孩，熟悉点儿的人也会调侃我，好的、坏的都会说。

我一笑而过，因为自己知道事实并非像他们说的那样。秋梅也被人说闲话了："小心呀，放任男人在外面有小老婆。到时候被小老婆迷住了你就知道难过了。"闲言碎语多了，她有时也被说得不顺心起来了。

好在秋梅没有听信这些谣言，她对我很信任，对马佩琴也很了解。她继续为我和佩琴的婚礼筹备。

婚礼举办得很简单。结婚后，马佩琴就搬进来，正式成了家里的一员。我记得很清楚，当时正好是为我刚满10个月的第七个孩子庆祝。

在对孩子们解释这件事情上，没有什么大问题。我对他们说："从今以后，佩琴姐姐就会和我们在一起了，来照看你们，是你们的另一个妈妈了……你们要叫她'小妈妈'，叫妈妈'大妈妈'知道了吗？"

小一点的孩子点头表示知道，没有什么疑问；大一点的三四个孩子显出疑惑的表情。说实在的真的很难理解，就算是明白了也不一定能接受。特别是我最大的女儿，和佩琴算是一辈人，年纪相差没几岁，从小在一块玩到大。突然一天，一个曾经儿时的玩伴一下变成了另一个角色，从最初认识的姐姐变成了"父亲的又一个老婆"。我理解孩子们难以接受，唯一能让事情解决的就只有时间了。

佩琴也对我说："我会尽力让孩子们接受我，成为家庭里的一员。"我也祈祷佩琴的诚心能帮助她，让所有的孩子都愿意接受她。

没有让我失望，过了没多久，佩琴做到了像她说的那样，所有的孩子都乐意接受她了。因为她真心诚意地为人处事。

佩琴像疼爱自己的孩子一样疼爱我的孩子，是真心地担心和爱护着他们。当孩子们都吵着饿的时候，她就马上回去做饭；孩子哭了，她就会马上去看去哄，像亲生妈妈一样。

一切出自真心，出自爱，她的付出没有一点虚情假意。孩子们当然体会得出那爱他们的真心，所以才会有友善的反应，慢慢地，他们开始像粘着自己的亲生母亲一样粘着佩琴。

佩琴既开朗又善言谈，很有亲和力，而不完全像是秋梅那样太严肃。这样，孩子们欢喜地把她当成朋友。由于佩琴只和我的大儿子相差四五岁，因此她就对孩子们说："我来当你们的大姐姐，不当妈妈了。"孩子都不停地笑。

佩琴是个和秋梅一样勤快的人。她做家务，为家人和工人做饭，还毫不嫌弃地帮秋梅清理猪粪便。到了孩子们该上学的时间，就一大早启动车子送去学校上学，下午又去接他们回来，不用我和秋梅操心。秋梅和孩子们都很满意她。这也证明了佩琴来到我们家这件事是好事。

秋梅和佩琴的关系也比预想的要好。秋梅承认爱佩琴像妹妹一样，而佩琴也像尊敬姐姐一样尊敬秋梅。两个人都很和睦，相亲相爱。

有时我买衣服给秋梅，她就会说："不要给我买了，我老了。你买给佩琴好了。"当我买给佩琴，佩琴又对我说："不用给我买了，给秋梅姐吧。"她们都相互关心并考虑对方的感受。相处的时间长了，两人的感情让我都觉得越来越深，像是一个娘胎里生出来的亲姐妹。我不得不庆幸，自己生来会如此幸运——有听话的孩子，还有恩爱的妻子。

一个孩子说："我们真幸运。其他人只有一个妈妈，但我们有两个。"也是，他多了一个像亲妈妈一样爱他的人，他们有这样的感觉并不奇怪。

看到孩子们的微笑，我也忍不住笑了。尽管当时我还不富有，还有贷款等烦心事，但一家人相亲相爱、温馨温暖，这些都让我的感情世界很富有，让我很充实，让我更有时间和精力去为自己的事业而打拼。

陈汉洲，我的大儿子，才10岁的时候，就知道在周末背着冰激凌上街叫卖，而我根本就没有要求他做这些。其他几个孩子也都有着经商的天赋。我告诉他们，要做一个诚实的商人，不要占别人的便宜

32

有其父必有其子

父母是孩子的榜样，孩子从父母的言行举止上学到很多东西。父母是好人，工作勤奋，他们的孩子也不会比他们差到哪里去。但如果父母好吃懒做，孩子们就会受到父母的影响学着做。就像古人说的：“有其父必有其子。”

汉洲是一个性格和我很相近的孩子。看到爸爸做这做那很拼命，妈妈也吃苦勤劳，工作没有清闲过，小妈佩琴也同样勤劳，他从小就很努力，并慢慢表现出了商业上的才能。

在刚刚10岁的时候，汉洲就开始做起了小生意。让我印象深刻的是，每当放假的时候，他每天都会斜挎个桶去卖冰淇淋，帮家里赚钱。相反，其他同龄的孩子只知道跑跑闹闹去玩。

我不是偏袒或是夸奖他，因为我不是很赞同他这样辛苦。他还小，读书要紧，没有必要赚这点钱，但他还是在我不知情的情况下做了。我过了很久才知道他在外面卖冰淇淋。

他拿来卖的冰淇淋，每桶有40根，被装在一个有提手的桶里。他挎在肩上去卖，生意很好，有时甚至可以卖到14桶。他的客户就是和他一起玩的小朋友。他会用自己独特的营销方式卖，等朋友玩得累了，口渴了，就不得不买他的冰淇淋。一个小朋友买了他的冰淇淋，其他孩子不愿只看着别人吃，就这样一个接一个地买。

有时，汉洲也赊账给小伙伴们。这也是做生意的手段。有些伙伴没有钱，汉洲就好心让他们先吃，慢慢再给钱。在赊账这件事他有权决定给谁赊，不给谁赊，他的东西也就好卖了许多。这一个那一个的，他必须学做账目，还要跟紧，不至于收不回。除了拿冰淇淋来卖外，汉洲还拿大饼卷糖丝和小零食来卖。

必须承认，汉洲像我一样，身体里流淌着商人的血液。在自己的小圈子里，他用独特的想法、独特的方式，慢慢地开始了自己的商业之路。我也观察出，他做起事来真的就像个小老板，从小就有顽强、不怕困难、勇往直前、决不退缩的特点。

让我感到欣慰的是，汉洲爱家，有孝心，知恩图报。每天卖完东西后，都会把得到的钱给我。如果我不在，他就会拿给他的妈妈。他的钱，一分不留拿来给父母，没想过自己留着用。

有时我怜爱孩子如此努力辛苦地赚钱，就对他说："汉洲不用把钱全给爸爸，可以拿去买点自己想要的东西。"

"没关系，我没什么要用钱的地方。爸妈每天都要花很多钱。我很高兴能帮上爸妈的忙。"

既然他那样说，那我就不再说什么了，因为我知道，尽管他赚的钱不多，对家里的生活也没有什么改变，但确实填补了家里一点小开支；另外，这也是一种做生意的锻炼。现在他所做的一切，将来会对管理家族事业有很大的帮助。

弟弟妹妹们也不甘落后。看到哥哥做，自己也抢着做，帮忙出去卖冰淇淋。他们还聪明地划分了不重叠的几个区，以避免发生抢客户的现象。一个大点的女儿，还在自家门前摆起了小摊，卖起了小零食，如冰、小点心什么的。

大家都学到了哥哥、姐姐好的一面。小小年纪就帮助家里挣钱，每个人都很开心地做着，忙得不得了，卖了钱就拿去给爸妈。

孩子们的出发点都是好的，想到能为家里做点事，每个孩子都很高兴。我为他们的动机感到欣慰，同时告诉自己说："一定要努力让家人过得更好，为了孩子以后不吃苦。"

不过，尽管如此，我一直在提醒孩子的就是："要读书，不能丢了学习。"

我不像其他父母那样，自身学识少就不重视学习。他们认为读书没什么用，父母没有读什么书不也没有饿死，也活到了现在吗？

读书学习从小就是我的一个梦想。从前我是个很爱学习的孩子，只是没有机会，所以我一定不能让自己的孩子失去这样的机会。我坚定地认为，只有掌握了更多知识，才能让他们发挥出更多的能力。不断地读书和学习，会让人更聪明，开阔眼界，不断让人进步。我很重视教育。即便是没有钱，忍饥挨饿，也要咬牙送孩子们上学。

他们想做点小买卖，我不说什么。除了提醒不要放松学业外，我还时常教育他们要做个有信用的人，不要骗人，更不要赌博。

说到赌博，我就会想到其中的一个孩子——汉荣，他是唯一一个被我狠狠教训过的孩子，原因是他去赌博赚钱。

汉荣这孩子聪明，学习也好，有着和其他几个孩子不一样的思维方式。他有很强的自我判断能力，有胆识，什么都不怕，在兄弟姐妹中显得很优秀。

有一天，他给了我 140 铢。

从他手中接过钱时，我有点纳闷。怎么这么多钱呢？其他几个孩子卖东西都没有赚到这么多。我就问他："去卖什么了？赚了那么多钱。"

从他那里得到的回答差点让我晕倒，话都说不出来。

他自豪地答："我去卖彩票。回报比卖冰淇淋高很多。"他所说的彩票是一种赌博游戏，在一张纸上画有很多图片供玩家选择，玩家选定并押上一定的金额在选定的图上。如果中了，将可以得到比本金多三四倍的钱。

我感到非常失望，万万没有想到他会用这样的方式赚钱。因为我曾经一而再、再而三地提醒，不要做任何与赌博有关联的事，看来他还是没听进去，甚至还做起庄家来了。

我用愤怒的眼神非常生气地望着他。他一直看着我，微笑抛于脑后，发现了我的异常，知道我生气了。

我哽咽着对他说："我曾教育过你们的，不要涉足任何与赌博有关的事。为什么硬是要去做？"

"我没有玩，我只是卖。"他很委屈地说。

"不管是玩，还是卖，都不行！今天我必须要好好教训你一下。不光让你牢记，也作为哥哥弟弟们的一个反面教材。如果再这样，必须受到惩罚。"

我的规矩是，不管是谁做错事，都要回来站好给我打，不像有的人家那样到处追着打。于是，我叫他站直身体，同时走去取出插在对面墙上的一根棍子。当时他神情紧张，呆呆地站着，眼睛中露出迷惑和委屈的眼神：我出去辛苦地挣钱，并且都给了爸爸，为什么最后还要挨打？

我狠狠地打了他的屁股。他"哇……"地哭了，脸痛得扭曲，眼泪不停地向下流。

我的眼角也湿润了，其中包含着对孩子的爱惜。尽管我的心也很痛，但我还是狠下心来继续打他。我必须让他、让他的兄弟姐妹们牢记，不能再犯同样的错误。

刚开始那几年，我从来没在工厂斋僧，后来，工人跟我讲，为了自己和事业的顺利，还是每年请僧人来工厂做法事为好

汉荣卖的博彩游戏图和骰子。汉荣说，卖这个的收入比卖冰激凌要高很多。我根本没想到汉荣会从赌博上面赚钱

小时候是教育孩子的最好阶段，如果在这个阶段一时心软放任了他，大了就更难管教了。

在屁股上打了好几下后，我教育汉荣怎样区分好与坏。“赌博不是什么好东西，犯法，会倾家荡产，会让人堕落。没有人能得到它的好处。你以后不要再去碰它，不管是自己玩还是做庄都不行!”

不过，说真的，上面的这些道理，孩子们小的时候还不是太明白，但是他们明白了，如果从事与赌博有关的事情的时候，我会很生气，会狠狠地惩罚他们。

他们也亲眼看到了赌博让人破产，一无所有，爱赌博的人都没有一个有好日子过的。古人用了个很好的比喻说明赌博的危害：“家被烧了也比迷上赌博好。”

被打的经历和我对子女的教诲，使我的子女没有和赌博沾边的。我的每一个子女都获得成功。我家一共有三位博士，大儿子是工程学博士，其他子女也大多数是硕士毕业。

汉洲学过一些化学知识。当时他曾有自创一个化妆品品牌的想法，这让他有机会和各类化学品店往来，也让他小小年纪就对化学品有很深的了解

33

涉足橡胶业

门窗生意做到后来，新木料的价格太高。为了节约成本，我转向买旧房子——买到便宜的老房子，取下旧木头来，加工成新门窗再卖。当然，这还是要看运气的。

一方面，老房子不是想买就买得到的，需要四处去找；另一方面，老房子买来后，还要请人拆，再把拆下的木头柱子、横梁一样样分开，锯成一段段或者拆成一片片的木板。把这些木料拿去分开好坏，好的才可以卖个好价钱；如果全部都是不好的，那我们甚至还会亏本。当时，我就和汉洲，还有佩琴常一起到各个地方，寻购老房子。越到后来越难找，有时一天都找不到一间。这让我们没有了稳定的收入。

之后，我们购买新木料的资金又出现问题。那些追债的人和债主不管什么刮风下雨、烈日当头，从来没有间断过，准时来要钱。一有钱就拿去还贷款，一点剩余都没有。当时，大家想尽办法挣钱、借钱来维持各自的生活。有时实在周转不灵了，被债主追得厉害，他们在家门前蹲守，我只能躲在后面，让孩子们骗他们说："我爸还没有回来。"

躲债的日子提心吊胆地过，全家人都闷闷不乐。那段日子我沮丧到了极点，对着妻子和当时才只有十五六岁的汉洲埋怨说："如果实在不行，那我们只能离开曼谷去程逸府避避风头。"我有个姐姐在那里种烟草。

但汉洲不同意，去那里除了种地什么都做不了。他对我说，如果真的有必要搬就搬到华富里府更好，我们可以开门窗店，还可以接点木工活。

据汉洲得到的消息，华富里府有很多市场，而且没有竞争，离曼谷也很近，即使离开了，再来曼谷寻找发展，也会很容易。

这些都是最坏的打算。幸运的是，我们没有走到这最坏的一步，最终还是跌跌撞撞地打拼了过来。

我开始寻找其他能够赚钱的路子。这个时候，以前那个曾害我破产、欠了一屁股债的张春赐，孩子们口中的“张叔叔”，在消失多年后突然来找我。他对我说，想弥补上次做进出口生意时害得我破产的过失。

这次，他推荐做橡胶生意，还问起合成胶秘方的事，就是在从进出口生意退出来后曾留给我的那张秘方。

起初，他数次劝我说：“修试做胶生意好了。做的人很多都富了。”

“我从没有做过。怎么做呢？我怕像上次那样做亏了。”

“不一样。我没做下去是我不行，没有本钱，上次进出口生意就亏光了。如果你有兴趣，我就教你。”

起初，我没有太在意，但是之后张春赐就教我如何做胶生意，还把我介绍给了几家胶厂的老板。他不断地强调，橡胶生意收入可观，利润丰厚，于是，我也开始慢慢动心了。

我找出他给我的那张用中文写的秘方。但我怎么看都不明白。因为那是化学方程式或者说是化学公式。必须是学这方面的人，依靠专业的知识才能看得懂。

好在我的大儿子汉洲学过一些化学知识。当时他曾有自创一个化妆品品牌的想法，这个想法也让他有机会和各类化学品店有往来，让他小小年纪就对化学品有很深的了解。方法就是自己无数次地尝试从书本上学到的东西。这些尝试为我们事业发达奠定了基础，这些在他不断地学习化学品知识的时候，我们都没有想到。

于是，汉洲就帮我研究合成橡胶的秘方，并最终搞明白了合成胶的制作流程。有这样的儿子，真是我的福气。我相信这是老天给我的一个发财的机会，于是决定马上行动起来，开始着手橡胶的生意。我将旧制皮厂的厂房分割出一部分做合成胶。之后，我从张春赐朋友的工厂买来轧胶机和轮胎泵。

刚进入橡胶业，我生产胶鞋底卖给一些商店和制鞋厂。做了一段橡胶鞋底的生意后，我就做起了生产汽车轮胎的生意。

负责对外销售的是佩琴，有时我和汉洲也会帮助，但主要还是佩琴负责。我和汉洲要经常外出收购废弃橡胶作为原料，还常在工厂负责管理生产轮胎。

我们四处收购来的橡胶不是像其他工厂做的那样，一块块轧出来的，而是那种质量不是很好的碎胶，甚至干脆叫“低等胶”。这些碎胶的得来并不容易，需要我到罗勇府和尖竹汶府以及卖橡胶的店面里四处收购。

我们父子俩经常开着老旧的皮卡车，慢腾腾地在旧素坤逸路上颠簸好几个小时，凌晨四五点钟就从家里出发，经常回到家差不多晚上 12 点了。

为了收到残碎胶做原料，我们再累也得拼命搜寻。好在不用天天这样做，我们每个月就只去一两次。在我们没有去收购之前，那些胶乳店只能把它们白白扔了，我去买了反而让他们喜出望外，所以他们也都很乐意留着给我。他们收好这些残留胶装成一袋袋的，卖给我一袋三四百铢。这样能省下很多成本。

收购来的碎胶不能直接作为原料使用，聪明的汉洲最后配出了化学药剂，促使它们分解成为原料。

当时，除了汉洲外，大多数孩子都还在只懂吃吃睡睡的年纪，帮不了太大的忙。他们上学的生活费、学费我很困难才挣到，好在家附近的肉摊、菜摊还可以赊账，把我们作为他们的大客户看待。

被当作大客户是因为，如果哪天东西像肉、蔬菜等不好卖或是卖不出去了，他们就会拿来减价卖给我们家。我们家大，人口多，不管怎样都要吃要用。所以，就算我们没钱买，他们还是愿意赊给我们。毕竟赊出去也总比臭了白白扔掉好。

这样的事常常发生在我们家里，以至周围每个人都知道，如果哪天有老板叫我们去拿东西，那就表示我们有东西吃，而不必马上付钱。

其实，我们有钱的时候，也不愿买这样的东西吃，但当时的条件不允许。所以，店老板愿意让我们先把东西拿去吃了，而不用立即就付钱，算是件开心的事。

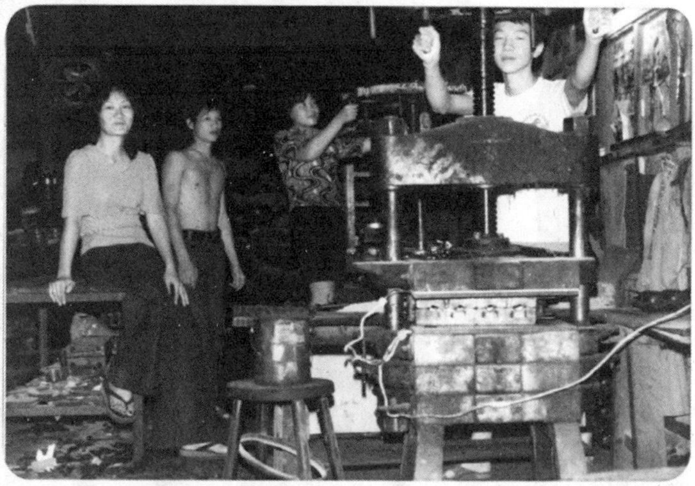

那时候用的老式压胶机器（1972 年左右）

另一种橡胶制品就是板车、推车轮胎，这种轮胎大多销往制作板车的店，或者建筑器材公司

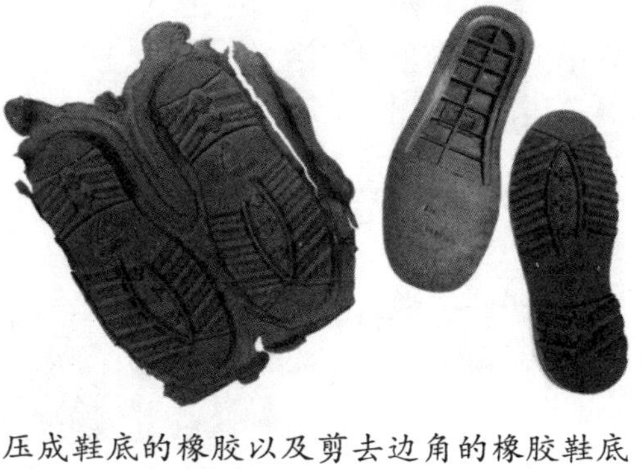

压成鞋底的橡胶以及剪去边角的橡胶鞋底

拉货板车，其轮胎为我公司生产

好几次我因为支票跳票导致流动资金不够付支票而被抓。我曾经在帕卡农、挽赐、帕亚盖的拘留所里待过，但大多数时候都能及时被保出来，没有在拘留所里过夜，但有一次，我在班房里待了整整一天一夜，我看到汉洲抱着母亲的大腿哭着问：为什么我的爸爸要被关

34

入狱

当时我要照顾一个大家庭，在刚刚开始做橡胶生意的时候，门窗生意也没停下。所以，资金经常周转不开。可能会有人疑惑，我是从哪里弄来的钱做投资。其实，我主要是靠借钱。有时要借高利贷，必须支付很高的利息。尽管知道风险太大，但还是要借，所以，那个时候我真是债务缠身。为此，被警察抓进警察局很多次，像帕卡农、帕亚盖等警察局。当然，由于我不是犯很大的罪，所以也只是限制人身自由，最多也不过关在监狱几个小时，然后家人来保释。

有一次让我感觉十分不好，因为欠的钱不多，又是互相认识、熟悉的人。那天因为支票有问题，我没有办法立刻周转到钱，我对债主朋友说先付一部分，日后把剩下的补上。但债主不同意，并严厉地说：“如果拿不到一万铢就免谈。让警察来依法办事。”还说一定不会让我有好日子过，会让我蹲监狱，因为他已经准备起诉我了。

尽管知道他不是在恐吓，一定是说到做到，而当时两手空空的我，不知道找谁来帮忙，只能让警察抓进监狱。

我看着秋梅和佩琴努力哀求警察放我，警察也表示很同情，但是没有什么用。起诉人不接受，他们只能公事公办，我只能蹲监狱。秋梅、佩琴满脸泪水地带着孩子到警察局的牢房来找我。秋梅看着我的脸，眼泪不停地往外流。

“为什么警察要抓爸爸呢？爸爸没有做错事。爸爸努力工作，爱家也爱我们。爸爸不是什么坏人。”我可怜的孩子这样说。

当时我痛苦得无以复加，紧紧地咬住牙，努力地忍住没有哭出来。

我也自问，为什么我还要回到这个鬼地方。我曾经对自己保证过，不再进来的，但我还是没能做到。难道我要这样进进出出下去吗？当着孩子和秋梅的面，我不能这样让他们看到我脆弱的一面，我不想再让他们承受更大的痛苦。

秋梅握着我的手，眼里饱含着泪水。用颤抖的声音说："不要担心，修试。我会尽快找钱把你从这里弄出去。"

我点点头。心里还是有点忧虑，问她说："你去哪里找呢？一万虽然不多，但这个关头，我想不出有什么方法啦？"

"我和孩子马上回去做鞋底，用最快的速度赚来付给债主。我做得到，你不用担心。"

我点点头，激动地说不出话来。在胸中充满了愤怒的火焰的时候，听到秋梅这样舒心的话，我的心情也好过了许多。

我一直目送着秋梅和孩子走出拘留所，直到看不见为止。我想放声大哭，但还是紧紧咬住下颚，不想让人看到我懦弱的样子。我的心里同时也很焦急，什么时候才能出去，他们要多久才能做完鞋底呢？能不能卖到钱呢？现如今钱这么难挣，开橡胶厂生产鞋底，不是那么容易赚到钱的。

一包鞋底成本价是 20 多铢。要是以 18 铢的价格卖，就会亏 10 铢以上，仍然不能保证卖得出去。我很担心秋梅能否做到。

全家人齐心协力，心到一处，除了我。我当时什么都不能做，只能等着孩子和妻子来救。想到这里我的心里就伤心难过。

汉洲后来讲给我听，他们从看守所出来后就立刻回家，所有人蜂拥而至并询问说："爸爸呢？"

秋梅必须向孩子说实话，尽管不愿这样做："爸爸被抓了。今晚我们必须加紧做鞋底，然后拿钱把你们的爸爸赎回来。我们要一起帮助，让爸爸快点从监狱出来。"

把消息告诉大家后，秋梅和佩琴就分配任务给每个人——赶工，赚钱付清大约一万铢的支票。

汉洲后来曾对我说："当晚全家人都没有一个能睡着，担心您，想帮您。他们一整晚都做鞋底。全部都没有睡，包括工人和全家上下都一直紧张地工作，直到第二天早上。"

最后他们做完了足够多的鞋底，然后赶紧拿去卖。终于赚到了钱，保释我出去。

当我看到他们来看守所并送上了微笑的时候，激动得热泪盈眶。

在秋梅和警察交涉的时候，汉洲首先跑过来找我，并高兴地说："妈妈找到钱来救爸爸啦。"

我兴奋得泪湿了双眼。

从拘留所出来后，我们三个人疲惫不堪地站在看守所对面的天桥上。当时是如此安静，没有人想说话，只想站着放松心情，脱去一整晚的烦恼。

那时快黄昏了，天色慢慢暗下去了。我的心情无法用言语形容，不仅仅是难过。我一生当中真的没有几次像这样绝望过。

我如此拼命，为的就是有好日子过，但看来好像越来越差了。我现在的命运轨迹，如果有人写出来，就好比是回到了当初刚从中国来的那时候。

初来泰国时，我也是没有钱，命运属于自己一个人。但现在呢？我没有钱，背着一屁股的债。一无所有，我比以前更穷了。事业没有什么进展，做过很多生意却没有一个像样的。我感觉到压力太大了，逼迫着我想放弃一切。

不知道秋梅和佩琴怎么想，当时我开始打退堂鼓了。我不想再在曼谷呆，想跑去外府。因为我真的有点恐惧，担心下次再被抓起来，恐怕就没有这么好的运气了。

当天就这样胡思乱想了很久，我站起来，呼吸着重获自由的气息，放松心情。然后，我、秋梅和汉洲就一起去吃浇汤面。秋梅和汉洲只顾着赶工，在家没吃什么东西，我在监狱里也没什么心情吃东西。

那是我从监狱出来后吃的第一碗东西。我感觉那碗浇汤面是世界上最好吃的。关了一天一夜，对我来说，那段时间是如此漫长。

直到今天，无论何时，当我吃到浇汤面的时候，我就会想起当年的我、秋梅和汉洲三个人一起吃浇汤面的情景。

那是一种说不出的感觉。

我的孩子们去别人家看电视，还要交钱给别人家的孩子，每人一分两分，但我实在不能接受这种事情，最后买了一台电视机回来，但流动资金一发生短缺，我就得把电视机拿去当掉，告诉孩子们说：“电视机坏了，拿去修”

35

电视机一年到头在坏

在我开始建立橡胶工厂、从事胶鞋底和手推车轮胎生意的时候，电视机刚开始流行。很多人，尤其是小孩子们，被精彩的电视节目吸引，想方设法地跑到有电视机的人家去看。我的孩子也一样。他们常常跑到做书包生意的邻居家去看电视，有时候也会跑到租我们房子人的屋里去看。

对于此，有时候我感到羞愧。不管怎么说，自己也算是一个经商多年的商人，还是个房东，却连花几千块钱给孩子买台电视机的能力都没有，而那些与我各方面相差甚远的民工和他们的孩子，却有电视机增添乐趣。有时想想，真感觉不如他们。

孩子们也常央求我买台电视机，但是我总是故意不搭他们的茬儿，因为我心里知道，家里的经济条件还比较困难，经常入不敷出，捉襟见肘。但是我也常想，如果哪天家里经济条件好转了，一定要为孩子买一台电视机。这个念头已经在我心里盘算很久了，但是一直没有付诸行动。

直到有一天，我知道了一件事情，才下定决心给孩子们买电视机。

我了解到，我的孩子在和邻居小伙伴们到有电视机的那家看电视时，必须情愿让那家的孩子“弹脑壳”，每个人要被弹两下脑壳，算作看电视的门票。这件事情是我后来自己了解到的，孩子们从来没有跟我提及过，我想他们是怕我不让他们再去看电视的缘故吧。知道这件事后，我更恨我自己，恨得咬牙切齿，我早就应该给孩子们买一台电视机的。拖到今天，不知道那帮家伙已经弹了我孩子多少下脑壳了！

孩子们，千错万错都是爸爸的错！是爸爸没有保护好你们，让你们在外受人欺负了！

在知道事实真相后，我下定决心给孩子们买了一台21寸的RCA牌黑白电视机。价格为5 000铢，我没有能力支付，只能采取分期付款的方式，每个月付400铢，分24个月付清。21寸的尽管现在看起来有些小，但在那个年代，已经算是很豪华的了。当时只有有钱人才买得起这样贵重的东西，孩子们去的那些人家看的电视机无非都是14到17寸的小电视罢了。

不用说，我买了一台最新款大电视机的事情，成了天大的新闻，传得户户皆知，引来了很多羡慕和嫉妒的目光。

买来电视之后，我感觉很快乐，以至于将孩子们为了看电视而被邻居孩子弹脑壳的事情忘记了，怒气也渐渐地消了。虽然说能够买电视机给孩子们看，但是电视机所带来的快乐总是有一阵没一阵的。因为家里经常是有时有电视机，有时没有电视机。

每次，当我把电视搬到当铺里去的时候，不想让他们伤心，我就只能骗他们说："电视机坏了。"不想给他们留下爸爸很差劲儿，没钱就拿家里的东西去典当的坏印象。我想当父亲的人都能理解我的这种良苦用心吧。但是时间长了，孩子们总是吵吵嚷嚷地问："爸爸为什么总拿电视机去修啊？"

"为什么我们家的电视机常年都在坏呢？没见人家的坏过。"我的一个孩子也问。

实际上当电视机的钱并没有多少，但是有的时候，贷款到期了，就必须存钱到账户里，不然的话，审核就会通不过。虽说是一点小钱，但它使我们赢得了良好的信誉和信用。这样看来，也是有很大的价值的。

家里那台每天带给孩子们快乐的电视机，常常成了我走投无路之下的第一目标。当电视机并不像当金戒指金项链那样简单，搬那么大一台电视进当铺的门是一件很困难的事情。因为当铺的门太小，而电视又太大，所以搬的时候，既要当心左边，还要注意右边，总之要格外小心才能把电视机搬进当铺去。但这样就会很显眼。

每当我要搬电视机去当的时候，我会找一个关系亲密且信得过的朋友代劳，然后我把车开到当铺的后面，让他把电视机从当铺的后门搬进去，这样就会避开一些人。

当电视虽然说是一件比较丢人也比较辛苦的事情，但更为痛苦的是，没有电视的时间，孩子们失去了很多快乐。直到今天那段痛苦的记忆还一直浮现在我的脑海中，时时刻刻刺激着我。直到现在我都一直记得一句话，就是我的孩子说的那句："电视机一年到头都在坏。"

这句话一直在我的耳边回荡，并不因时间的流逝而变得模糊。

创立东方伟业

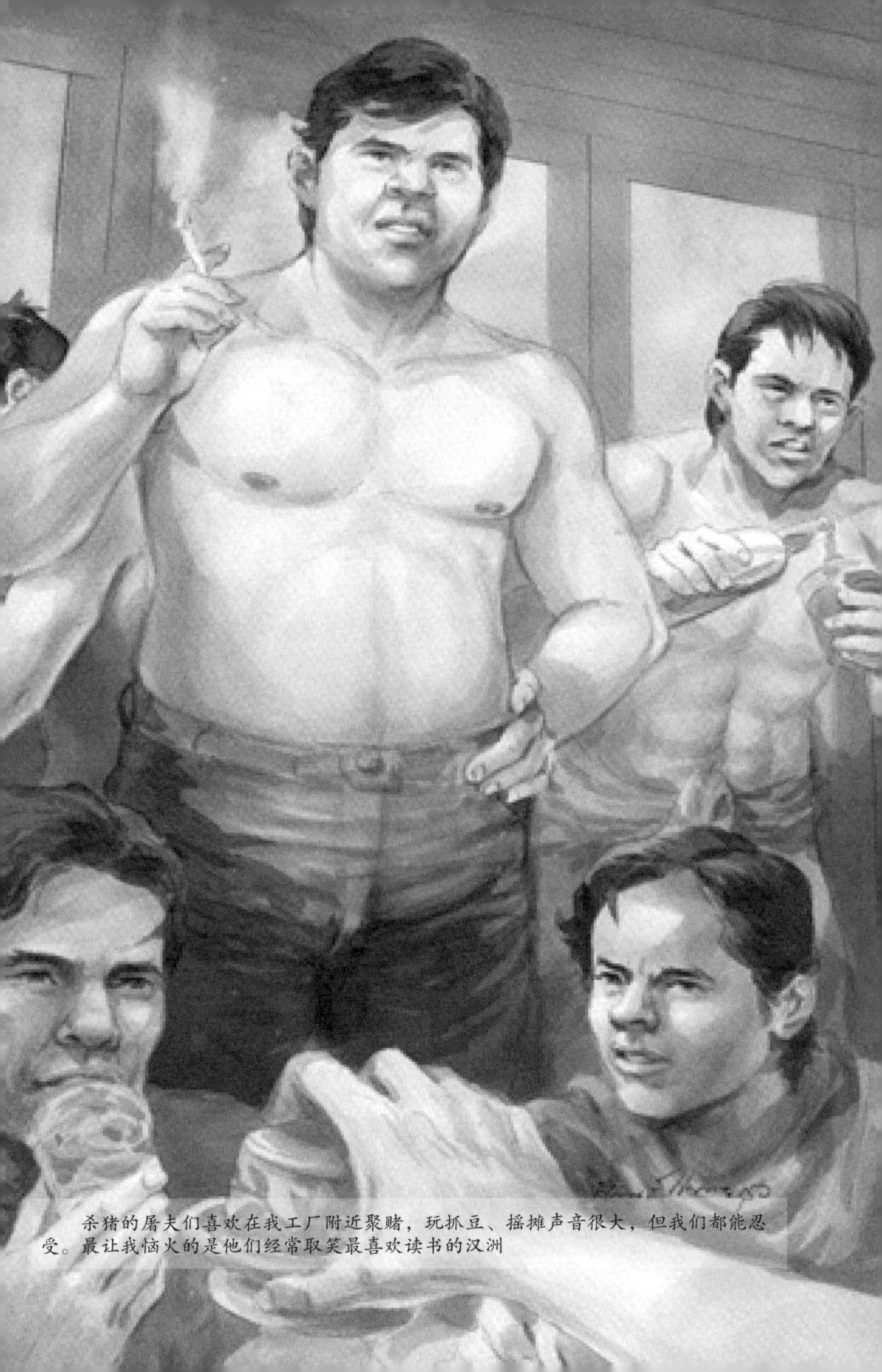

杀猪的屠夫们喜欢在我工厂附近聚赌，玩抓豆、摇摊声音很大，但我们都能忍受。最让我恼火的是他们经常取笑最喜欢读书的汉洲

36

忍受着穷困　忍耐着恶人

穷人无法按照内心所想那样随意地规划自己的生活或者工作，无论饮食还是住所，仅仅改善其中的一样都是很艰难的。改善居住环境，更是如此。尽管知道在居住的地方有很多流氓恶棍或者心眼不好的人，但我们就是没有能力没有办法从这个地方搬走，抑或说是逃离，所以不得不继续与那些人生活在一起。

现实生活中，忍耐是十分必要的。那时候，我家住在孔堤，家所在的那条巷的巷口有一家咖啡馆，还有各种各样的工厂，多达十几家。这些工厂所从事的生意各不相同：有的做钢材，有的织布，有的做豆腐，有的蒸巴突鱼卖，还有的做砂纸，甚至有一家是杀猪的。

每天夜里，住在那条巷子里的人们都会听到正被宰杀的猪撕心裂肺的嚎叫声。猪那种凄惨的叫声，让我的家人都毛骨悚然。虽然我们经常从那家买猪肉来吃，但是我们从来都不把自家的猪卖给他们。一个朋友道出了个中原因：“你们不愿把亲手养的猪卖给他们宰杀，是因为不忍心听到自己养的猪在附近被宰杀时的那种凄惨的叫声。”

我们家曾经和屠宰场那家是邻居，每次我们把自己养的猪都卖到离家很远的地方去——这让屠宰场的主人极不满意。屠宰场的工人们常常喜欢在我家与屠宰场围墙相邻的那块地方赌博。虽然未曾阻止过那些和我们没丝毫关系的人去玩，但我家人十分不喜欢赌博这种习气，即使那些人没有影响到我，我也不愿意与他们扯上关系。他们赌博的时候声音很大，不仅如此，有的时候他们还跑到我家的院子里来赌，这也就不断地给我带来麻烦。我不得不为了我的权益而禁止他们这么做，但是另一方总是不知好歹，得寸进尺，侵犯我们的生活领域，有的时候甚至喜欢主动找我们的麻烦。

其中还有一个原因，后来我才知道：我家的每个孩子都在上学读书，而他家的孩子没有读书，没有上学，他们也因此心生许多嫉妒。

这丝毫怨不得我，虽然我自己没有上多少学，但是我知道，学习是很重要的。我小的时候很想上学，但没有机会。现在我已为人父，不想让自己的孩子像我一样，所以再苦再累也要努力让孩子获得良好的教育。

与此同时，孩子们也很想读书，这正合我意。而且我也很庆幸自己好命，有一群很好的孩子。特别是大儿子汉洲，他处处为弟弟妹妹们做出好的表率——无论是在勤劳、负责任、爱家等方面，还是在努力学习方面，他都是弟弟妹妹们学习的好榜样。

尽管生意处在困境，尽管生活还很穷困，尽管要继续艰苦奋斗，但是我仍然坚持好好地养育这些孩子，让他们接受高等教育，即使这让我肩上的担子更重了。有时会听到一些难听的话，诸如“都快穷死了，还上什么学啊”之类的讽刺。对于这些话，我自当充耳不闻，也不去辩解。尽管那时候我也真的像他们说的一样穷得要死，但我从来没有想过要让孩子辍学来帮家里干活。

我对每个孩子都说，你们一定要上学，爸爸一定努力送你们每个人都去上学读书！

在我家周围的那些人家都不支持孩子上学，孩子上到五年级或者七年级就让他们辍学回家，帮家里干活。而我的家庭却不一样，每天早晨我家的孩子们都去上学读书。这也使他们那些人不怎么喜欢我家，特别是屠宰场那家人经常会找我们的麻烦。

他们那些人看到，在最困难的时候，我也没有让孩子们辍学，每个孩子都还在上学读书，这也让他们更嫉妒我们家。孩子们放学回家，总要从那个喜欢找事儿的杀猪人家门口经过，经常会遭到杀猪家的工人或孩子们的讽刺和挖苦，有几次甚至发生了比较严重的冲突。最严重的一次是由于我家的狗对着那家屠宰场的一个专职屠夫叫，这让他非常生气，以至于他一把抓住我家的狗，把它给活埋了。汉洲出去骂他，却被屠宰场的流氓追着踢。

人穷，连养的狗都要受欺负啊！实际上，如果他们不喝酒、不赌博、不大嚷大叫，我想狗是不会对他们吠的。如果那只狗不是我们家的，恐怕也不会被如此残忍地杀害。那只被活埋的狗是汉洲最喜欢的，所以他才会那么伤心、那么生气，以至不能控制情绪。特别是当他知道杀死狗的那个人是谁的时候，更无法冷静了。我看到自己的孩子被欺负也一样不可能忍气吞声，我就说："甭理那帮家伙，谁做了什么坏事，将来一定会得到报应的。"

还有一次情况也比较严重，他们认为我们把他们赌博的事情报告给了警察，于是那个屠夫就拿着刀子追汉洲，吓得他气喘吁吁地往家里跑。看到这，我非常生气，准备叫那个人出来单挑。尽管那家屠宰场有七八个工人，还有枪，而我却只有木棍和刀子，但看到孩子受欺负，做父亲的也没什么好怕的。我准备出去找他们算账的时候，受到好友的劝阻，才没有发生流血事件。

有一次，他们那些家伙把我家的围墙作为靶子练习打枪。这件事他们做得极为混蛋，因为这样做很危险，而且开枪的声音也很大。我知道，他们是故意的，他们就想我和我的家庭不得安宁。结果也真的像他们期望的那样，他们的所作所为不但使我们家不得安宁，而且还使我们的财产遭受了损失。一颗子弹打到我的电视机上，电视机被打坏了。从那时起我的电视机也就再也不能拿去当铺了。

屠宰场那些流氓的纠缠渐渐增多，我也不得不忍受着，更还要处处小心，当心不被他们伤害、欺负和骚扰。

最终他们为自己的所作所为付出了应有的代价。

那个特别喜欢找麻烦、骚扰我们并杀死了我们狗的屠夫，因为打牌起争执，枪杀了做皮包的邻居。还好那天我没有让孩子们去掺和，而且很幸运的是那件事情发生在我家的围墙之外，所以我也没有受到牵连。

从那以后，杀人的那个屠夫跑路了，所以巷子也变得安静了许多。那伙人中，有的人得了很严重的疾病，有的人发生意外死掉了。

发生的这些事，使我相信：无论谁做了什么坏事，那么最终是要付出代价的。还有就是环境很重要，"近朱者赤，近墨者黑"。

橡胶拖网滚轮价廉物美，深受渔民们欢迎。订单纷沓而至，我们不得不日夜赶工，增加产能直到每天产出1万个

37

橡胶拖网滚轮使生活发生巨变

大约在1967年，我的生活有非常大的改善，另外，在生产橡胶拖网滚轮方面，汉洲学到的化学知识给予我很大的帮助。就这样，每样事物都交错而至，并成为改变我生活的一把重要的钥匙。生意上的这种变化，使我积累了更充裕的周转资金，我用利润将所有的债务都还清了。

那时候汉洲上高三，正在准备考大学。其实在上初中的时候，他就对我所做的生意产生了浓厚的兴趣。尤其是在我做进出口生意的时候，他经常这样问我：“生意好吗？这个生意怎么样啊？”我就把我知道的事情以及在生意中遇到的问题一并讲给他听。有时候他知道爸爸要面对如此多的困难和肩负如此沉重的负担，也会感到紧张和担忧。他总是想尽自己的最大努力来尽可能多地帮我分担家里的负担。除此之外，在各个方面他都是弟弟妹妹们的好榜样。

那时候起，我就看到了他在商业方面具有潜力。但是，因为我对现在从事的生意也只是一知半解，所以就只好对他说：“我们很快就会富起来的。”我这样说，一方面是为了安慰自己，一方面是为了让他不必过于担心。

如果说到致富，在那个时候，我还真的没有看到有什么生意能够使我致富，我把目光瞄向了彩票，我希望自己能够中一次大奖。每期的彩票我都会买，但每期只买一张，不会花很多的钱，可是每次希望都会化为泡影。我们只是想着“想要变得富有”，但是却从来没有“真正富过”。那时候“我们很快就会富起来的”这句话，在生意真正获得成功之前，经常被我和汉洲两个人拿来当玩笑说。

汉洲上高中的时候，不论是在体力方面还是在出主意方面，都担当起重要的角色。他经常和佩琴一起开着车到处去接送上下学的小孩子，还一直帮我联系生意。汉洲那时候的学习任务很繁重。他每天早上七点钟就要去学校，放学之后，他还要去补习中文，一直到晚上九点钟。他补习中文每个月的学费是50铢，有的时候家里没有钱，他就不得不先让自己的朋友帮忙交学费。

那时候，他很努力地学习，因为他开始认识到知识的价值。对自然科学和化学知识的接触，以及阅读各种中文书籍，使得他更深入地了解到各个方面的知识。另外，他会好几种语言，能够阅读各种不同语言的书籍——这也使他能够阅读国际上各种最新的工业知识书籍，从而获得了宝贵的知识。

尽管有丰富的学识，但有时也要凭借自己的运气。汉洲虽然掌握了很多的理论知识，但是如果没有好的运气或者时机，那么他顶多也就是一名科研人员，而不能像现在这样成为一名企业家。

我做梦都没想到，从事拖网的生意，会使我成为橡胶拖网滚轮模具的所有者。一个偶然的机会，一个卖橡胶模具的人找到我，跟我商量出售橡胶网坠模具的事。做渔用拖网生意的人都会用到这种产品，海上捕鱼每次拖网撒的范围很广，因此需求量很大。他不用投资，所以愿以5 000铢的价格出售给我。虽然那时我没有多少钱，但是商人的直觉告诉我，这个行业前景很好，如果做成功了，就会有大量的客户。当时做这项生意的人并不多，因为生产出正好能使用的产品不是一件容易的事情，橡胶轮的孔隙如果过于狭窄，就是废品。这是一项极其精细的工作，非常具有挑战性，需要一边做一边改进。

最初，我们每天每台机器只能生产100个橡胶轮（每个橡胶轮的价格大约是3铢）。后来改进了，每台机器的产量渐渐增加到600个。产量在不断增加，以至不得不将橡胶成型机变成油力带动作业。这些都是汉洲想出来的。那时候所知道的同业的竞争者每天每台机器的产量才不过100到200个。所以我们虽然初期的投入较低，但是产量高。

橡胶拖网滚轮，最初一人操作一台机器，每天只能生产100个。汉洲使用工程学原理改良，并改良了其化学成分后，每天每台机器能生产600个，这也让我们保持了市场份额

在不长的时间内，我们的橡胶拖网滚轮的产量就增加到了每天几千个，客户购买的数量也在持续地增加，供不应求。所以，油力橡胶成型机一直没有停止运转过，这也就意味着我们有更多的利润收入。

虽然橡胶拖网滚轮生意取得了成功，利润在不断地增长，但汉洲并没有停滞不前，他经常思考怎么做才能够提高生产效率和降低成本。他每天都专心致志地查阅各种资料，反反复复地做实验，从中探索可以提高产品质量、提高生产效率和降低产品成本的方法。

那个时候，橡胶拖网滚轮和正规的捕鱼工具都要从国外进口，这样价格会比较高。而我们生产的产品不仅价格便宜，而且质量也和国外的差不多，有些产品甚至比国外生产的质量还要好，所以我们的产品被大家认可，销售量逐渐增加也就成为很自然的事情了。

几年以后，我们的橡胶拖网滚轮的日产量更大了，每天每台能够生产10 000个滚轮。这是这一行业最繁荣时期的最高产量了。

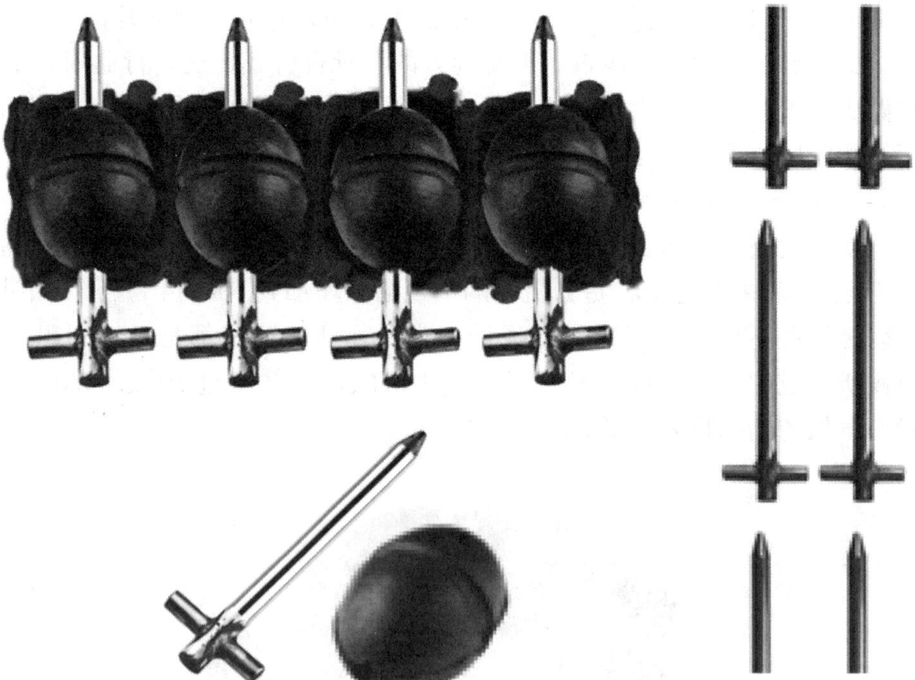

生产橡胶拖网滚轮，让我进入一个新的领域，这是一件做梦都没想到的事

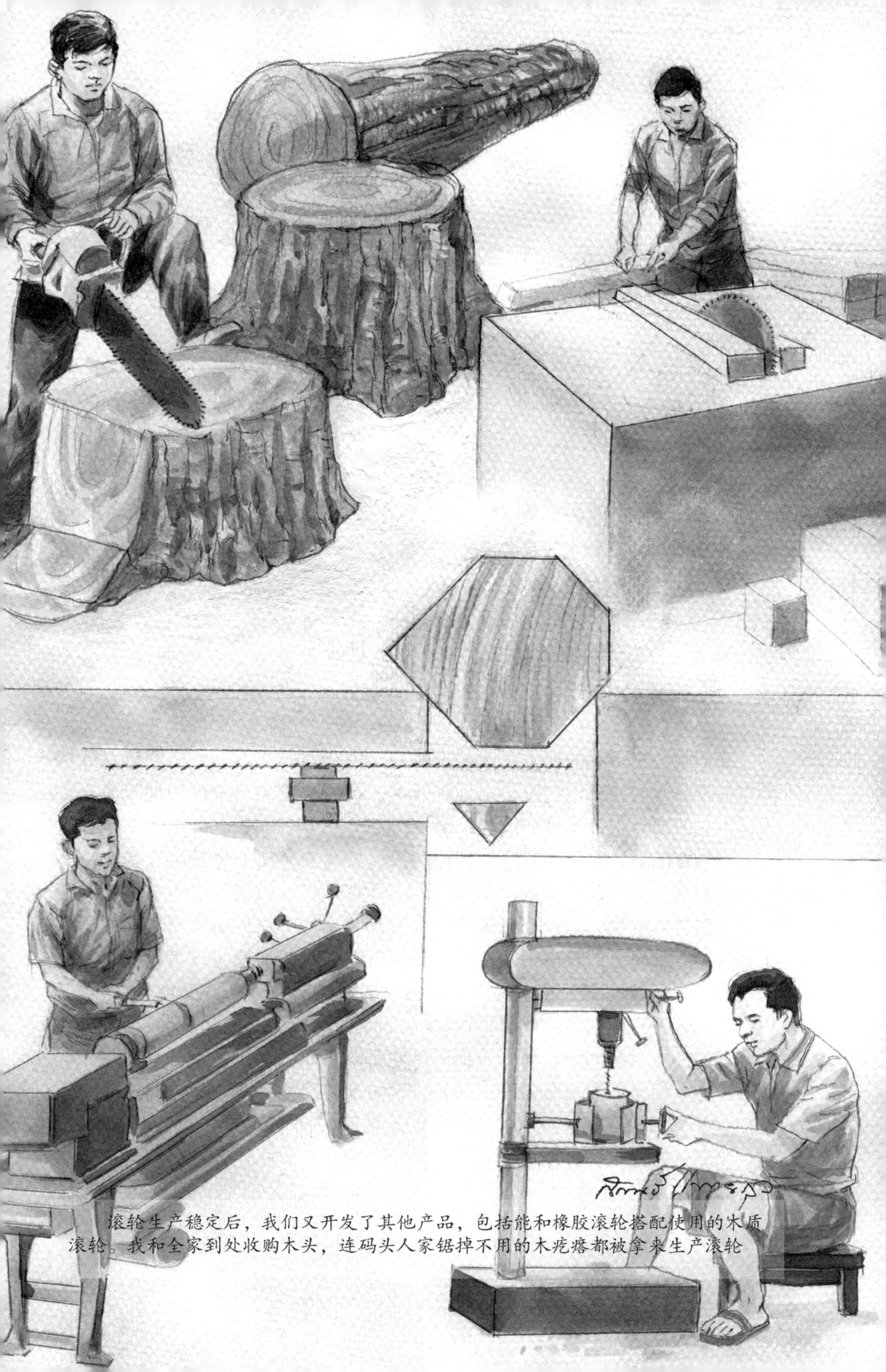

滚轮生产稳定后，我们又开发了其他产品，包括能和橡胶滚轮搭配使用的木质滚轮。我和全家到处收购木头，连码头人家锯掉不用的木疙瘩都被拿来生产滚轮

38

新产品“木质拖网滚轮”

后来汉洲又开发出新产品——木质拖网滚轮，这个产品可以跟橡胶拖网滚轮一起使用。我们由于需要的木材数量巨大，所以就要求价格不要太高，以节省成本。我、汉洲、佩琴和秋梅不得不到处去找木头，买回来作生产原料。寻找木材过程中也使我们了解到，在出口红树的港口，那些被砍掉废弃的树尖儿价格非常便宜，起初根本不用花钱购买，只要雇人直接运回来就可以了。

我们找红树尖儿的地方一般是在越玛哈翁寺、拉玛六路、散隆以及孔堤港口一带。有时候我们会跑很远到廊开府去寻找原材料——因为那里有很多种树木，河边有很多木材加工厂，比寻找红树尖儿还方便得多。

运气好的话，我们会意想不到地获得一些木料。比如那些沉在水底的木料。它们都是一些没人要的“树尖儿”，可能有些人得到这些木头后将其扔到港口附近的水里，这样才使这些木头沉到了水底。这些木头有些在水下泡了好几年，甚至有的长达十几年。于是我就花一点钱雇船主或者负责那一块儿地方的人把这些木头打捞上来。有的时候我们甚至不花钱就能得到木料，因为那些人正在为如何处理而犯愁呢。

我们的橡胶拖网滚轮和木质拖网滚轮都卖得很好。虽然从早到晚做很繁重的工作，但是我们每个人都很快乐，都希望这个生意能发家致富。大一点儿的孩子也开始懂事，知道自己的责任是帮助父母工作。从学校放学后，他们就来帮忙搬这搬那，帮忙拖地擦楼梯，洗袜子洗衣服。

大女儿陈美玉 19 岁时摄

旧式的木屋，是我以前的工厂，也是我的一家还有几十个工人的住所

两个女儿在工厂门口的货车前合影。左：陈美琴 17 岁；右：陈美莲 15 岁

做完这些之后他们就去工厂里面帮忙。他们在工厂里主要是拿着剪刀修剪橡胶拖网滚轮，以及将橡胶拖网滚轮或木质拖网滚轮用草绳穿成串，每串穿十个，然后再装进麻袋，封口，并写上顾客的名字和地址。当需要将这些产品送到外府的时候，孩子们经常就成了送货的人。

这些孩子大清早要去学校，还没睡醒就被叫了起来。起床后他们各做份内的事情，如收拾被子、蚊帐和枕头等。这些都做完之后，他们就争先恐后地去洗手间。当秋梅给孩子们准备各种东西的时候，佩琴就马上到厨房里准备一些简单的早饭，让他们吃完好去上学。

有的时候我根本没有机会看到家里这种混乱而充满生活气息的场景，因为天还没亮我和汉洲就到工厂里去忙了，家里的事情主要由两位夫人来负责。三个较大的女儿要帮着小的收拾东西并送他们去学校。

孩子们吃完饭，穿着打扮好之后，就拿着书包上车。有的时候是面包车，这主要看那天是哪辆车停在家门口。佩琴开着车送大大小小的孩子们去学校，把孩子们送到学校后，她再回家。

回到家以后，佩琴有时候还要跟我一起去联系业务，或者开着车四处送货。如果哪天她要去外府，那么接送孩子们的任务就交给孩子们当中的哥哥姐姐。大多数的时候都是大女儿陈美玉、二女儿陈美琴和三女儿陈美莲。

如果佩琴是在曼谷市内联系业务，那么她就以最快的速度把所有的事情做好。但并非总能按照自己的计划来行事，因为有些客户拖拖拉拉，这很浪费时间。有的时候我们要在三点半银行关门之前筹到钱存到债主的账户内。

说到筹钱还债，我现在还隐隐感到痛心。有一次，我曾跟人借钱，他的月利率高达百分之四，我们必须要借钱所以就接受了。那天，我们要拿钱存到另一个账户，在电话里商量的结果是我们可以按照约定的时间去拿钱，但当我们如约到达的时候，他却让人告诉我们他不在。我和佩琴就坐在那里等他，等了又等，直到银行快要关门了他才现身。我和佩琴恳求他快点把钱借给我们。拿到钱的时候我们心里还是很着急，几乎快要疯掉了，不明白他为什么要如此为难我们。那天佩琴凭借熟练的驾驶技术将车开得很快，因为我们要在银行关门之前赶到。我承认，她的驾驶技术是很精湛的，她不但开得快，而且从未出过交通事故。

佩琴驾车熟练是因为她每天的工作就是开快车——她要按约定的时间到达客户那里，拿到钱后要跑去银行，再跑去接放学的孩子们回家。每天傍晚，不论在哪里联系业务，一到放学的时间，佩琴就立刻去接孩子。因为她知道孩子们在学校一定等得很着急，很饿了。孩子们毕竟还小，有些顽皮，等的时间一长就会自己跑到一边玩耍，当佩琴到学校之后，就不得不找很长的时间。

后来她跟孩子们规定说：“如果我来到学校找不到谁，那么就把他扔在学校里面过夜。”这一招果然奏效，之后，孩子们就不敢再跑去较远的地方玩了。

那时我们的资金状况还不太好，好几次佩琴去学校接孩子，身上都只带20铢，当看到汽车的油要没了，她就拐进加油站，告诉加油站的员工说：“我加10铢的油。”

那个加油站的员工就会看着她问：“您为什么不加20铢的呢？”

那时候一升油才2铢10泰分，大部分人都一次性加20铢的。

佩琴回答说：“只加10铢的。”因为她要留着剩下的那10铢给孩子们买粿条吃。幸运的是那时候粿条还很便宜，小孩子的一碗才两三铢，10铢就能让孩子们吃个小饱。孩子们都还在上小学，没有太多的想法，对他们来说，有东西吃很幸福，所以经常边吃边玩。后来，佩琴又要求他们在规定的时间内必须吃完，吃完了立刻上车，因为她还有工作要去做。

我想，我所有的孩子可能还没有忘记那段吃粿条的时光，那段用原本加油的钱去吃粿条的时光。

到家后，不用做作业的孩子就开始调皮捣蛋，不是玩就是看电视；有作业的孩子就拿出书本来做作业，大一点儿的姐姐就帮忙照看他们。天快黑的时候，如果没有什么生意上的事情，我们大家就坐在一起吃晚饭。饭菜通常都是豆腐炒豆芽、猪血煮芥菜肉末，还有炒空心菜、炒鸡蛋、蒸巴突鱼，巴突鱼每个人只能分到半条。这些菜做起来比较方便又节省，也是我们经常吃的。

老式的锯木方法非常危险，一不小心就会把手指给锯掉。汉洲改良了电锯，将锯片藏在木板下（见右图），降低了事故发生的几率，工作效率提高到原来的5倍

木质拖网滚轮，用码头人家锯掉不用的木疙瘩制成。汉洲不断改良后，生产速度提高了，作业更安全，价格更实惠，卖得也更好了。汉洲感到很自豪，自己改进了锯木工艺，滚轮从原来的四方变成八面

生产海上用木质拖网滚轮，标志着我们正式进入渔业工具生产行业

那个年代所使用的拖网环全部靠进口，我和汉洲看到了这个商机。汉洲尝试着自己研制拖网环，最后真的获得了成功——我们生产的拖网环质量比进口的还好，价格却更便宜，这让我们迅速占领了市场。目前，这项技术已经传播到全世界各地

39

拖网环带来的迅速成长

拖网环就是拴在拖网上使拖网口能够打开的环。当需要把网中的鱼拉上来时，这个 O 形的环就要特别坚固，因为它除了要承受拖网本身的重量之外，当放到海水里的时候，还要能够承受数吨鱼的重量，而且还要抵抗海水的腐蚀。

当捕鱼业繁荣发展的时候，我们又开发出了一项新产品。这项产品给我们带来了很高的声誉，并使我们成为世界上唯一生产这项产品的工厂。

这项让我和全家都感到骄傲的产品就是拖网口撑开环，或者叫做“拖网环”。生产拖网环的工序非常复杂，要使用很好的生产设备以及特种尼龙材料，最重要的是要有好的生产技术和工艺。通常这种拖网环要从瑞典和日本引进，因为业界普遍认为这两个国家生产的产品质量都非常好，人们也都比较信赖。泰国渔民每年花费几百万泰铢从国外引进这种产品，我和汉洲刚开始从事渔具生意的时候，就了解到了这件事情，还谈论过。汉洲开始对此特别感兴趣，他决心一定要把它成功生产出来。

汉洲开始寻找合适的材料来做拖网环。一开始他用橡胶和塑料来实验，后来又改成用金属来做。最终，他用金属和塑料搭配，终于成功地制成了拖网环。

不光是选材，在外形上，他还设计了好几种样式。然后他就做出一些样品，拿给那些做渔网的人，让他们提一些建议。集合大家宝贵的建议之后，再结合实验，最后聪明的汉洲得出结论，拖网环一定要坚韧富有弹性，要光滑、不伤渔网，在承受重量的时候不变形，最重要的是能够抗住海水的腐蚀。

汉洲发明的 HKA85 型拖网环，质量好于进口产品，价格只是进口网环的一半。左图为汉洲开发的拖网环，里面有铁丝加固；右图为国外进口的拖网环，里面无铁丝加固

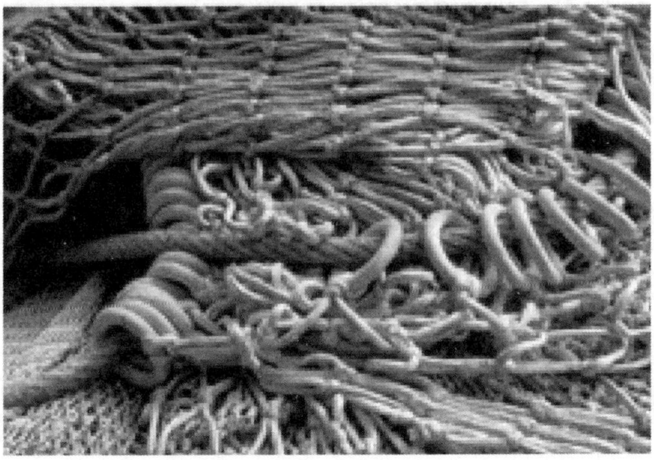

重力测试，在同样条件下，汉洲改进的拖网环能保持圆形形状，而进口的拖网环则发生严重变形。在实际运用中，这种形状的网环根本不能使用，渔民们要全部将变形的网环剪掉换新的

一个又一个的样品中，汉洲还在认真地、反反复复地试验产品的各种性能和质量，并且拿这些样品跟国外的产品进行了长达一年的比较。他检验的场所设立在工厂里。检验的方法也很简单，拿织渔网的绳子在样品上来回摩擦进行上百次，然后再用渔网绳将样品与国外的产品绑在一起来称重量，大多数时候重约50公斤的渔网绳一捆捆地被放到里面。

我还记得，除了用一捆渔网绳外，还要工人和孩子们一个个地站上去以增加重量直到拖网环变形为止。终于有一天，人们欢呼起来了："成功了！成功了！"欢呼声中夹杂着高兴的笑声。

汉洲终于成功了。他发明了用塑料包裹金属制成拖网环，塑料包裹金属是为了在捞起很重的鱼的时候不至于损坏拖网，如果只用金属这一种材料，那么拖网就很有可能被刮坏或割坏，金属也承受不住海水的腐蚀。金属结实和光滑，塑料又抗海水的腐蚀，将它们结合制成的新一代拖网环，物美价廉。

产品生产出来推广到市场上，不到一年的时间，就被广大的顾客所接受。到1970年的时候，我们的这个产品就世人皆知。由于这个产品跟国外进口的比较，不但质量好而且价格便宜，所以订单也是如雪片一样飞来。尽管如此，我和汉洲都没有想到的是，这种用塑料包裹金属制成拖网环的技术，在当时是非常超前的，我们生产出来的拖网环也是世界上第一个塑料包裹金属的拖网环。

想要产品卖得好，并且能够迅速地占领市场，我们还是要出去推销产品的。我们跑过达叻府、尖竹汶府、玛哈猜……可以说足迹遍布全国几十个府。没用多长时间，我就成了泰国屈指可数的顶尖的渔具生产者之一。生产渔具的生意也给我带来了可观的利润收入，这些收入使我还清了所有的债务，还有更多的资金来建立足够大的工厂来生产产品。

直到后来，我的银行里还有了一千万的存款，这也使我成为一位名副其实的富翁，与此同时，我也完全结束了木制门窗的生意。

如果没有汉洲的技术、知识和能力，那么只凭借着我自己的那点儿经验，恐怕是不能够有这么好的成绩的。甚至可以这样说，没有这个艰苦奋斗的儿子给我帮忙，我们是一定不能取得像今天这样的成功的。

直到今天，汉洲都是管理这个上百亿家族生意的主要掌舵人。

汉洲上大学二年级时（1970 年），在自己买的福特车前摄。这辆车价格约 7 万铢，是用销售木质拖网滚轮和拖网环的收入买的（那时的汽油价格大概在每公升 3 铢左右）

我们用销售 HKA85 型拖网环得来的收入，买了全家的第一辆小面包车

我们的拖网环及在市场上出售的拖网环的包装

生产的渔具很好卖，我们不分昼夜地工作。汉洲不愿意放弃上学的机会，他一边工作，一边应付沉重的学业，我为他感到自豪

40

工作虽繁重但坚持学习

虽然生产橡胶拖网滚轮、木质拖网滚轮和拖网环的生意取得成功之后，家里的经济状况已经开始好多了，但我和孩子们以及妻子依然要从事着非常繁重的工作。尤其是汉洲，他不但要分担家里繁重的工作，而且每天还要到学校上学。

那时的生活充实而值得回顾。每天，我和汉洲早上 5 点钟起床，照看工厂里的事务，管理工人以及生产设备。汉洲是我最亲密的助手，但有趣的是，他虽是助手，但知道的比我多。这主要是因为他把学来的知识运用到了所从事的生意当中。汉洲有技术，我有经验和阅历，我们两人一起合作，事业一天比一天兴旺起来。

汉洲经常积极寻找更好的方法来改进产品、降低生产成本。他将大部分时间都用在了工厂的生产事务上，以至于不能够全力看书、复习。有的时候，他工作着就不知不觉地睡着了。劳累到这种程度，也就根本没有时间做作业了，所以他的学习成绩并不是特别好，但也还没到特别差的地步，因为他很聪明。

汉洲考大学的时候，其他的同学都去补习，并且将全部时间都放在备考上。但是他不能那样做，他只是埋头于工作，时刻不离我的左右。每天大清早他就要去工厂照看那些生产设备。有些时候机器出了问题，不能工作了，如果不是太严重的话，一般都是我们自己动手修理，这时候修理工就是我和汉洲了。

有的时候修理机器的时间过长，他就来不及按时上学，不得不迟到或者就干脆不去了。除此之外，为了能够销售产品，每年他还要去泰南五六次，每次最少也要 10 天的时间，这更使他没有时间学习。学校要求参加考试必须达到的 70% 课时，汉洲只学了 60% 的课时，差点儿都不能参加考试。很幸运的是他得到了一位老师的帮助，那位老师说汉洲并不是差劲的学生，他缺课是因为要帮助家里做生意。

汉洲参加了考试，也通过了考试，但由于没有时间读书，没有时间去上补习班，各个方面都没有准备充足，所以他还是没能考上公立大学。

我知道他很伤心，如果不用帮助家里工作，他完全能够凭借自己的聪明和刻苦考入著名的公立大学继续深造。我自己也很伤心，很同情我的孩子，他失去了一生中继续深造的好机会，并不是因为他很差，而是为全家人牺牲了自己。他知道现在所做的工作能够帮助父母、弟弟妹妹拥有更好的生活。

我只能安慰汉洲说："你考不上，不是因为你不优秀，而是因为你把大部分时间都用在工作之中，以至于没有时间读书。有得必有失，鱼和熊掌不可兼得。不能去读公立大学，那么咱们就去读私立大学。在哪里读都一样，只要我们努力用心，也就一定能够学业有成。"

汉洲最后选择了位于老素坤逸路的格勒大学经济学系。虽然上了大学，成为一名大学生，但是他还花很多时间在工厂里，照看工厂里的机械设备。在工作特别忙的时候，他依然不得不旷课，但是他会让同班同学帮忙拿学习资料，或者让朋友帮忙补习。

整天埋头于工厂的工作，使他承担了超乎年龄的责任，这也使他看起来更像一个大人。其他年轻人每天吃喝玩乐，没钱了就伸手跟父母要，但是汉洲每天都忙于工厂的工作。对于与他同龄的年轻人来说，可能会把工作看成是一味苦药；而对于他来说，工作就像是一块甜点。

他倾注全力于工作中，不但要照管工厂，还要经常排除机械设备的故障、照看原料，除此之外，他还要分出时间去认真研究书本上有关橡胶和塑料设备的知识以及各种降低成本的方法，可以说他几乎成为了这方面的专家。

汉洲曾经得到一本有关橡胶工业技术的中文书籍，虽然是全中文本，但是他依然能够弄懂内容，这得益于他自小学习中文。

由此看来，当初我让他去学习中文是明智的。当初并没有期望会有多大的用处，直到现在才看出了它的价值。那本书是由俄文翻译成中文的，而实际上这已经是第二次翻译了，因为这本书的原本是德文的。

汉洲一边从书本上学习知识，一边进行实践，反复调整橡胶原料的配方，以便找到更好的生产方法，降低生产成本，于是他一直寻找并购买所有与塑料和各种工业技术有关的书籍。这些书大部分都是中文或英文写成，虽说并不能很轻松地看懂，但还是买来，有些书他要读上两三遍才能够明白，什么橡胶或塑料的渔具产品会更有市场，或者是顾客急切需求的。如果花费不大的话，他都亲自尝试，这些举措使得工厂能够不断地有新产品推向市场。单单浮子（有时也叫做浮点）这一个产品，我们就开发了很多种类：有直径2寸的鱼牌虾网的浮子，有直径4～8寸的海豹牌拖网浮子，以及有PPP牌的用塑料代替竹子做成的织网工具，这个塑料的织网工具很难坏。

汉洲能读懂中文版的工业技术书籍。那时候让他学中文，根本没想着要有多少回报，但现在看来，益处很明显

中文版的塑胶专业书籍，尽管读起来不那么好懂，但确实非常实用。现在汉洲现在已经成为泰国塑胶工业界的榜样

在我48岁的时候，我们做的拖网浮子销售到沿海的各个渔具店（我身旁是生产浮子的塑胶材料）

刚开始在孔堤做浮子，主要是想验证它们好不好用，会不会进水。我和汉洲几乎整天都在那里检验——将浮子在水里泡上24小时，然后拿出来贴近耳朵摇晃，检验有没有水进到浮子里，用这种方法把好的跟坏的分开。进水就说明这个浮子是坏的。如果一捆中坏的浮子太多，那么就要一个一个地放到水里检验。汉洲会亲自检验浮子漏的地方，寻找解决方法，直到确认每个浮子都不漏水为止。

捕虾用的鱼牌浮子，投入市场才几个月，销量就从几十万个上升到几百万个，几年后卖到上千万个。后来，因市场上充斥了大量质量低劣、价格极为便宜的同类浮子，不得不停产

海豹牌浮子既好用，价格又比进口的便宜很多，供不应求。这要感谢聪明的汉洲，他十分注重产品的细节改良

浮子最令人担心的是进水，特别是进入深海后，浮子不能漂浮。要保证完全不进水，就要细致地研究浮子的结构，不断改良

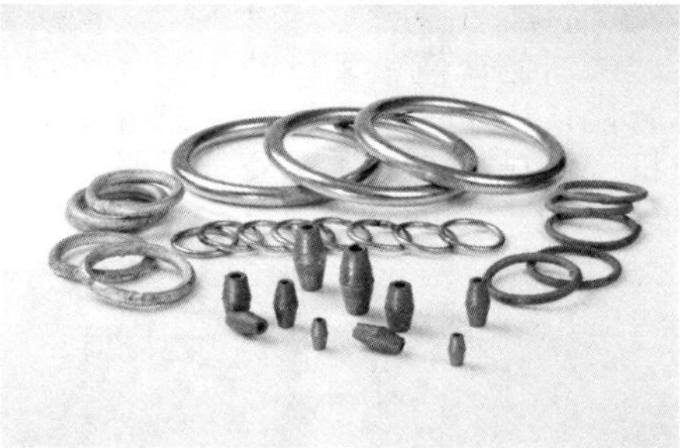

为了丰富渔具市场，我们最初做的是橡胶产品，后来做塑料产品，最后，也生产金属渔具，包括铁环、铅环等

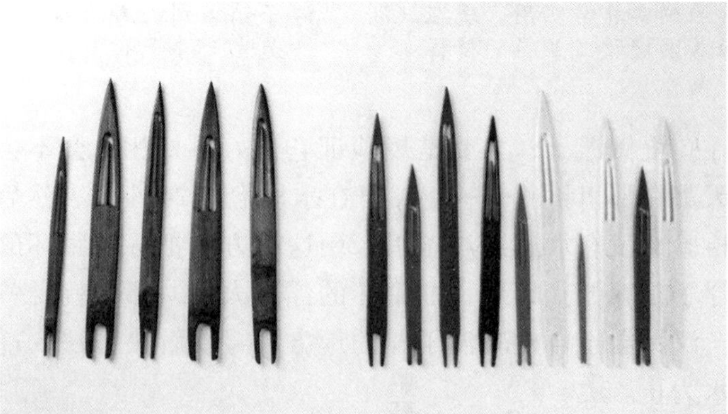

竹制梭子和POM塑胶梭子，这是汉洲的一项发明，取名为Pawalon

梭子是用来修补渔网的工具，以前这种梭子都是用竹片儿制成的，但用不了多久就会断掉，POM 塑胶制作成的梭子则很不容易被折断

我们还郑重承诺，如果在使用浮子过程中发现漏水或者损坏等质量问题，马上就可以拿给我们退换。

专心致志做浮子的那段时间是很忙乱的。但在忙乱的同时也同样快乐，因为生意一步步兴旺起来，我们可供周转的资金也越来越多。

海豹牌浮子的销路很好，几乎供不应求，原因就是那段时间国外的同类产品价格非常贵，顾客都承受不起。而国内其他品牌的浮子很容易坏掉，而且漏水的特别多。相比之下，我们的海豹牌浮子跟国内外同行业的产品比起来，完全可以说是物美价廉的好产品。之所以能有这样好的品质，首先要感谢汉洲精细的工作。

我们的生意可以说是发生了翻天覆地的变化，以前都是我们去联系客户，把产品先卖给他们，等以后再收钱。但现在，客户都是来找我，提前把购货的款交了，然后等产品生产出来之后直接发送给他，因为他们害怕不能从我这里买到产品。

泰南的客户已经把汉洲叫做“老板”了，而不是以前的“小弟”了。

1975年拍摄的全家福，包括日本籍的准儿媳妇关谷君枝。那时候她来旅游，并了解我们家的境况，随后第二年她与汉洲正式结婚

41

全家人都在奔波劳碌

回首往昔，反观现在，我的生意已经发生了翻天覆地的变化，它在不断地繁荣壮大，最终使得我的家庭生活也发生了巨大的改变。

做渔具生意的那段时间，是最忙的一段时间。产品热卖，我们每个人不停地工作，各种事情纷纷而来，一直没有间断过。我们每天都手忙脚乱，因为要生产足够多的产品以满足顾客需求。我把精力放在照看、管理公司上。这并不容易，我要周转资金，找能够贷款的地方，与此同时家里也还有很多事情要我处理。

作为一个大家庭，那时候孩子们都还小，只有汉洲和三个比较大点的女儿能够帮忙分担一些家务。

汉洲是我不可或缺的帮手，负责工厂里生产技术以及更新产品等方面的事情。三个女儿主要承担照顾弟妹、做饭、洗衣服以及家里其他的和工厂里的各种杂碎事情。

每天孩子们要去上学，准备上学前和放学回家后一定是家中最忙乱的时间。

妻子依旧为孩子和家里的事情而忙碌不停。秋梅是家庭主妇，负责家人的饮食，洗熨衣服；但另一方面，她在生意中担任很重要的角色。例如，她是公司生产方面的经理，负责照看生产和工人以及招工。

佩琴在生意中也一样肩负重要的责任。她主要是负责销售、送货以及寻找买家，将钱存进银行，还有开车去联系各种业务。每天早上她要照看孩子洗漱、吃饭，然后开车送他们去学校。

我和汉洲生产并销往全泰国的渔具产品

每一件渔网上都有我们的产品，包括橡胶拖网滚轮、木质拖网滚轮、浮子、铁环等

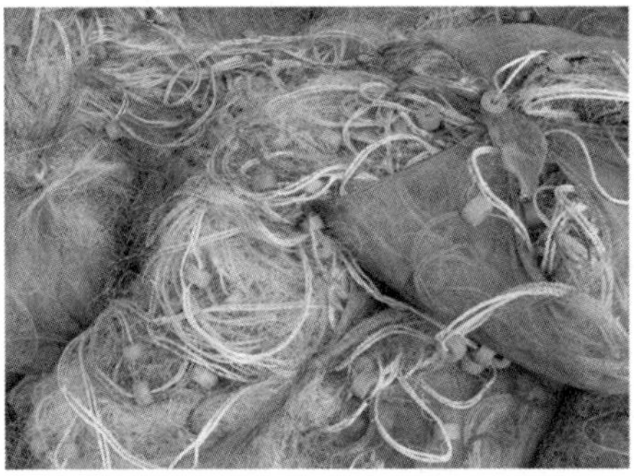

捕虾用的三层渔网，鱼牌滚轮是不可或缺的一部分

泰国的拖网在全世界都是数一数二的

1979 年以前泰国的渔业发展很快，深海渔业在全世界排名第 7 位，那时候与渔业有关的所有生意都很兴旺

渔业码头，从渔船上卸下来的鱼在这里被按种类、大小分类，同时这里也是给鱼估价的地方

佩琴开的是工厂的皮卡车或者面包车，只有这种车才能装下我所有的孩子。她开车送孩子去学校时，不了解的人会一直盯着看，要不就是用疑惑的眼光看着她，因为在那年代，女人开车几乎是没有的，而且她才20多岁，就开车送这么多的孩子上学，也确实是件很奇怪的事情。

我想，人们疑惑最多的应该是，这位女士怎么这么年轻就生下这么多孩子？

当把孩子送到学校之后，佩琴就要马上回来跟我一起去联系各种业务，开始一整天的奔波，甚至连喘口气的时间都没有。

下午放学，她又要去接孩子们回家。把孩子送回家之后，还不能休息，还要出去继续把工厂剩下的工作做完。直到天黑她才回到家。这时她还不能休息，要帮助秋梅做家务。有的时候，她要开车和秋梅一起到外府送货，不论路途有多远，她都从来没有怨言。

每次妻子到外府送货，都会买一些当地的特色食品带回来，有时也买一些当地特有的水果。每次她们买东西都是一筐一筐地买，不论是红毛丹、芒果、橘子还是榴莲，从来没有论斤买过。

有时给渔民们送货，如果正赶上渔船刚打捞回来，那么她们也会买些海鲜回来，如牡蛎、巴突鱼、毛蟹等，在家里自己做着吃，孩子们都非常喜欢。因为在那个年代，我们家还不是很富裕，没有机会吃价格昂贵的海鲜。

总之，我们每个人每天都这样手忙脚乱地工作。

那时候，我们做的渔具生意主要有浮子、沉子、拖网环以及其他几十种产品。尽管每天又忙又乱但其中有着值得回味的快乐。金钱如流水一样地涌来，那些直接预付的现金让我们数得几乎手软。

尽管现在孩子们都长大了，每个人都有自己负责的公司，尽着自己应尽的责任。但是每当想起他们小的时候，家里那种忙乱的景象，我还是觉得非常有成就感。

无论是怎样的繁忙、劳累，到现在都使我感到无比的欣慰，以前那些辛苦和劳碌的景象也常让我感到无比的温馨。

阔别家乡28年后，我于1974年第一次回到老家，那是我这辈子最激动的一次行程。我20岁从中国来到泰国，等有机会回家探亲访友，已经是48岁了。图为我的家人和亲戚们在曼谷廊曼机场为我送行

42

第一次回家乡探亲

当事业取得一定成绩之后，我也慢慢地有了回中国看一看的心愿。我很想念三位哥哥以及其他亲戚们。一别近30年，我曾收到他们的来信，信里说他们的生活依然像原来那样贫困，虽然还没到饿死的地步。我一直放心不下，常常想：他们现在过得怎么样？

一直等，直等到中国政府出台政策，允许华侨回国探亲。我听到这个消息非常高兴，决定马上回国探亲，即使一个人也要去。于是我通过交换站写信给哥哥，跟他简单地约定了一下回国探亲的事情。无奈的是，这封信花了将近一个多月的时间才送到，我甚至都比它先回到中国。

1974年2月，我在生产渔具的生意上取得成功，生活境况好起来，才有机会第一次回到中国去探亲。那年我48岁，离开家乡已经整整28年。可惜父母早已离世，他们没有机会看到小儿子在泰国取得的辉煌成就。我非常想回中国，在他们的坟前烧炷香、磕个头。

能够回家乡探亲让我感到十分激动和兴奋，因为终于有机会祭拜敬爱的父亲和母亲，祭祀祖先了！

我准备旅程的时间并不长。1974年2月的一天，我乘飞机回到中国，大家庭中的很多人都来机场送行。

我的旅程计划是从曼谷坐飞机到香港中转，跟顺安旅行社走。在泰国上飞机的时候，我身上揣了一沓钱，用来到香港买东西送给亲戚们。在香港的时候，顺安旅行社的人带领和介绍我们买了很多礼物，除此之外，我根据自己的需要还买了其他礼物，诸如缝纫机、自行车、收音机、钟表、电风扇等。

买这些东西使我在香港逗留了七天七夜。

在香港期间，我住在一家很小的旅社里，一个房间里睡好几个人，床铺是那种三层的，每次我都要爬到上层去睡觉。

那时候香港有一些人是比较富裕的，因为有机会凭借自己的知识、能力和勤奋来致富。而那时候的中国大陆的人们却都是一样的贫穷，暂时还鲜有机会创立自己的事业。

我买了一些副食品如桶装的糖、椰子油、面粉，还有各种衣服包括棉花、厚棉布，因为家乡很冷。还有一些牛仔服和牛仔裤，但中国政府禁止携带这样的服饰入关，因为这些被认为是资本主义的标志。所有的东西花了我近十万铢。这些东西都装在麻袋里，然后用线缝上袋口，并在麻袋上写上名字和地址。一共装了 17 麻袋，还有 100 公斤旅行包的大米。

我从香港坐了大约一个小时的船便到了京北海关。按照当时中国大陆的政策，带这么多的东西入关，一定要经过烦琐而严格的检查。由于有很多华侨回故乡探亲，所有带进中国的物品都要通过海关检查，所以要排队等候，我不得不在这里的旅馆又住了七个夜晚。

京北海关检查得很细致。我从泰国带来的浮子（为了让亲戚朋友们看看我在泰国做什么产品卖），海关也拿出来割开，检查里面是否藏有资本主义的文件或书籍。最后，他们还是扣下我的 17 麻袋东西作进一步检查，我也就没有继续等下去，先行回到了家乡。

从京北来到广州，在华侨旅馆休息了两天。我是一个人赶路，没有朋友相伴；我说的是客家话，其他人说的都是广东话。因此，那次行程我基本上没有跟谁讲过话，备感寂寞孤单。

从华侨旅馆再有一天的路程就到家了。我的路线是，出了广州直走到梅州市，最后到丰顺县。这段路程坐车要 15 个小时。这条路很小很窄、路况很差，有不少日本侵略中国时遗留下来的痕迹，有的路段从战时到 20 世纪 70 年代尚未被修复。我看后一直很纳闷，已经过去 30 多年了，为什么这些道路还没有修复好呢?

我回到了家乡丰顺县，但是还不敢马上进村。尽管我很想马上见到家乡，但毕竟时间已经很晚了，如果现在回家，亲朋好友们一定会来围观，会问我各种各样的事情，恐怕就没有机会睡觉了。于是我决定先打电话给公社社长，告诉他我已经到了，先在旅馆住下。

当我打电话给公社社长之后，他就和另外两个人冒着雨骑自行车来了。见面后我才发现他是我小时候的朋友！几十年没有见面，当我们再次见面时，互相问候拥抱，非常高兴。那天晚上他就邀请我回家，但是我讲由于旅途十分劳累，想先在这里休息一晚，并请他明早来接我。

那晚我睡得很踏实，有一种特别温暖的感觉，可能是由于这里是我的故乡，是我二十多年前生活的地方。

第二天早晨，我还没吃完早饭，公社社长和一个朋友就到旅馆来接我。我坐在他的自行车后座上，行李放在另一个朋友自行车的后座上。一路上，我看到家乡的房屋还是原来那样，不一样的就是更旧了。

看了周围的情况之后，往昔的情景，特别是母亲帮我治疗眼疾的每一个情景，清晰地浮现在我脑海里。母亲用舌头舔我眼睛的情景，我至今还记得清清楚楚，就像昨天刚刚发生一样。

越想越遗憾，我伟大的母亲，还没来得及见到我现在的飞黄腾达就去世了。唯一能够让我心里感到一丝安慰的是，至少我还曾一直寄钱和食品给她，从未断过。钱和食品从唐人街的银信局送到香港，然后再从香港寄送到家里，有时候会花费近一个月的时间。在我不能回到中国的时候，这也算是为报答母亲恩情所作的一丝努力吧。

当我回到家的时候，一开始并没有见到一心想见的亲戚朋友们。后来才知道，按照公社的规定，每个人都需要出去工作，只有一些老人被允许留在家里，因为他们什么工作都做不了了。人民公社就是人民群众都要一起劳动，比如一起耕地、一起在公社的工厂上班。大家一起在一个大锅里吃饭，因此被叫做“大锅饭”。

不久，亲戚们知道我回家了，都从四面八方往我家赶。哥哥们不相信自己的眼睛，他们不相信我真的站在这里，站在他们的面前。我看到兄弟姐妹、亲戚朋友以及村里其他人，他们每个人的脸上都挂着激动的表情。

三哥过来抓住我的手，掩饰不住内心的高兴。28 年前，在我偷偷跑去泰国时，曾经生我的气的四哥曾想去汕头追我，但是被三哥拦住了。28 年了，当年愤怒的感情都随时间流逝了，唯有亲情、一奶同胞的兄弟之情永远都不会变淡。

三哥从青年到中年一直是老师，但当我握着他的手时，第一个感觉就是手很粗糙。这表明三哥一定是从事着繁重的劳动。我很同情和心疼。

中午休息的时候，亲戚们和所有的老朋友得到消息后都来找我。他们跟我一样，是那么的激动和兴奋，我们有太多的话要说，有太多的事情要聊。既有中国的事情，也有关于泰国的事情，大家滔滔不绝，没有谁感觉到厌烦和疲倦。但也有人用奇怪的眼光看着我，我能猜出他们的疑惑：我到泰国几十年，现在回到家乡，难道就只有一个包裹吗？于是解释说，事实上我有给他们带来一些东西，但是在京北海关被扣留检查了，如果没问题的话，稍后他们就会送来。有些好奇的人问我是些什么东西，由于某些原因，我没有照实回答。于是，每个人都一心一意地等待着那十七麻袋的东西。

亲戚们每天的等待，也给家里带来了一些麻烦。因为要做饭菜来招待他们，于是我不得不用外汇券去跟那些不用粮票或者有剩余的人去换粮票，然后去夜市买价格很贵的米、猪肉、鸡肉、蔬菜及各种食品。

在家乡和亲戚们一起生活的日子里，我第一个星期买了100公斤的米，第二个星期买了100公斤的米，最后一个星期买了50公斤的米。我的三四十个亲戚每顿饭都能吃到米饭和猪肉、鸡肉，每天都像在过年。大家很高兴，我也感觉很快乐。因为过去的几十年，大家大部分时间都在喝粥，猪肉和鸡肉也只有到重要的日子比如春节才能吃到。

说到外汇券，我曾听到过一件有趣的事情，是关于中国钱币之间发生的冲突。事情是这样的，有一个日本人，不知道是游客还是来处理业务的商人，住在中国的一家旅馆里，退房时，他掏出了人民币，但是旅馆的工作人员不收。那个日本人拿出的是真真正正的在中国国内使用的人民币，而且没有在国外使用，居然被拒收了，他很生气。旅馆的工作人员告诉这个日本人，他们只收外汇券。

外汇券是过去外国人到中国旅游或联系业务时使用的（大概在20世纪90年代，中国经济开始好转之后才取消使用外汇券）。旅馆收外汇券的原因，是外汇券的价值比人民币高出20%～30%，中国人普遍使用外汇券在友谊商店买东西——这个商店的商品是那时比较流行、市场上又买不到的，只卖给外国人。据说当时那个日本人十分生气，最后，旅馆经理出来解释，费了好大一番力气才将事情解决。由于我用的是用港币换的外汇券，所以没有发生什么问题。

回到我自己的事情上，在等东西的这段时间里，我就给哥哥和亲戚们讲在泰国发生的各种事情，所以基本上没怎么休息。我给他们讲泰国的生活状况，讲家庭和社会状况，以至于我的好几个亲戚要来泰国。他们想象着在泰国钱会从天上掉下来，泰国赚钱很容易。但是我没有讲致富之前那段穷困潦倒的日子给他们听，他们不知道那段生活是多么的困顿。成功并不是那么容易的，不但要有头脑、勤奋、忍耐，还要有机会和运气。

在家里等了两三天之后，那十七麻袋的东西终于到达了同康乡，但还没有到家。去拿东西比较困难，要两辆车才能运回来。在装车之前由七个身强力壮的人先一袋一袋地搬到马路边，然后再装车。把东西运到家里，费了老大的劲，大家都疲惫不堪。

当时我的家乡还不太发达，有很多穷人。我以为东西一定会被偷走一些，但是我想错了——买来的东西一件都没有丢。他们可能很想要，但谁都没有想到要偷。这可以说，乡亲们的道德水平比较高，我不能不称赞他们。

当所有的东西都到家了，我就先放着，回过头来跟哥哥们商量该怎么分配。可以肯定的是每个人都想要好的东西，要自己需要的东西。但是由于进口定额分配制度，我不可能买来所有的东西满足他们，于是我就按照需要来分配。

我把缝纫机和收音机给了大哥，后来大哥把缝纫机出租，每月租金 15 元，这已算是增加了一份收入。

三哥是教师，我就把梅花牌手表给了他。

四哥分到了自行车，他可以用来送东西，因为他的儿子可以帮忙做生意、送货、送人到市场等，如果勤奋一点儿，每天会有五六元的收入。

我把电风扇送给了曾经教过我的老师，以便他在夏天的时候可以吹吹风。这是同康村第一台电风扇，小孩们看到后才知道还有这样的东西，都非常兴奋。我认真地给他们演示如何使用，电风扇的插头却不能直接使用，因为电风扇是从香港买来的，插头是英国式的，跟中国的不一样，于是我找来电工帮忙，换了一个新插头，这样电风扇才可以使用。

除了上面提到的东西，我还有食物需要分配。糖分给哥哥每人 5 公斤，姐姐每人 2 公斤，面粉平均分配。在那个时代，5 公斤植物油他们可以吃半年。我之所以要买食品回去，是因为我知道家里不够用，每个人都只有定额的粮票。

5 大捆布匹对他们来说用处最大。因为政府发下来的衣服每年每人才两套，而且全都是深蓝色的。

我在家里待了 15 天才启程返回泰国，一路过了广州、香港，这期间还要找关系来预订车辆，订飞机票，通过海关检查之后，才回到了泰国。

我两手空空地回到了泰国，跟第一次来泰国时的情况差不多，那时候只有裤子和随身穿着的衣服，现在只多了一个小小的行李包。其他东西全都给了亲友们。即使是我用的皮带，也解下来送给了他们，因为一个哥哥的孩子一直在看和夸赞我的皮带，在我离开村子之前，他便开口跟我索要，所以我只能用绳子代替皮带系在腰上。

在中国的这段时间，我看到了丰顺县老百姓的生活是多么穷困，我很同情和可怜他们，想要在各方面帮助他们。我想如果运气好，有机会变得更加富有，我一定会再回中国，为家乡做点儿贡献。

后来我的愿望变成了现实，我的生意越来越好，之后，我再次回到了家乡丰顺，开始为家乡做贡献。

我为家乡做的第一件事就是修桥筑路。之所以要修桥筑路，是因为我想，有了这条路，就能够让乡亲们不必走如此远的路就能取得成功。

我小的时候没有机会读太多的书，又想为丰顺县的孩子们做点好事，于是，为了让孩子们能够读书，我捐建了一所学校。

另外，我还在丰顺县捐建了一家拥有 228 张病床（是小床）的医院。在医院开业典礼的那天，广东省省长也来参加了典礼，这在丰顺的历史上还是第一次。大家都非常高兴，感觉很荣耀，对未来也充满了希望。

我还捐建了水井、温水浴室、亭子、公路和各种公共公用设施。大大小小加起来共有 97 项。

虽然算不上是最富有的，但是我惦念着家乡，想帮助家乡摆脱贫困。是的，虽然并不是富豪排行榜里的富豪，但是能够像其他华侨那样为中国的公共事业做一点小小的贡献，我感到非常的自豪。如正大公司的谢国民，也回来为家乡做贡献，还有其他很多的华侨，都回来报答自己的国家，造福乡里。

20 年来，我在家乡捐建了 20 所学校，修建了 8 条路。我做的这些功德，并不是为了赢得名声，只是希望能够真正为乡亲们做点事情。后来，我的善行传到了党中央，中国政府给了我很多荣耀。每次去中国，我都住在政府迎宾馆，每年国庆节的时候，中国政府都邀请我参加国庆庆祝活动，直到现在依然如此。这也让我感到非常自豪。有领导夸我说：“修试是华侨的榜样。”

除却奉献社会，单纯从个人的角度来说，我曾经是一个农村的穷小子，有段时间眼睛还瞎了，为了不成为父母的负担，曾想过上吊自杀，但是现在我有机会跟原中国国家主席胡锦涛握手，跟原国家主席江泽民、原国务院总理朱镕基及其他多位中央领导人握手，这些对我而言，都是莫大的荣耀。

现在我经常回中国，看到了中国一步步地在繁荣发展，经济日益兴旺。经济发展所带来的影响就像是硬币的两面一样，有好的一面也有坏的一面。好的一面就是生活比较方便舒适，坏的一面就是人们过于追求物质而忽略了精神。但庆幸的是，据我的观察和认识，现在大部分中国人还在秉持着孔子的儒家思想，没有变质。

我回家时所用的是外汇（兑换）券，现在它已经停止使用了（1979年）

43

“狗屎”胶助发财

在做渔具产品生意的十几年中，虽然生活境况已经很好了，但我和汉洲依然没有停止开发新产品或是寻找做其他生意的途径。

1974年，汉洲又研制出了新的产品。这种产品就像白色的狗屎一样，而且它让我有种“走了狗屎运”的感觉。正是这个产品，使我的生意在空调界迅速壮大，从而最终取代当时正在做的渔具生意，成为我的主要行业。它也让我避免了一场危机——之后10年，直到1983年，油价高涨了几倍以及200海里经济专属区法律的出台，使水产行业出现了危机。

我正在说到的这个新产品就叫“狗屎”（软木胶）。

很多人会奇怪，“狗屎”是什么东西啊？我要告诉大家，它可不是我们在路边看到的那种狗屎，而是制冷设备中必需的一种产品。

“狗屎”有点儿像橡皮泥，是一种黏黏的能够捏成各种形状的黑色的东西，用来粘合金属或者干净的水泥地面，效果是非常好的。它不仅被用来修补家里或办公场所的各种漏洞或者桶的漏洞，还可以用来粘汽车发动机的顶盖，从而使空调的管道连接到汽车的车厢内。

这种产品主要用于汽车上的空调、冰箱以及其他一些制冷设备当中，以及用于各种待修补漏的洞中，如屋顶、汽车底座以及坏掉的桶和盆等。

对于修补各种漏洞来说，“狗屎”简直就是万能的。它的主要性能是隔热，主要用在空调冷水管的地方，防止漏水并且还能够节省能源。这样就不会使车内很热，或者有臭气进入车内或家里。

由于它是黏稠的黑色的橡胶块，混合一些软木后，能够捏成各种形状。

有时候掉在地上，外形上看起来跟狗屎非常相像，于是人们都管它叫“狗屎”。另外，它是从法文的 klimatape 来的，其发音也和泰语“狗屎”的发音很相近，后来我们泰国的技工们就叫它“狗屎”，以至于人们就都管这种东西叫做“狗屎”或者“狗屎块儿”。所以，很多人知道这种东西叫“狗屎”，但根本不知道名称的来龙去脉。

对这些了解比较清楚的人，就是汉洲，因为在泰国的这种产品，主要是由他研制开发并应用到制冷行业的生意中去的。这一想法源于汉洲的一个朋友。

我们从汉洲还在格勒大学读书时说起。他有一群关系很好的男女朋友，毕业之后也经常联系，一起聚一下，吃吃饭、聊聊天什么的。

有一次，一位在生产空调的公司工作的朋友说到，工作中要用到的一种重要东西存在问题，那种东西就是“狗屎”。那时与空调系统有关的各种管子都要从国外进口，主要是从德国等欧洲国家或者美国进口，成本很高，有时就算有钱都不一定有货。所以他就抱怨说：“我们泰国人应该自己在泰国生产这些产品，如果肯有人做的话，我保证一定会卖得特别好。”

汉洲听了之后，脑子里就产生了生产“狗屎”的想法，尽管他以前没有想过，但他仍然相信自己一定能够做到。满怀信心，他开始了学习、研究、做实验，而且做得很认真。

但研制“狗屎”并不是一件容易的事情，这需要智慧、精力和耐心。经过一年多的一次次失败、一遍遍实验，汉洲的努力最终见到了成果。由此可见，汉洲确实是一个肯努力的人。

之后，他要拿到市场上去推销这种新产品，让生产空调的企业接受泰国人自己生产的这种产品。这不是一件容易的事情，因为他们一直以来都购买国外的产品，认为国外的产品质量有保证，而我们刚刚生产出来的新产品又有什么呢？我和汉洲在推销用语上就比较讲究，只是说服他们购买我们的产品去试用，而不是希望他们立刻买，立刻给钱。

道路并非一帆风顺。汉洲第一次研制出来的产品存在着一些问题。每当天气热的时候，橡胶会变软变黏，以至于粘在包装纸上拿不下来。最后，我们不得不召回所有卖出去的产品，重新进行改进，但还是没有得到改善。因为它是用几种橡胶合成，主要由油、树胶、沥青以及各种东西等一起混合在一起制成的，所以遇热就会变黏，从而粘手。

用“狗屎”胶修补发动机管道划破的地方

也有人拿“狗屎”胶来修补破损的锅碗瓢盆

用“狗屎”胶来固定通冷气管道

用“狗屎”胶来修补房顶破损的地方

刚刚解决遇热变黏的问题，又有了更大的问题，即改进之后的产品不太黏了，它变得很硬很干，不太好用。技工拿去使用之后不太喜欢，还是感觉以前从国外买的比较好用一些。

虽然遇到了很多问题，但是汉洲并没有灰心，他努力地想办法改进新产品，使它的质量变得更好。就这样——卖出去再回收，改进后再卖出去，折腾了好几遍，最终也没赚到什么钱。而且为了能够给客户返回产品，我们要生产新的产品，这不可避免地需要资金。幸亏汉洲的耐心和认真劲，加之我们的产品质量也在不断地提高，这些都让客户们对我们建立了信任感，从而一直未放弃从我们这里购买这项产品。

最终，汉洲的勤奋、耐心和努力使他生产出能够跟国外产品媲美的软木胶来，这在泰国又是一项创新。

软木胶本身是一个销路很好的产品，很快就打开了市场。更因为我们是泰国第一家生产这种产品的厂家，符合了生产制冷设备的那些厂家的心意。无论是产品价格昂贵，还是市场缺货，以及送货很慢，这些问题我们的产品都解决了。

这样，许多客户舍弃外国的进口胶，转而来买质优价廉的“狗屎”胶。最终，我们也走了“狗屎运”。

想要当银行家，就要有银行家的派头，加上自己也有一定的实力后，就买了一辆老式的奔驰车来装点门面。但做进去了才发现，给别人借贷并不是那么容易的事。仅仅过了6个月，我投资的好几百万就打了水漂，还面临再次坐牢的危险。从事自己不懂的行业，真的很危险

44

想当银行家

1977 年我建立了一家新的工厂，将原来的工厂从曼谷的孔堤迁到了北榄府的特帕叻，并给公司起了一个新名字，叫做“东方实业有限公司”，同时还让 50 名工人搬到那里去了。

那时候，公司每年生产拖网橡胶滚轮、木质滚轮、拖网环和“狗屎”胶（软木胶）。营业额一天达到两千多万铢。

一年多以后，我们开始生产 AEROFLEX 牌的空调管绝缘胶。与此同时，又建立了一个名叫“东方进出口有限公司”的外贸公司。公司的主要业务就是进出口与我们生产有关的产品。

汉洲和他的几个弟弟陆续从学校毕业了，毕业后都进入了公司帮忙，有的负责生产，有的负责采购，有的负责销售，汉洲则负责管理所有的事务。尽管工作很多，但他还是寻找新商机，管理生产技术、销售和会计，以及为进入公司工作的兄弟姐妹们安排薪资。需要说明的是，他们在公司里的薪水跟去其他公司工作的薪水是相当的。

公司的财务由我和汉洲一起来管理，而我大部分时间是在孔堤这边。我们的生意越来越好，产品供不应求。生意繁荣兴旺，我也进入富翁的行列，但是我并没有满足于此，还在不断地思考如何才能更加富有。

但这次我的想法跟以往不同了。以前我做生意要出钱出力，说实在的，那是很累的。现在我们富裕了，成为富翁了，我想更加富有，却又不想太过劳累。

在那个年代，跟金融有关的生意是最兴旺发达的。我看到好几位有名的中国富翁坐拥金山银山，享有盛名，受很多人尊敬，他们比我富有。但是那

1977年，工厂从曼谷的孔堤搬迁到北榄府的特帕叻，并为公司起了新的名字，叫“东方实业有限公司”

东洲出入口两分公司揭牌当天的法会

东洲出入口两分公司揭牌当天，朋友们向我致贺

些人不用投资建厂、生产产品，也就不用累死累活地去卖东西——他们是以钱赚钱。最后我意识到，如果真的达到他们那样的富有程度，那就去做银行家，从事与金融有关的生意。

但是我缺乏这方面的知识。我们只知道吸收存款，给的存款利息比较低；用吸收进来的存款去放贷，放贷的利息比较高，中间的差价就是利润。但只有这点儿知识，想要成为银行家是不行的。

我在孔堤附近还是有一些威信的，也有一些人认识我。当他们知道我要从事金融业的时候，就来找我，提出加入的想法。

就这样，在1982年，我邀请一些朋友集资开办了一个两千万铢资金量的信贷公司。我和一个朋友是这个公司的大股东，我们投资了好几百万铢。这次也算是我一生中比较重要、比较大的投资。

这个生意主要是从老百姓那里吸收存款，存完款我们会开一张支票作为证明。与此同时，我们把吸收来的存款作为贷款发放给需要资金的人。这就跟银行差不多，但是我们并没有注册成金融公司，所以说我们这个是不大合法的金融公司。

那个年代，这种公司就像雨后春笋一样出现。这些人主要是凭借其在周围人群中的信誉来建立公司的。存款人和贷款人都以票据作为凭证。存款人来存款之后，我们就会给他开一张支票，而借款人来借款就要向我们交一张借据。借款主要是凭借个人信誉，并不需要以财产进行抵押。最重要的是，从这里借款并不需要像银行那样去检查款项的用途，这就降低了借款的门槛。

后来公司董事会决定，绝对不允许投资人从中借钱，我被选举为主席。与此同时，我也想邀请汉洲加入进来，但是他不同意，拒绝了。他跟我说，借款给人，却不了解他们对钱的用途，这样做风险很大。

我并没有在意他的话，还说他不懂得“以钱赚钱”，只知道埋头苦干。埋头苦干虽说赚钱，但是很累。现在我们也算是富翁了，有投资的资本了，应该用那种“以钱赚钱”的方式去挣钱才会更好。于是我继续做金融公司，并且对能当上主席感到非常自豪，谁见到我都喊“董事长”，或者叫我“老板”。我陶醉在成为银行家的成就中，而且很有信心成为名扬全泰国的成功银行家。

我还记得，当时我们给的存款年利率是12%到15%，借款月利率是1.5%到2%，年利率就是18%到24%。刚开始的时候，各个方面看起来都有条不紊地发展着：有人来存钱，也有人来借钱。最初借出去的钱有一千多万，大部分的借款人都是孔堤附近的人，还有好几位公司的董事来借款。

汉洲照样埋头研究，生产市场上短缺的新产品，不参与我的金融公司的工作。我自己不懂泰文，既不会读也不会写，公司的各种文件合同我都不太清楚。我只知道，我要跟另一个董事一起来检查、签字。儿子不来帮我的时候，我这个银行家就遇到了很多的麻烦。

做金融6个月的时候，问题开始出现：存款的数量开始减少，但是借款的人很多；而且一些借款人没能力偿还借款——他的借据等于是空头支票。当公司派人去追缴的时候，才发现借款人是代替投资人借的。

看到这种情况，公司董事会的好几个董事就要求投资人也可以借跟投资金额一样的钱。后来他们让亲戚代替他们来借钱，借走的钱比他们投资的要多很多。

在这之前，我曾签过一些没有写金额的支票，因为我太相信另外那位董事了。汉洲很担心，叫我不要再那样签支票了。后来我才知道，这样做对自己是最危险的，除了会一无所有之外，还会坐牢。但当时我太相信合伙人了，并且对他们很信任——这让汉洲很生气，好几个月都不跟我讲话。

直到这些事情真的在公司发生，我才想起汉洲那些话来，也才意识到，当一个银行家并不是一件容易的事情，如果没有好的制度，没有值得相信的合伙人，那么公司就会面临倒闭。

此后，我开始拒签任何不具名金额的支票，而且也更勤快地去检查借款人的借据，如果不确定借款人的收入状况，那么我就拒绝借款。

最终我跟公司的董事们产生了矛盾，以至于到了互相吵架的地步。有好几个董事对我不满意，他们联合起来想要把我从主席的位子上拉下来。在那个时候，公司没有足够的钱还给我，要等借款的人拿钱来还借款后才有钱还给我，所以我也就不得不忍耐着。

然而，要把投进去的钱拿回来也不是件容易的事，要用谈判的手段迫使公司最大的股东还钱。好在公司的股东中还有一些人是站在我这边的，而且也有一些影响力，他们帮我一起谈判，让公司还我钱。虽然说只收回了当初投资的资金，没有什么盈利，但我还是很高兴没有什么损失。

我要成为银行家的梦想就这样半途而废。但没过多久，我就不再伤心和失望，反而感到很幸运。因为我从那个金融公司退出来不久，也就是1984年，泰国发生了金融危机。国家银行发出通知说泰铢贬值17%，最终导致经济不景气这样的大问题，与此同时，我得到消息，我退出来的那家金融公司也倒闭了。

算是我运气好，提前从那家公司退出来了。如果没有退出，还是坐在主席的位子上，还是负责签支票的话，那么不论是刑事责任还是民事责任，我都脱不了干系。我自己很可能会为了还清债务而走上原来穷困的道路，要不然就是进监狱，向前发展的家族生意也会被我拖垮而破产。

最重要的是，我更加信服汉洲的眼光。汉洲一开始就不同意我去做这个公司，一直强烈地持反对意见。但当时我想当银行家的愿望实在是太强烈了，以至于忘记了汉洲是从金融经济系毕业的，所以他了解我投资的领域非常冒险，也非常危险。

这次的错误是一个很好的教训，它让我知道：自己不懂的、不擅长的事情，最好不去做！

1976年，汉洲和关谷君枝完婚，后来关谷小姐也有了泰文名字——“毕亚妮”。儿子能干，媳妇也毫不逊色，携手让我们的家族生意越做越旺

45

儿女们的成长与婚姻

让我感到幸运的是，我的每个子女都很棒。他们勤奋努力，没有辜负我让他们上大学的期望。他们上学时专心上学，毕业之后都回到公司来帮忙，没什么让我忧虑的。每个人都很团结，同心协力来发展壮大家族生意，所以我们的生意才有今天这样的规模和成绩。

家族生意发展初期，我和妻子互相扶持，共同打拼。当时孩子们还小，帮不上什么忙。当他们十五六岁时，就能够帮着在工厂里做些事情了。三个比较大的女儿帮忙照顾弟弟妹妹们，有时候也帮着开车去送货，帮忙开收据，同时还给工人们做三餐。可以说是既要帮工厂里干活，让厂里的工作有条不紊地进行，同时又要帮着做家里的活儿，把家里收拾得整整齐齐、干干净净的。

我一直跟孩子们强调，最主要的还是读书，一定要把书读好。那时候汉洲正在上大学，并获得了到美国、日本和香港等地去考察半年的资格，尽管这是一笔不小的花费，但是我和妻子都非常支持。虽然说汉洲是家里重要的支柱，但是去国外考察的机会还是非常宝贵的。

我跟汉洲说："厂里的工作你不用担心了，我和你妈妈还有弟弟妹妹们会照看，你就放心地去考察吧，回来好继续发展我们的事业。"

汉洲从大学毕业两三年后的 1976 年，他结婚了。我的大儿媳妇是日本人，叫关谷君枝，后来才有了泰文名字"毕亚妮"。我跟儿媳妇不能用语言交流，只能够用中文把要说的话写下来，这样才能够明白彼此的意思。

他俩是在汉洲去日本东京的一家公司考察的时候认识的。关谷君枝曾在日本东京的一家国际大公司工作，来到泰国后，她却要在孔堤的那家小公司工作。起初办公室的工作不太多，她就跟工人一起工作，做得非常好。关谷君枝在从国外进口原材料或其他产品方面给了汉洲很大的帮助，同时在我们工厂生产“狗屎”胶出口到国外的这些工作中，也提供了很大的帮助。

“狗屎”胶生意的成功，使我们有了进一步研制开发其他各种与制冷设备有关的产品的动力，特别是工厂、大厦以及家庭为节省能源而使用的空调保温管材和板材。

汉洲用了好几年的时间来做各种实验，原材料、工具和其他东西都是能干的关谷君枝帮忙准备的。他们到过好几个国家去学习这方面的知识，也跟不少专家交流，征求意见，这样才最终研制出重要的拳头产品——亚罗弗（AEROFLEX）牌保温管材和板材。

AEROFLEX 牌保温管材及板材，用于空调大楼、工厂以及住家的输热、输送冷气管道，能有效节约能源，防止管道结水珠

成功的过程是这样的：

一次，有位研究合成胶的美国专家跟汉洲说：“我建议你使用一种三元乙丙合成胶，那是一种用来做汽车玻璃边框的合成胶，这应该是你制作隔热胶的一种主要成分。”

“为什么呢?”汉洲用怀疑的语气问道。

“因为你的国家气候比较湿热，这种合成胶耐湿耐热性都非常好，而且还抗紫外线辐射。另外，这种合成胶在性能方面要比其他合成胶好很多。当然，这个思路只是一个开始，后面还需要你自己继续研究下去。”

汉洲听后，开始研究寻找其他各种化学成分，当把所有的化学原料都找齐全了之后，他就做实验。只要功夫深，铁杵磨成针。反反复复做了上百次实验，实验用具换了好几套，五年多之后，这个产品终于被汉洲成功研制出来。它被汉洲和关谷君枝起名为“AEROFLEX 牌橡胶保温材料”。

研制出产品，最终还要通过工程师们的试用。一项新产品挣钱确实不容易，需要好几年的时间，才能真正投入到大批量的生产和销售中。幸运的是，汉洲听取了很多优秀的专家和工程师的建议，而专家大多认为他对产品的理解和研发很对路，所以给予了汉洲全心全意的支持。在此，我要感谢这些教授和工程师以及给予他帮助和支持的人，正是有了他们的帮助和支持，才有了技术水平居世界前列并销往世界各地的 AEROFLEX 牌橡胶保温材料。

国王陛下在素旺纳普机场观赏我公司的产品

披猜副总理颁奖

我参加总理奖（Prime Minister's Export Award）颁奖仪式，并获得自有品牌奖以及优秀出口奖

泰国国务院总理秉上将视察我们的展位

在美国参展

在日本参展

中国的工厂

我同样为汉洲感到自豪，因为他很优秀，这种优秀是世界级的。尽管汉洲只是经济和金融专业学士毕业，但鉴于二十多年以来他在化学和工程学方面的研究成果，在2003年，泰国农业大学授予了他化学工程专业博士学位。

三个女儿长大后都结婚嫁人了，她们大部分时间是在帮助丈夫打理生意。而儿子们也纷纷大学毕业了，都加入到公司工作。他们有的负责采购、计划；有的负责生产、修理机器设备、技术改进；有的负责质量、销售和市场方面。他们也先后和心爱的伴侣步入了婚姻的殿堂。

大儿子汉洲于1976年完婚

大女儿于1978年完婚

二女儿于 1984 年完婚

三女儿于 1982 年完婚

二儿子的文定礼

三儿子于 1993 年完婚

五儿子于 1994 年完婚

四儿子于 1989 年与新加坡女孩结婚

小儿子于 2004 年完婚

成家后，儿媳妇们也都来帮忙照管家里的生意，她们大部分都是各自负责某一方面的业务，以使公司的各项事务更加完善。

从会计专业毕业的二儿媳卢如鸾，1986 年来到公司，接手财务方面的事务。刚开始的时候，工作并不是很多，她也帮忙看侄子、侄女们，给工人和家里做饭，帮忙准备拜佛、祭祖的事。同时，她还要把自己分内的财务工作做好，但是这并不是一件很容易的事情。特别是她慢慢地将财务系统化、规范化，这些让一些不习惯的老工人多少有些抱怨。

“为什么要改变发工资的日期啊？每个星期六发工资就已经很好了。”

“为什么要变成每 15 天发一次呢？每周发一次，工资都不怎么够用呢。还要变成 15 天发一次。”工资制度改变后，一些工人这样抱怨。

“为什么现在发工资，不像以前那样有奖金了？以前有时还发 50 或 100 铢的奖金呢，为什么一换会计就没有了呢，真抠门！”一个工人这样抱怨，但是如鸾会尽量跟工人们解释，让他们理解会计规范化对公司健康成长的重要性。

她说：“财务工作当然要越来越标准化，公司规定每 15 天发一次工资，而不是每 30 天发一次，这已经算是很幸运了。没有额外的奖励，是因为会计是按照月工资的数额计算发放工资的，要不然就会因为数额不对而没法入账了。”

即便是财务方面的工作，归根到底也还是人与人之间的事情。好多事情在纳入正轨之初都会让一些人不习惯而感觉到懊恼，但很多事情一旦正规化，那些接受管理的人例如工人们也会受益。

无一例外的是，任何变动都会遇到很多琐碎的问题。在好多事情的改革上，二儿媳妇都起到很重要的作用。

“公司要步入现代化，就要让工人都穿上工作制服。”

“但是穿那个很热啊。跟穿那种筒裙没法比，筒裙透风舒适，比这舒服多了。特别是在工作累的时候，稍微松一松筒裙，就凉快很多了。”一个女工人这样说，她算是对换工作制服持较为肯定态度的呢，还是忍不住要批评几句。

“穿裤子会看到裤裆，很令人讨厌。比不上穿筒裙，穿筒裙比较斯文规矩。”一个不喜欢穿裤子的女工这样抱怨。

“这看起来比较专业，也比较有档次、有水平。”当然，更多的女工对穿工作制服还是比较满意的。

这让我想起了去位于华喃峰火车站旁边的劳动厅招工人的情景。

在收完庄稼之后，会有很多人聚集在那里等工作。我就挑一些看起来比较好的人，大多时候是每次招 3 到 4 个人。把他们接到公司之后，我就带去找秋梅，让秋梅安排食宿，再带去找工头，让工头教他们工作，先从简单的开始，再慢慢教比较复杂的。

那时候还没有工作制服，穿什么来的就穿什么工作。工人慢慢多起来，一般工作一段时间后，就会把他们的亲戚朋友也叫来这里工作。秋梅就负责面试，如果通过了，就招进来。

有的时候没有活儿，但工人带着亲戚朋友来了，请求帮帮忙，秋梅也不得不拒绝。很多人没有地方去，就求秋梅说："我的朋友还没找好去处，如果老板没有工作让他做，那就让我的朋友先跟我住在一起，先跟我在工厂里吃饭，可以吗？如果他找到工作，就立刻让他走。"

秋梅经常遇到这样的事，每当遇到这种说辞就心软。有的时候如果那个人表现得好，秋梅就努力帮忙找找看有没有什么能让他做的，或者把他插到需要人的部门去。

随着生意的繁荣，工厂需要扩大规模。公司工人介绍前来应聘的熟人已经不够用了，于是我们就在公司前面贴出了招工广告。重新安排工人的薪资和福利规定——工厂不提供食宿，工资按照劳动法规定的水平，按日发放。这样就能使新招进来的各种工人更好地在一起工作。重新调整后，即使要在几个星期内招到几十名工人都不成问题，如果像以前那样还是靠工人介绍的话，则需要好几个月才能招够。

相反，那些吃住都在公司的老工人和一些工龄比较长的老工人，都是按月算工资的。月工资除以天数之后，他们所得的工资要比新招进来工人的工资少。这就使工人之间产生了问题。原来那些在工厂里有吃有住、水电免费的老工人，这时候要自己租房住，自己买饭吃。有些人喜欢这样，有些人不喜欢，认为自己吃住不划算。每个人想法不同。好几个自己负责吃住的老工人，刚出去的头一个月还没感觉到什么，到月底要交房租和水电费的时候才被吓一跳，因为以前他们没有自己付过。

接下来的几个月，大部分工人都知道不浪费了。他们开始控制用水用电，饮食上也开始节俭。以前公司管饭，很多工人吃不了就倒掉。现在他们自己负责伙食后，大部分都是用 1 升的小电饭煲来煮饭，刚刚够自己吃，饭也很少剩下倒掉的。熨衣服的时候，看到电表转得特别快，他们就赶紧熨完，再也不像以前不用交电费时那么拖拉了。老工人们用了三四个月的时间才逐渐习惯这样的生活。

1987 年，工人们还曾出现一些其他问题。之后公司聘请了一位专门的人事经理来管理，从而使公司在制度方面更加完善。比如开始有了上下班打卡的制度，有了各种请假条，还有了培训制度，建立了带员工旅游的制度和每年的绩效评估制度以及员工奖励制度，设置了全年的假期表格等。

我记得最清楚的就是发放奖励，我自己管这个叫“红包”。

在我那时候，工人也就几十人，哪个人好，哪个人不好，谁经常请假，谁工作拖拖拉拉——我全都能够记住。哪个人好我就多给点儿，哪个人不好就少给点儿。我通常是根据记录簿上记载的情况评估的，本子上记着去年这个人给了几千，今年给的比去年少一点儿。现在几百名工人，我不可能每个人都记下来，所以就要用电子表格来记录了。孩子们告诉我说，新的方法不难，计算起来也很简单，谁休息得少就得到的多，谁休息得多就得到的少。这样很公平。

我一直谆谆教诲子女们，在人生中，最重要的是身体一定要健康，有了强健的身体，才能从事其他活动。现在子女们都领会到我的教诲，我的原则符合佛教的教义，例如勤奋、节俭、五戒等。

在经济繁荣时期，各行各业都发展，不管做哪行都赚钱。但遇到经济衰退，会有一些经营业主倾家荡产。幸运的是我的公司有足够的现金流，得以维持度过经济危机，这都是因为平时注重储蓄

46

度过东南亚金融危机

从 1988 年到 2000 年期间，我的事业经历了很多重大事件。1988 年公司经营规模增长了 30 多倍，但 1997 年公司濒临破产，经过两三年之后，我的家族企业得到了恢复而且比原来更加稳固了。

1988 年起，经济形势很好，商界人士都说这段时期如果谁做生意亏本，就不要再做生意了。儿辈们包括儿子、女儿和女婿、媳妇，个个都全力工作，公司发展很快，数年中规模翻番增长。泰国的国内生产总值从 1988 年至 1995 年期间，一直以高于 10% 的速度增长。

但是，从 1995 年到 1997 年初，经济开始较大幅度地“降温”。至 1997 年中期，各方面情况全颠倒过来了，泰国经济出现接近 10% 的负增长。不少公司陆续破产，我公司的销售额也失去超过一半。

这 12 年期间（1988—2000 年），从繁荣巅峰一下子跌入低迷深渊，这值得所有人深思，下面我从几个要点来说一下当时的情形。

在泰国资金泛滥出现之前，汉洲曾跟我说起，这是因为大国之间达成协议，让货币跟随市场杠杆进行升值或者贬值而不需跟黄金进行挂钩，因为与全世界经济规模相比，黄金数量非常有限。这也就是说，哪个国家强大，其货币就会很有地位。有很多人愿意持有或使用，那个国家货币的价值就会很高。如果哪个国家不是那么强大，其货币不那么有地位，交易数量较少，那个国家货币的价值就低或者变得更低。

世界大战之后，大国之间进行贸易，美国是最大的买家，因其拥有货币最多。日本、德国、英国、法国和其他几个国家都是美国的主要负债国，要以美元为主来还债，导致美元成为国际金融市场主要使用的货币，贸易国家之间的交易总值中超过60%都以美元结算。

国际贸易经过40多年（大约1945—1985年）后，美国反而成为日本、德国还有数个国家最大的负债国，直至美国遭遇严重的货币问题。这种情况持续下去将导致全世界都受牵连，受损失已经不单是美国了。后来，世界五大工业国家即美国、法国、英国、德国和日本的财政部长和央行行长于1985年9月22日在纽约广场宾馆开会磋商，就采取干预手段让美元贬值问题达成一致协议，以减轻过去两三年世界贸易出现的不平衡现象。终于，美元对日元贬值超过50%，对德国马克也贬值接近50%。

日元兑美元的汇率从250:1升值至120:1水平，日元、德国马克和几个国家货币在升值后流向世界各国。日本公司开始在美国、欧洲收购企业和在多个国家进行投资，甚至进入中国、越南，同时这些国家也对外开放，接受外国资金投资。泰国是日本大量投资的国家之一，除了日元涌入外，中国台湾和中国香港的资金也大批涌入泰国，这使当时的总理差猜·春哈旺上将决定出台相关政策。

“将战场改变为贸易市场”，资金注入使得经济迅速起飞

大批资金从外国流入，部分进行实际投资，例如兴建工厂、宾馆、公寓，开发房地产业，修建道路、各种公用事业设施和开展多种商业经营。不过，由于当时流入的资金大大超过泰国经济实际发展所需要的投资，甚至出现各个银行、资金证券公司大量放贷，但限制条件相当少的情况。当时，日本的存款利率很低，不到1%，贷款利率也仅为2%；泰国的存款利率高达6%～7%，贷款利率约为14%。从外国流入的资金于是有部分存入了泰国的银行以赚取利息差额。

流入的资金还有一部分用来购买土地炒作牟利，另有相当一部分资金进入股票市场，股市非常火热，几乎各行各业都充满光明前景，无论做哪行都会成功。

不少人开始大手大脚花钱，曼谷的街道上几乎出现了所有牌子的汽车，堵车非常严重，道路建设赶不上人们买新车的速度，股市指数狂飙至1 700点。我公司销售情况非常好，生产几乎不能满足供应，仅在四五年（1988—1993年）时间里工厂多次扩建，规模扩大了3～4倍，直至没有空地可以再扩建。汉洲和孩子们想办法购买土地以扩大经营。曼谷和周边府的土地价格很高，加上政府有鼓励民间企业将工厂更多地建到外府的政策，孩子们于是建立了泰国IPP公司（International Polymer Par的缩写），在罗勇府购买了土地，开发成小型的工业园，以满足业务扩大的需要和日后合资公司的建立。

橡胶手套生产

1987—1994 年，是养殖虾和生产手套行业最兴旺的时期。虾每公斤卖到 400 ~ 500 铢，不管是靠海地区还是距离海边有上百公里的地方，到处都有人养虾。有人运海水到养殖池去养虾，在头三四年确实赚到了大钱，但后来因为虾的价格大幅下跌以及养殖虾发生传染疾病而大批死亡，就有不少养殖经营商倒闭了。

我的孩子们对橡胶手套生产感兴趣，部分原因是我们的经营已经在橡胶产业链之中，市场需求极大。另外，当时有艾滋病蔓延的说法，世界各地都感到惊慌，甚至美国每辆警车都配备橡胶手套。同时，医院工作人员和有机会接触到血液的人士都要使用橡胶手套。一百副橡胶手套的价格从 3 ~ 4 美元涨到 5 ~ 7 美元，甚至 8 美元多，引起不少人热议："做出一半成品一半废品还有利润可赚呢。"

不少与橡胶行业不沾边的商人都想做这行，从外国购买机械，多数从中国台湾引进，而且一次会购买 2 ~ 3 台，个别还整批购买，而橡胶手套设备每台价格达 700 万 ~ 800 万铢。那时，汉洲到中国台湾和马来西亚出差以考察橡胶手套机械设备制造工厂，看了不下十家工厂，并且参加培训学习相关生产知识，为开展橡胶手套生产做出最充分的准备，而工厂建设和开展经营的资金则从银行贷款解决。就在考虑从哪家工厂购买机械设备的当口，橡胶工业协会举办了一次关于开展橡胶手套生产经营的讲座，邀请了身为橡胶工业协会副主席的汉洲以行业专家的身份前去作为演讲嘉宾，发表题为"橡胶手套生产厂选择机械设备要考虑的问题"的发言。那时正值 1988 年底，原以为对讲座感兴趣出席的人数为 200 ~ 300 人，但发现入场听讲座人数近千人，而入场门票价格高达每人 3 000 铢，有几十个公司在讲座会场摆柜台展示产品。当时汉洲对我说："橡胶手套生意是很好，但是这个生意的同行也太多了点。"

汉洲于是决定不做橡胶手套，改为做塑料板。到了 1990 年，做橡胶手套的经营商多数没取得成功，停产的工厂为数不少。部分坚持努力做橡胶手套的工厂，建立了稳固的财务基础，技术水平较为先进和有较好的销售市场，使得经营可以维持和赚到钱，但利润并不高。原因是橡胶手套价格跌回到原来每百副 3 ~ 4 美元的水平，同时市场对产品标准和质量要求有了较大的提高。

与外国公司合资

在 1990—1995 年期间，KASO 公司是日本一家从事进出口橡胶，用于橡胶工业、塑料、食品、农业和其他工业使用的化学制剂的公司。当时我的公司是其长期的客户，并通过这家公司购买一些化学制剂。KASO 公司向我介绍了几家橡胶行业的日本公司，这些公司从事橡胶行业，并且有意在泰国投资。孩子们对我说起过多数日本人英文不好，日本人来谈事一定要找翻译或者从在泰国的日本公司找人帮助沟通。正好我儿媳妇是日本人，汉洲本人也可以说流利的日语。后来日本公司来了四五个人一起开会，交谈了很长时间，有时谈上一整天。有十几家日本公司来谈，最后只剩下三家公司决定要进行合资。

汉洲和孩子们在 1995 年将公司业务拓展得更加广阔，成立了 Aeroflex 国际公司，使用 AEROLINER HEROLINER 为品牌，生产 Aeroflex 保温材料和皮卡车后车厢用的塑料垫板。后来又有了多个汽车使用的材料，于是全部统一使用雅罗可斯（AEROKLAS）为品牌。1996 年与三家日本公司组建了合资公司，并与马来西亚一家公司合资，这些合资公司全部都在罗勇府的 IPP 工厂内设立。这块原来种菠萝的土地现在有了五家工厂，并且蓬勃经营和发展。1996 年，又再建立了另外四家工厂，将一个农业小村变成了工业园区。

从土地价格中牟利

在经济繁荣时期，我的朋友们见面多数都会谈资产买卖的事宜，土地买进后转手卖出就可赚上十万、百万或者数百万的利润，前后时间不过数月，有时还未来得及办土地过户就已经出手了，得到的价钱比买进时多出好几百万铢，做土地买卖的都会很富裕。听多了，我心里也想试着跟他们那样赚到钱，而且我的公司刚好也有资金，用钱去换更多的钱应该行得通。

虽然我有买卖土地赚钱的念头，而且还管着钱，但作为父亲，我还是要问问孩子们的意见。“我说呀，我们应该买下这块、这块还有这块土地，一共三块，只需 2 000 多万铢罢了，买下空着没几个月我们就可以卖出更好的价钱，利润少说也有 500 万 ~ 600 万铢，这一带土地总有人想买的。”我将中介推荐的、值得买下转手赚钱的好地跟大家说了。

“我们还没有太多的钱，最多也是在罗勇买地，日后可以扩建工厂，一次买一小块。贷款就在工厂经营做周转用。我们不该去买卖土地，这不是我们擅长的行业，并且价格也太高了，如果入手了没有人接手就糟了，到时间没有钱还给银行我们就完蛋了。”汉洲总会这样说。

后来，我们也是以购买罗勇的土地为主，价格不太高，但对于外府的地主来说已经很不错，买地赚到大笔钱转眼就身价倍涨了。那时候常有卖地得到大笔钱的地主花钱的新闻，不仅在罗勇有，在全国各地都有。地主善于管理钱财的正面消息很多，不过不好的例子也常有耳闻。个别地主在卖掉原有土地拿到钱后，就在距离马路更远的地方，买下价格较便宜的土地建房子居住和开垦耕种，将部分钱分给子女，其余的就存到银行，必要时再使用。也有个别地主卖地后，拿钱一口气买好几辆皮卡车，分给子女一人一辆，还分钱分金子，大摆宴席招待乡亲邻里，炫耀富有，不出几年钱都花完了，还欠下大笔债务。子女开车要花钱加油，要请朋友吃喝，或者开车不小心撞死人，以及有汽车后惹出的一大堆麻烦，这都是送子女汽车不经过仔细考虑的结果。想要长久地富下去，应该一点点变富，这样才会更好。

我心里知道，自己在讨论买土地的事情时有几次感觉不满意，但一切都过去了。如果按我当时提出的想法买下土地然后去炒卖，我也无法知道到今天我是“更富”了还是“完蛋”了。我只记得经济起飞期间，大家好像都没理由地富了起来，但后来经济变差（1996 年），最后持有土地的人都变得脸色苍白，当初用较高的价钱买下土地，但已经没有下家接手了。而买地的钱是贷款，而且是 3 个月短期贷款，到期要偿还本金了……下场只有破产！炒卖土地牟利，变成了身家全部炒煳了！

贷款

我从孩子那儿听说已经签字贷款数亿铢了，是短期贷款，每 3 个月为期，利率低。银行或证券公司放贷容易，适合业务增长快需要用大量流动资金的企业。短期贷款反复续期使用了将近 5 年，我的公司规模扩大了四五倍。当时几乎所有经营商都普遍使用这种方式。但是到 1997 年，某个金融公司存款业务人员来请求帮忙向其所在的公司存款：“公司接收存款给特别高的利率，现在存款利率为 13.5%。”

那段时间，泰国政府虽然坚称“不对泰铢贬值”，但也有传言说：泰国没有钱维持泰铢币值了，政府只好让泰铢汇率自由浮动，泰铢肯定会贬值。当汉洲得知高利率存款的消息后，就指示财务部抓紧偿还外币贷款，能还多少算多少。因为我们从同一家金融公司贷款，贷款年利率仅为 12%。哪里会有存款利率比贷款还要高的事情！

炒股

说到炒股，我对股票不了解，总感觉与赌博差不多。我老是提醒孩子们不要炒股，孩子们总会反驳说不是赌博，是投资，就像做生意那样有盈利也有亏本。当时，我的第二个儿子汉荣喜欢炒股，他总是跟我说：“炒股要懂行情，炒股忌贪心，要规定炒股资金的额度，如果全部亏了也不超过 20 万铢，是我自己的钱，没有贷款来炒股，对家庭的经营不会有影响。”

汉洲也会对我说："我一直在研究股市，但我真正的投资很少，因为我们家庭的经营有确定的利润收益，我们应该对经营进行投资，我们对自己的生意最为了解。而股票如果要投资就要规定一定数额，如果赔本也绝对不会影响经营。股市是融资来源，如果我们要将经营扩大至更大的规模，或许需要从股市里进行融资，就像找来合股伙伴与我们合资经营。如果我们赢利，他们就可得到分红。赢利大，股票价格会涨高；经营亏本，股票价格会下跌。买股票好手应该了解哪个公司情况如何，股票价格应处于什么水平。如果一味跟风而没有好好分析，这样亏本的机会极大。现在股市投资气氛炽热，主要原因是外国资金大量流入，在不知道应该购买什么的情况下盲目进入股市，个别股票价格大幅超过实际价格，但每个人都抱着希望或者有信心价格会继续上涨，这样太冒险了。最主要的还是那不是我们的主业，现在我们的经营形势非常好，肯定有利润，多做多赚，要先把我们自己的主业做好。"

有段时间我一直跟踪股市消息，从朋友和孩子们那打听各方面的消息。在经济好的时候，谁炒股赚了钱都喜欢绘声绘色地说出来，买进的股票升了大家也会很高兴，一起要请吃请喝，就算股票还没有出手，利润还没变成现钱。但当经济不好时，炒股者就亏得很惨，急得脸色发白。个别炒股的人大亏后甚至在证券交易所自杀，成为当时各份报纸的头条新闻。正由于这些事件，我才不断地提醒孩子们炒股要小心："不要炒股！即使炒股也不能胡乱买，不要贪婪，要设定风险限度。"

工作忙不过来

在泰国经济起飞之前，公司工作很少，人手却很多。公司有几个员工家住得远的，每天上班要一大早出门。但当经济繁荣时，家住得远的员工却从公司辞职，到离家近的地方找工作。那时公司人手不足，要招聘新员工，调高员工工资，以求招到人手，但仍然难以招到员工。而新员工工资调高后，几乎接近老员工的工资水平，公司不得不多次全面调整员工薪资才能让所有人都满意。工作真的很累，不过这种累却饱含着喜悦，因为虽然累但是也知道利润肯定会来到。

在经济繁荣时期前，职员升至经理位置时都要40多岁了。但在经济繁荣时期，年纪不足30岁的职员就有机会晋升经理。那个年代，无论是工程师、技师、财务、计算机操作员、工头还是其他工种都相当缺人。学校要抓紧培养人才，工人要加班加点，节假日几乎都要加班，从工厂老板到各个岗位的员工都能赚到较丰厚的报酬。

懂得节省和精打细算的人，有能力买地和购置适合自己经济能力的新楼房。但也有人买地和购置楼房大大超过自己的经济情况，有人在没有必要的情况下买车，只是为了回外府老家炫耀，因为觉得自己没有小车会丢脸，哪怕买车后一年只开10多天。如果谋生中不需要用到车，那么车其实就相当奢侈，越放越贬值，而且会浪费不少金钱。万一发生事故，更加要花费大笔钱财。

当遇到经济不好时，除了收入陷入困境或者失业外，供款的资产也会全部失去。个别人经常与朋友吃喝，喝酒抽烟不加克制，天天如此成了习惯，每周要喝四五瓶酒，抽三四包烟，计算下来每月在这些事情上花费2 500多铢。这样不断地喝呀、抽呀，10年、20年该浪费多少钱？有这种行为的员工总会后悔，在醒悟后会伤心地叫起来："耗费在酒和烟上近20年的钱哟，可以买下联排别墅两三间了呢。现在都50岁了才开始供房，不知道还有没有能力哟！"在挣钱多的年头，不少人养成花钱大手大脚的习惯，爱炫耀、爱耍豪气的习惯，这种性格潜伏已久吧，有机会就拿出来炫耀却不自量力，最后欠下一屁股债务，要躲躲藏藏过日子，还陷入债务深渊。个别人要东躲西藏上十年还无法清还债务，个别到死了身后还欠着债。这就是缺乏谨慎态度生活的例子。

资金外流，经济衰退

资金流入初期，泰国经济出现繁荣。将资金进行必要的投资，对经营可行性进行周密的研究，不仅贷款要有资产担保，而且经营商所有人也要加入担保，经营不断维持和成长，才有能力偿还利息和本金。当各个领域趋向饱和状态，但资金仍然大量剩余，到了后期我们已能看出经济繁荣底下隐藏着很多风险。例如：很多人从外国金融机构贷款然后拿去存款，从国内银行赚取利息差额。因为当时银行给出的存款利率极高，个别公司从外国贷款然后存入国内银行赚取的利息收益，比其公司经营利润还要高。资金大批涌入，银行放贷宽松，于是出现土地炒卖推高地价，炒房炒楼，导致房地产商过度开发楼盘，大幅高于消费者必要的需求。

那段时间，对世界经济了解的人士纷纷出来提醒："小心泡沫破裂，小心！否则会发生墨西哥的经济现象，发生阿根廷的情况……"但大部分人不理解，仍然埋头炒楼炒地，炒来炒去，绞尽脑汁让自己买入的价钱可以牟取更高的利润。究其根源，就是发放贷款的条件不严密，加上利率较低，不需要提供担保资产所导致。当房地产价格攀升至无人接盘的高价位时，炒家便无能力向银行偿还利息和本金。从少数人无力偿还到上百人、上千人无力偿还，继而上万、上十万人无力偿还的局面就出现了。经济领域各种产业都有千丝万缕的联系，灭顶之灾终于在泰国全国迅速蔓延。

资金从泰国流出，并迅速波及数十个国家，终于酿成世界范围的经济危机，此次经济危机被称为“冬荫功经济危机”（“冬荫功”是一道泰国特色的名菜）。没有足够储蓄的就难逃劫数。资产在市场以低价拍卖，大批人员失业。当时的经营企业主或机构高管，以及政府高官都承受着巨大的压力，几乎每天都有坏消息。债户要厚着脸皮跟债主交涉要求债期宽限，从短期债务发展成长期债务。如果得到宽限则仍可维持，如果不给宽限，资产将被没收并在市场上拍卖。政府要从国际货币基金会（IMF）中贷款来增加国库储备，以保证不让金融机构和主要金融机构破产倒闭，不然每个泰国人都会遭受损失。

从国际货币基金会贷款有诸多规定，以让国家可以复苏，并且有能力偿还贷款，所有那些条条框框让每个泰国人都吃了很多苦头，因为规定要实施财政紧缩政策，政府施政政策要受到基金会的监管，但当看到黑暗隧道远端出口还有光明，必须咬紧牙关忍耐，就像债务缠身的人要向他人借到钱，别人愿意借钱就会有特别繁多的限制条件，债主当然设想一定要拿到还款。该会要求我们压缩开支、变卖种种资产，就算是自己的心爱之物也不例外，以偿还本金和减少支出，如果那件物品还需供款的话。此外，还要尽可能最努力地工作，挣更多的钱以用来还债，还债期间最为难捱也属正常。因此“勤奋、诚实、节省、吃苦”的教诲放在哪个时代都适用。

在经济繁荣时期，我们的经营增长得较快，公司也有了大批新员工。我只认得老员工或者工作超过 10 年的员工，要不就是个别主要的经理人员。我逐步退出工厂的管理，主要工作只是管理财务、储蓄理财，好让集团公司财务状况保持稳健。

1997 年，值得我骄傲的事情是，我对公司安然度过“冬荫功经济危机”时期也做了一份贡献。那时，银行将所有贷款全部抽走，集团公司内出现资金问题，运作系统内流动性不足，我不得不将几乎所有储蓄约 1 亿铢全部拿出来给公司周转，让公司经营得以维持而且没有出现停顿。

各大企业纷纷转向出口，我的公司也不例外。1997 年中，因为泰铢严重贬值，从 27 泰铢兑换一美元贬值到 50 多泰铢兑换一美元。经济情况十分萧条。1998 年，泰国国内生产总值低至 -10%。这段时间，谁要是没有足够的流动资金，就有可能倒闭，就算是利润不错的企业也一样。银行为了偿还外国贷款，全面回收国内贷款，做进口生意的企业很多都倒闭了。

那时人们总觉得对自己还没有什么影响，但实际上，不稳定的汇率影响非常大。比如，我的一个公司想从日本购入报价为14万美元的机器，讨价还价后，定在12.5万美元，并且给一年信用时间，可以在次年的三月也就是1998年三月再付款结清。我儿子立刻答应了，因为这个价位和条件很好，能让我们先用一年机器再付款。然而1997年7月1日，泰国政府宣布泰铢将贬值，因为国库里外汇储量太少。我儿子有点灰心了，因为不知道等到机器付款日期时，我们得再多交几百万泰铢。

算一下就知道，机器价格为12.5万美元，乘以合同签订时的汇率（1美元兑换27泰铢），得337.5万泰铢。如果泰铢兑美元贬值10铢，我们就要多交125万泰铢；如果泰铢兑美元贬值20铢，我们就要多交250万泰铢。也就是说，泰铢贬值之前，价钱为337.5万铢，贬值之后，就需要付612.5万铢了，需要多付275万铢。幸亏我们运气好，能有钱支付，要是没有钱支付，后果将不堪设想。

当流动资金迅速消失，股市大盘指数一下子跌到了200多点；大概有50多家金融公司倒闭；各大银行也好不到哪儿去；从外国贷款的合资公司也感到投资很艰难；有的公司为了有充足的流动资金必须对投资做很大调整。我的公司也不能幸免，受到了外国贷款的影响，同时国内销售量跌了超过50%。但幸运的是，我们储备了足够的资金。

失业的人

1997年到2002年，转换成泰铢的外汇欠款一下子翻倍了，需要偿还的本金翻倍，利息也翻了好几倍，贷款利息从以前的百分之十几增加到现在的百分之二十几。企业的销售量跌了超过50%。欠款人没有钱还账，更别提要在三个月内还清本金了。不少泰国人陷入这样艰难的境地：“这个时候都不倒闭，什么时候才倒闭?”

1997年末，我在特帕叻地区的工厂不得不和所有人力公司解除雇佣合约。大概有60人，或者说15%的员工被解雇。

按照法律，公司在这时解雇工人，需要缴付赔偿金。我们很幸运，存款足够支付赔偿金。这个时期，几乎所有的公司都在解雇员工，有的公司有能力支付赔偿金，但好多公司根本没有能力支付这笔钱。泰国还算幸运，回家还能种田钓鱼种菜，天气也不太冷，不至于饿死。要是发生在严寒地区的国家，整天下雪，没有什么吃的，那该如何是好？在解雇员工的那一天，我去鼓励我的员工说：“我曾经经历过比现在落魄得多的情况。就算到了山穷水尽的地步，泰国是鱼米之乡，如果不偷懒，总能想办法填饱肚子。希望大家做个好人，懂得忍耐和节俭，艰苦奋斗，不久，情况自然就会好转的。只管种下好的因，不要问会得什么果。祝大家好运。”

就算已经解雇了60人，剩下的员工每天也只剩下五六个小时的工作量，还得自己找活儿干，所谓找的活儿就是一起清洗机器、清洁工厂地面和墙壁、修剪草坪等，每天都干这类工作，直到没什么工作可以干了。于是必须减少员工每月的工作时间，从每周六天减到每周五天，同时按照比例减少工资。至于那些按天计费的临时工工资本来就少，所以还让他们每周工作六天，好维持生计。奖金就只发1 000到2 000铢，走走形式。

那段时间失业的人到处都是。金融行业失业人数超过一半；建造业也是一样，失业率超过50%；汽车行业的失业率超过35%。根据官方统计的数据：失业率由3%变为7%，但我认为实际失业率超过10%。因为公开招聘十个人，就有好几百人报名。那些招人的企业大部分都是自己有足够储备资金、用国内的原料、生产出来的产品走出口的公司。国内很多员工被解雇或被减薪，只有极少数公司还会招聘员工、给很高的奖金。刚毕业的大学生几乎找不到工作，家庭条件稍微好点的都选择继续读书，家庭条件一般的就要每天都在外奔波找工作。幸运的是，那些失业的人还能回家务农，不至于饿死，而且农产品一旦出口，就能够有很好的收入。那段时间，我的公司一直在勒紧裤腰带过紧日子。

汉洲不得不宣布三B政策①，即节约（save）、利用（utilization）和效率（efficiency），以帮助减少员工的开销。大家都很合作，甚至在员工之间流传着这样的笑话：

“如果不一起控制成本，我们可能会遇到第四个B和第五个B。”

“第四个B和第五个B是什么?”

“第四个B是‘解雇’，第五个B是‘报德堂’②，公司不是倒闭就是濒临倒闭，然后我们就跟着一起死翘翘（玩完了的意思）了。”

幸运的是，很多大国的经济情况不像泰国这样糟糕，比如美国、日本和一些欧洲国家。这些国家从泰国进口更多的商品，来泰国旅游的人数也增加了，由于泰国的商品和服务价格对他们来说便宜了很多，有的人甚至说泰国全国上下都在打五折。所以泰国的收入也逐渐增多了，各方面也逐渐恢复正常。2003年，泰国终于还清了国际货币基金会的所有贷款。

---

① 这三个泰语词的起始字母念B。

② 报德堂是泰国的一家慈善机构。

危机之后

我的公司出口商品也有很长一段时间了，但是出口量仍然不多。经济危机时期成了我们扩大出口量的良机，由于泰铢的疲软，我们出口价格也下降了。但也没有被压价，因为我们有自己的品牌，那两年也没有接受雇佣给别人生产产品。两三年后，公司恢复了往日的强大，甚至比以前更强大。因为汉洲在罗勇府买了生产杯子和其他塑料容器的工厂，并给这家公司起名为“Eastern Polypack Co. , Ltd. ”。我为孩子们扩张企业的能力感到很自豪，他们越来越能承担责任，公司的员工规模达到了 3 000 人，加上另外四五家合资公司，一共将近 5 000 人。资产很多，欠债也不少。各项管理工作越来越复杂，要想理好财，对我来说可能不像以前那么容易了，但我有会计专业毕业的媳妇、留学归来的金融专业毕业的小女儿和专业金融会计团队，由他们来负责理财这一块内容。更重要的是，我的大儿子毕业于经济专业，他是理财团队的队长和负责人。

不光是金融这一领域重要，其他领域也同样重要，只是说什么时间什么人在那个特定的场合会更出众一些。我们是一个团队，每个孩子都在自己所负责的领域认真工作着，还有很多有才华的专业人才帮助经营公司，公司才能一路走到今天。

不管钱是流进来还是流出去，不管是赚了钱还是赔了本，这些都不是什么大问题。如果我们是好人，勤奋工作，一直努力发展，懂得储蓄，和好人做朋友，理性消费，相信我们一定会抓住机会发展壮大的，在危机来临的时刻能够互相扶持渡过难关。

有一件事情我非常自豪，而且它让我的东方实业有限公司获得了良好的声誉，影响直到今天。这件事情就是：1997 年经济危机时期，我们没有拖欠商业伙伴、贷款银行一分钱。就算需要我把自己攒的金条拿出来卖掉，而且动用我自己的存款以及孩子们的存款，能做的我都做了，一直按时还款。

这一点必须要归功于汉洲，他一直坚持“欠债还钱，天经地义”，从不趁机要赖或请求减少债务，也就是人们说的“理发”。他只是请求把还款的时间延长一点，以便我们有足够的流动资金支持企业运转。让人难以相信的是，也正是因为在经济危机时期我们维护了公司的信誉，使得各个金融机构长期以来一直愿意贷款给我们，让我们的企业在经济危机之后的十几年间增长扩张了六七倍。

广场协议

阿鹏·奇瓦江盖博士 曼谷《商业日报》
2007年7月5日，周四

现今美国和其他国家之间的贸易不平衡让人联想到1980年代发生的事情。1970到1980年是日本经济最为繁荣的十年。第二次世界大战之后，日本加速生产、出口产品到全世界，赚钱重建国家。

这使得日本在20世纪60年代到80年代中期经济高速发展，也使得日本贸易不平衡，迅速拥有了巨量的外汇储备，成为世界上最大的债主之一。还记得，那是一个日本公司狂买不动产、在美国拥有大量大型公司的年代。听完似乎和如今中国的情况很相似，现在的中国每年也有大量的贸易顺差。

美国赢得世界大战之后，经济地位和政治地位越来越重要，给其他盟国的经济复苏提供了巨大帮助。因此，也就不奇怪为何美国遭遇双重不平衡，即政府财政贸易不平衡和经常项目账户不平衡（商品加服务）。经常项目账户不平衡的意思是说，美国把美元花出去了，同时与之贸易的其他国家的中央银行将会增加很多美元，例如西欧国家和日本。当美国花了太多钱，就不能再将美元和黄金挂钩，因为美国没有足够的黄金来追上印钞票的数量（布雷顿森林体系中，美元与黄金挂钩，明订一盎司黄金价格固定等同于35美元）。由于各国看到美国账户不平衡现象越来越严重，便对美元失去信心，纷纷把美元换成黄金。直到1971年，美国才不得不宣布取消美元与黄金挂钩制度。

在美国账户不平衡现象十分严重的情况下，应该有相应的调整政策，如美元应该贬值，这样才能反映出真实的汇率。但是美国当时的中央银行主席保尔·沃格却选择了提高利率，以保住超出真实价值的美元高汇率。

超出真实价值的美元高汇率使得美国工业的竞争力受到影响，尤其是美国的汽车业和其他出口产业的竞争力下降，于是美国进入了经济发展倒退阶段。这也就是广场协议的由来，即The Plaza Accord。

广场协议是美国、日本、英国、法国及德国5个工业发达国家财政部长和央行行长于美国纽约的广场饭店秘密会晤后，在1985年9月22日签署的协议。其目的在于联合干预外汇市场，使美元对日元及马克等主要货币有秩序地下调，以解决世界贸易不平衡的问题。

同时，美国将减少巨额贸易赤字，调整性地降低利率；英国、德国、法国将提高利率，而日本则实行宽松的货币政策，同时实行金融改革。

广场协议一经签订，美元就迅速贬值，这一切只用了两年时间。美元对德国马克贬值46%，对日元贬值50%。

到1987年年底，美元对其他主要货币平均贬值54%。

现今世界贸易不平衡的问题依然存在，即美国贸易赤字严重，各国努力干预不让自己的货币升值（或者不让美元贬值），以及允许美国继续花钱创造赤字，当这些问题严重到市场机制也无法对抗之时，我们可能就会进行人为的控制和调整，就像历史上曾经发生过的一样。

1994年，我、妻子、儿子、女儿、媳妇、女婿以及孙子孙女共三十九人的全家福。儿孙中好几个人加入家族企业，助力企业的发展和壮大

47

继承企业的儿孙们

三十多年来，我不断努力并终于获得成功的原因，在于我一直坚持不懈地奋斗和辛勤工作着，直到变成一种习惯。尽管我年纪越来越大，但我勤奋工作的热情丝毫没有减退。我感觉工作就是休息。当我五十多岁的时候，孩子们就提醒我应该计划退休了。

孩子们告诉我，公务员或一般公司的职员，一到六十岁就必须退休。退休是为了好好休息，因为体力和精力退步了，该让新人代替他们工作了。我也应该在六十岁的时候退休，好好休息。

“父亲您辛苦工作了这么久，该休息休息了，好好享天伦之乐，环游世界，给生命增添更多意义。与此同时，也该给机会让孩子们磨炼自己的工作技能，能够独立自主、自力更生，好为以后成为企业核心力量做准备。”

孩子们在我才五十多岁的时候就和我说了上述这番话，但是我不相信，也从来没有想过要停止工作。不过我工作的内容和性质慢慢地在改变。最开始，我是靠体力谋生计，当上老板后也是事事亲力亲为，生产、购买、销售、存钱、付钱包括找做企业的新渠道、找流动资金等。那个时候，我算盘还用得非常好，因为一直都在用它计算加减乘除。

我还得自己开发票，一开始我在本子上写发票，写的是中文，后来需要写泰语，而我不会，就必须让孩子们帮我写，再后来又开始用打印机、电脑。工作文件越来越复杂，员工越来越多，各种规章制度也多了起来。以前我要用钱直接从抽屉里取就是了，现在没那么简单了，我需要钱的时候也得在会计处开。

“老板您要开多少钱呢？我这就给您开。但请先在这里签字。”

我承认，一开始我很不满意，常常抱怨道：“哪里还有这样的道理，都没几千块钱就要请下属开，还让我签字！”

时间一长我就开始理解了，身为会计就必须对每一分钱负责，不能弄丢，这是一件很细致、很需要有责任感的工作。同时，那些以前用中文和我交流的顾客减少了，越来越多的人用泰语，而且还夹杂很多技术性词汇，我听不懂。如果是和外国人谈生意就要用英语，我更跟不上了。我想了想，自己还是很幸运的，有儿子又有女儿，孩子们都很善良、正直、勤奋，而且每个人都很有才华，学习认真，不调皮捣蛋，一等到该结婚的年纪，每个人就都找到了好伴侣，并回来帮助管理家里的企业。随着工作性质的改变，孩子们的工作都很出色，我渐渐地意识到要调整自己、离开企业，放手让孩子们管理，自己则看管家族资产。

有时候，我和孩子们一起回忆以前的事情。大儿子汉洲自打十岁开始便边工作边学习，一直到本科毕业；大女儿美玉也是边工作边学习，一直到高中毕业才不得不停学回家，帮忙照看生意和七个弟弟妹妹。她很忙，要赶市场、准备饭菜、开发票、照看现金、记录现金流向，以及帮助妈妈和我分担其他家务。但她一有空就带着妹妹去纺织厂打工挣钱，还坚持在夜校读书直到中学毕业。这段时间，稍大一点的孩子就在家帮忙干活、打扫卫生等，干一些力所能及的活儿。

1972 年，二女儿和三女儿从商科（职业学校）毕业后便进入了我们的家族企业。那段时间，企业的橡胶滚轧机、木滚轧机还有渔业用具卖得很好，大女儿就自己开着车给顾客送货。1972 年之后，我连续十几年没有欠款，终于开始有些自己的积蓄了。1974 年，汉洲便全职进入公司工作。

1974—1976 年间，我的工厂附近发生了两起火灾，这块地都是租地，各个工厂陆续搬走迁到外府地区。我的工厂也一样，被规定在三年之内搬走，而土地主人在不到三年内涨了好几倍地租。于是，我和汉洲以及其他五六个隔壁工厂的朋友一起商量着搬到哪儿去好，最后，我和另外两个工厂的朋友一起买了北榄府特帕叻路附近的 7 莱土地。那个时候，那里到处都是田地，马路也是土路。那是我第一次拥有自己的土地，虽然是以儿子汉洲的名义买的，因为我是外国人，不能在泰国买地。1972—1975 年间积攒的钱必须用来支付买地的费用，以及接下来两三年建造工厂的费用。这时候传来好消息，汉洲要在 1976 年和日本女孩关谷君枝结婚了。汉洲想在新工厂厂址附近的提帕旺小区买房作为婚房，他首付付了十万铢，剩下的每个月付六千铢，一共按揭十五年，公司一直为这所房子付款直到付清。

我的家庭多了新成员，就是儿媳妇。汉洲让妻子进入公司工作，因为我们公司和外国的业务也越来越多了，关谷君枝能够帮忙照看这一块工作。在我那个年代，中国人办企业的，没有不想让自己的儿孙进入家族企业帮忙做事的。我也一样。我和汉洲必须得建立各种制度，首要的就是工资制度。进入公司工作的孩子应该得到和其他同水平公司差不多的工资。那个时候，汉洲每个月工资为两千铢，三个女儿的工资依次是一千铢、八百铢和七百铢，还在上学的孩子就只能拿到车费、吃饭的费用，可能还有一点点零花钱。孩子们还小的时候每天给钱，稍微大一点就一周给一次，上高中以后就每个月给一次，要是不够就单独来要。

我的大儿媳妇每个月工资一千铢，尽管在日本每个月能够拿 120 000 日元，也就是八千铢，但关谷君枝是个很随和的人，没有对此表示过不满。他们刚结婚的时候，关谷君枝什么活都干，联系外国顾客，帮助工人干活……一点也看不出来谁是老板谁是员工。有一次，一位日本朋友来孔堤附近的工厂看到关谷君枝在厂子里和工人一起做事情，回去后就在日本圈子里说了这么一番话："日本女子在日本能够过得很好，却来泰国做这么辛苦的工作。"

那时家族企业内的业务还不是很繁忙，汉洲让妻子去格勒大学当日语外教，每周教学两次。关谷君枝便坐双条车，然后转公共汽车去学校教书，教了两年多才停止。公司有两辆皮卡车，一辆给我用，还有一辆小轿车给汉洲用来联系工作业务。关谷君枝在泰国待了三年多之后学会了开车。

1976 年以后，我的家庭喜事接连不断，每隔两三年就有孩子结婚。女儿们嫁到丈夫家里去，男方给的聘礼我一概奉还，还尽公司之所能给男方礼金。当然，各个时间段公司的财力不一样，女儿们嫁的人家也不一样，这就看各自的运气了。但我始终相信，持之以恒地做好事肯定能带来好运气，只是这好运来得快还是慢的问题。

女儿们嫁出去之后，就算男方家也有家族企业，但我和汉洲仍然把公司的股份留给她们。她们每个人有各自的生活方式，就像我的十个兄弟姐妹，每个人都有不同的生活方式。现在（2013 年），十个人只剩下我和三哥两个，也许不久以后，我就会像他们一样离开这个世界。

最让我痛心的一件事就是，2009 年大女儿离世。每当我想到这件事，眼泪就会止不住地流下来。我非常悲痛，女儿还不到六十岁就离世了。另外两个女儿每次都安慰我说，珍爱的人死亡、离开是自然规律，我们逃避不了，要面对现实，心里才不会太难受。佛教里说，人生有五常：每个人都会老；每个人都会生病；每个人都会死；每个人都要经历爱别离；每个人都有自己的因缘，好有好报、坏有坏报，或者说是因缘的规律。

这些都是生命中的一部分，需要细细考量才能理解到其中的真谛，才能真正放下，苦痛才会慢慢减少，心中的幸福感才会增加。

除此以外，儿子还拿来《济公活佛救世真经》第 27 章给我看。我非常喜欢读，因为它时刻提醒我要理解生命的自然规律。我们以公司的形式在一起幸福地生活着。这不是一个能够无限提供金钱的公司。就算我有很多钱，也肯定不会大手大脚乱花钱，什么都要适度。

濟 公 活 佛 聖 訓
พระโอวาทของท่านอรหันต์จี้กง

濟 公 活 佛 聖 訓
พระโอวาทของท่านอรหันต์จี้กง

閱畢存置 · 功德無量
อ่านแล้วเก็บรักษา บุญรักษาเนืองนอง

對衆宣傳 · 尤所希望
รู้แล้วบอกกันทั่ว บุญกุศลเรืองรอง

1	一生都是命安排 ชีวิตย่อมเป็นไปตามวิถีแห่งกรรมที่ลิขิต (ละชั่วทำดี)	求什麼 วอนขออะไร
2	今日不知明日事 วันนี้ไม่รู้เหตุการณ์ในวันพรุ่งนี้	愁什麼 กลุ้มเรื่องอะไร
3	不禮爹娘禮世尊 ไม่เคารพพ่อแม่แต่เคารพพระพุทธองค์	敬什麼 เคารพทำไม
4	兄弟姐妹皆同氣 พี่น้องคือผู้ที่เกิดตามกันมา	爭什麼 ทะเลาะกันทำไม
5	兒孫自有兒孫福 ลูกหลานทุกคนล้วนมีบุญตามลิขิต	憂什麼 ห่วงใยทำไม
6	豈可人無得運時 ชีวิตย่อมมีโอกาสประสบความสำเร็จได้	急什麼 ร้อนใจทำไม
7	人世難逢開口笑 ชีวิตใช่จะเห็นรอยยิ้มกันได้ง่าย	苦什麼 ทุกข์ใจทำไม
8	補破遮寒暖即休 ผ้าขาดปะแล้วกันหนาวได้	擺什麼 อวดโก้ทำไม
9	才過三寸成何物 อาหารผ่านลิ้นแล้วกลายเป็นอะไร	饞什麼 อร่อยไปใย
10	死後一文帶不去 ตายแล้วบาทเดียวก็เอาไปไม่ได้	慳什麼 ขี้เหนียวทำไม
11	前人田地後人收 ที่ดินคือสิ่งที่สืบทอดแก่คนรุ่นหลัง	佔什麼 โกงกันทำไม
12	得便宜處失便宜 โอกาสจะได้กลายเป็นเสีย	貪什麼 โลภมากทำไม
13	舉頭三尺有神明 สิ่งศักดิ์สิทธิ์อยู่เหนือศีรษะเพียง ๓ ฟุต	欺什麼 ข่มเหงกันทำไม
14	榮華富貴眼前花 ลาภยศเหมือนดอกไม้ที่บานอยู่ไม่นาน	傲什麼 หยิ่งผยองทำไม
15	他家富貴前生定 ทุกคนย่อมมีลาภยศตามวาสนาที่ลิขิต	妒什麼 อิจฉากันทำไม
16	前世不修今受苦 ชีวิตต่ำเตี้ยเพราะชาติก่อนไม่บำเพ็ญ	怨什麼 แค้นใจทำไม (บำเพ็ญไว้ไว)
17	賭博之人無下梢 นักเล่นการพนันล้วนตกต่ำ	耍什麼 เล่นการพนันทำไม
18	治家勤儉勝求人 ครองเรือนด้วยความขยันประหยัดดีกว่าไปขอพึ่งผู้อื่น	奢什麼 สุรุ่ยสุร่ายทำไม
19	冤冤相報幾時休 จองเวรจองกรรมเมื่อไรจะจบสิ้น	結什麼 อาฆาตทำไม
20	世事如同棋一局 ชีวิตเหมือนเกมหมากรุก	算什麼 คิดลึกทำไม
21	聰明反被聰明誤 ฉลาดมากเกินจึงเสียรู้	巧什麼 รู้มากทำไม
22	虛言折盡平生福 พูดเท็จทอนบุญจนบุญหมด	謊什麼 โกหกทำไม
23	是非到底見分明 ดีชั่วย่อมรู้กันทั่วในที่สุด	辯什麼 โต้เถียงกันทำไม
24	誰能保得常無事 ใครจะป้องกันมิให้มีเรื่องเกิดขึ้นได้ตลอด	誚什麼 หัวเราะเยาะกันทำไม
25	穴在人心不在山 ฮวงจุ้ยที่ดีอยู่ในจิตไม่ใช่อยู่ที่ภูเขา	謀什麼 แสวงหาทำไม
26	欺人是禍饒人福 ข่มเหงผู้อื่นคือทุกข์ รู้ให้อภัยคือบุญ	卜什麼 ถามโหรเรื่องอะไร
27	一旦無常萬事休 ทุกสิ่งจบสิ้นลงด้วยความตาย	忙什麼 วุ่นวายทำไม

这段时间，为了改善公司的经营状况，我和汉洲到处咨询其他公司的内部团结问题，既向女婿家又向朋友家问。大部分问题都是因钱而生，好几家公司给孩子的工资太低导致父子或兄弟反目；有的甚至自己分家出来成为原来公司的竞争对手，孙子辈的也互相反目。有的公司自己解决自己的问题，有的公司就请大人物来帮忙调解。

我听说过这样的事情：有一家公司给孩子的工资非常少，几乎和家里佣人的工资一样。每次孩子请求多给些钱的时候，就会被拒绝："本来就什么都在用公司的了，菜不用买，房子也不用自己租，汽油钱也给报销，就这样还来要钱，不给不给！"

有的人让家庭成员把什么花销都拿来公司报销，从医药费、学费、衣服、洗衣粉、肥皂到宠物粮食等；有的人给报销，有的人不给报销；有的项目给报，有的项目又不给报。因此有的家庭成员就偷公司的钱，爸爸妈妈儿子媳妇之间便经常发生口角，必须请大人物过来和一家之主谈话。大人物出了各种主意，但最后还是要求提高孩子的工资，同时教育孩子要知道钱的价值，要正直诚实，要勤奋工作，团结起来建设家族企业。

有的公司，把本科毕业、有过好几年工作经验的儿媳妇招进来后每个月才给 500 铢的工资。那时候（1981 年）本科毕业生的月薪一般是 2 500 铢。儿媳妇嫁进家门开始工作后，发现丈夫有 7 个兄弟姐妹，平均下来工资也不是很多，便请求出去工作，但为这件事情商量了一年才有结果。

“我有儿媳妇了，就必须让她来照顾我，而不是让她出去工作。”婆婆略微生气地说。

“我自然会雇人来照顾您，您一点也不用担心没人照顾。”儿媳妇也没好气地回答。

最终，儿媳妇还是出去工作了，每个月拿到 4 000 铢的工资。除了雇人照顾婆婆，还每个月给婆婆 500 铢，还说给爸妈钱是过上好生活的秘诀。婆婆也很开心，特别喜欢这个媳妇。泰国有不少人把自己第一个月的工资全部交给爸妈，以表达孝心及证明自己可以自立了，以后将赡养父母。

汉洲经常说，要满足弟弟妹妹或其他同事的基本生活花销。按照马斯洛需求层次理论，人类的需求是有层次的：第一个层次是生理上的需要，这是人类维持自身生存的最基本要求，包括食物、空气等；第二个层次是安全的需要；第三个层次是归属与爱的需要；第四个层次是尊重的需要；第五个层次是自我实现的需要，运用自己的能力为他人和集体带来利益。我比较理解这个理论。于是，汉洲和我给员工们发了足够的工资，使得因钱而生的问题减少了很多，让他们能够更专心地为公司工作。我的公司正在扩大，需要更多的有识之士加入。

1984—1987 年的经济危机期间，泰铢贬值约 17%，经济十分萧条。我必须拿出存款来用。那时候存的钱还不够发工资的，于是好几次没有钱给汉洲在提帕旺小区的婚房还按揭贷款，差点被收回。这次危机也使得我又一次成为拿工资的人，我的工资是 20 000 铢。

1988 年，经济情况明显好转。公司除了提供住房、饭菜和工资之外，还有能力给已经为公司工作好几年的员工提供小车。这之前，大家都是共用小卡车或小轿车，谁要用就向经常用车为公司办事的人提出申请。一买新车，旧车就成了集体财产或者被特别需要的人拿去用。就像学生时代哥哥姐姐会把旧衣服传给弟弟妹妹穿，直到再也穿不了为止。

随着经济情况逐渐好转，我们于是雇了外面的人来做经理。我的企业的第一个职位是人事经理。那段时间，孩子们总在讨论该给公司建立完善的人事制度，包括工资、伙食费、工作服、奖金制度和重要职位的专车制度等。每过5~7年，就要卖了旧车。因为和买新车比起来，用了七年以上的车子既要维修费又有安全隐患，不划算。

1988—1995年间，企业扩张得很快，挣了不少钱，于是陆续给结婚的儿子们买房。大概每隔3~5年就买一次房，而且都是现金全额付款，不想再每个月还贷款。至于装修，儿子们就用自己存的钱。

1995—2002年间，需要经常去罗勇的工厂照看事情，孩子们往往都是自己开车去，经常深夜才回来。我担心孩子们开着开着睡着了，于是就雇用专门开车的司机。各种事情都能够根据公司的支付能力和工作性质而发生变化。后来我们也不把公司叫"家族公司"了，而是直接叫"公司"。因为"公司"一般指有自己规章制度的正规企业，公司的老板、老板的孩子和其他员工同属于公司；而"家族公司"则更偏向于家庭内部，例如，给压岁钱，给公司工作的儿子买房，特殊情况下出医药费，根据情况给孩子们钱或贷款等等这些事情都没有死板的规则，我作为一家之主，可以一切事务做主，有时也和汉洲商量一下。那些保障家庭福利的钱都来自公司利润，如果大家一起用钱而不一起努力工作挣钱，公司总有一天会坐吃山空。

"家族公司"这个词看起来可能过时了，现在孩子们常常挂在嘴边的"家庭议会"，形式就更广了，是家庭成员之间的共处之道，包括我这一辈、儿子辈和孙子辈。有的人有股份也为公司工作，有的人有股份但没在公司工作，有的人没有股份但是在公司工作，还有人既没股份又没在公司工作但也是家庭成员，必须要制定一个全面的制度，主要包括身体健康、交通事故和教育方面。

至于衣食住医这四方面，则由各个家庭的父母自己负责。孙子辈或其他亲戚要来公司工作的也按照公司的规章制度，合适的就来做，不合适的就考虑其他公司。

如果发生矛盾，先在自己的小家庭里解决，如果真的是大问题，再来和其他兄弟姐妹或家庭议会商量。以前，我总是把儿子、孙子和儿媳妇们都拉进来商量，现在变了，他们会商量解决办法，请专门研究家族企业的顾问老师给意见，然后自己就能得到结论，再制定新的规则。我只是强调："同一个家庭里的成员要相亲相爱，要团结一致，勤奋，有耐心，正直，互相帮助，这样才能家和万事兴。"

回想起小时候在中国的日子，那时候我也是在一个大家庭里面，家里有十多个人，四代同堂。女儿嫁出去了，儿子娶媳妇进屋。家里实行的是“公家制度”，有什么钱财物品一起用，父母是家庭领导。尽管有的东西还是小家庭自己的，但是土地和主要的财产都是属于公家的，或者至少要有一部分是属于公家的。我的家里总共只有五亩地，肯定不够全家人的口粮，必须通过干其他活儿来补贴。那个时候找活儿干非常难，我们必须量力而行并互相扶持，这样做肯定是比分开过要好的。要是谁出去工作了，就会努力给中国老家寄钱；就算在海外成家了，仍然有义务照顾在中国老家的父母和亲戚。要是谁有这个能力寄钱却没有寄，就会被认为是极其不孝的，忘祖忘本。谁要是被这么说，可能就做不成亲戚了。

那个时候生活非常贫困，没有一顿能吃饱，不寄钱回家接济家里就是很不孝顺了。现在时代不同了，他们的生活状况好了很多，我的兄弟姐妹差不多都去世了，现在我还给家里寄点钱，但寄的也不多了。在中国的孙儿和亲戚们能够很好地自力更生了，不需要依赖我们“抱着”甚至“扛着”他们了。

孩子们说我是生于世界大战时期的人，经历贫困，忍耐力超强，什么都听领导的话；我儿子那辈出生在世界大战之后，恰逢婴儿潮，他们只知道工作，为了建设家庭、买房、养孩子等；孙子辈和最小的几个孩子生在1964—1980年间，生来就有房有车，有足够的食物，他们需要平衡工作和生活，人口学上我们将这一代人叫做X代（generation X）人；出生在1980—1997年间的孙子辈，则是Y代（generation Y）人，他们倾向于找自己喜欢的工作，忍耐力比父母辈弱了很多，能够很好地平衡工作、个人生活和社会生活。Y代人很灵活，如果有能力在一个制度较好的公司工作，能够非常迅速地为公司带来发展。各个时代的人聚在一起工作肯定会产生一些问题，各人都必须调整自己，理解他人，这样才能感到舒心。

我和秋梅、小儿子、大孙子、二孙子及亲戚家孙子合影。终于成为爷爷、外公了，我十分高兴

回过头来看，我的家族企业很统一，有一定的共有财产，但负债也不少，

必须处理好各方各面的关系。中国人家庭的共有企业叫做“私企”，但是在泰国的中国人喜欢叫做“家族公司”。

家族公司的好处就是有共同的资产和企业，如果管理得好肯定会有优势。分家的话，财产分到各个小家，肯定不如大家庭发展得好。就和联合公司比单个公司要好是一个道理，联合公司互相帮助，互相鼓励，一加一不等于二，可能等于三四五。反过来，如果家里有人闹矛盾了，不能分清楚公事和私事，大人们只会滥用情绪，互相较劲，把情绪置于道理之上，说话不讲分寸，一加一不等于二，可能等于一、零甚至负数。至于“公平”这个词，很多人觉得是平均分配的意思，事实上，可能有时候给能力强的人多分配些，有时候给能力弱的人多分配些，这要考虑到企业的盈利状况等因素，公平也要顺其自然。

教育家庭成员成为好人、有知识的人，不管什么状况都能管好自己，这一点很重要。如果基本达到要求就进公司工作，如果不合适就去其他公司工作。想当公务员、自己创业、从事自由职业或者像我一样冒险，总之干什么都行，只要是正当的、不侵犯他人、能够给自己和家庭以及社会带来幸福的工作，就很好了。

我、汉洲以及其他大一些的孩子常常会聊到其他家庭，既包括取得巨大成功的家庭，例如正大集团、尚泰集团，也包括存在很多问题的家庭，如因为企业管理和家庭遗产分配产生矛盾的家庭。这些家庭的故事有的来自报纸，有的来自电视，还有的是企业管理专家讲的。

企业的管理方面有很多问题值得思考，有的问题能够马上解决，有的问题的解决需要时间，有的问题没有完美的答案，想得好、说得好、做得好的话，各种事情可能就自然会好的吧！

现在，我的孩子大部分都在公司担任经理或主任的职务。三四个孙子入职后，有的在会计部，有的在市场部等。汉洲和弟弟妹妹们常常就公司的管理问题开会讨论，企业的连锁店和入股的公司加起来超过 25 个了，而且国内国外都有。对此我非常自豪。

我还觉得自己非常有福气，因为孩子们都很知足，不贪心。东方实业有限公司由我和汉洲于 1978 年创建，因为我是外国人，所以只持有 30% 的股份，汉洲持有 70% 的股份。随着时间的流逝，公司的资产逐渐变多。我把自己持有的股份都分给已经成人的孩子们，汉洲也把自己持有的股份分给弟弟妹妹们。三四年前，我把自己所有的股份都分出去了，汉洲也只剩下 20% 的股份。我感到非常幸福，过去的几十年时间里，我的家庭没有一次因为金钱、股份的事情发生过争吵。

今天的成功，一部分原因是从前立下的志向，即要成为好人，勤奋工作，懂得存钱和花钱。当孩子们还在上学的时候，我努力让他们多读书，不断教育他们要团结友爱，不管做什么都要有团队合作精神。他们很听话，按我说的做。现在，孙子们也陆续结束学业，得到本科、硕士学位了。他们的情况和我的儿子们一样，有的去了外面的公司工作，有的回去帮自己家工作，还有的进入东方实业有限公司。我很高兴企业后继有人，也坚信企业会继续繁荣发展下去。

	第一时期：创始人	第二时期：兄弟姐妹持股期	第三时期：堂亲表亲
企业寿命	0～5 年	10～20 年	20～30 年以上
父母年龄	25～35 岁	40～50 岁	55～70 岁
孩子年龄	0～10 岁	15～25 岁	30～45 岁
企业性质	成长迅速，需要投入很多时间	企业进入正轨	必须调整战略，重新投资
机构性质	小而灵活	大而复杂	开始固定
孩子年龄	0～10 岁	15～25 岁	30～45 岁
主人动力	让企业获得成功	需要控制和稳定	寻找新企业发展壮大
家庭开销	按需开销	需要增加，包括教育	需要稳定性；公益开销
家庭目标	企业成功	企业成长和孩子的成长教育	家庭团结
决策	一个人决定	和兄弟姐妹一起决定	少数服从多数
管理	注重如何能存活下来	使用专业的管理系统	注重资源分配和投资
企业战略	繁荣壮大	调整新的战略	创建管理者继任文化；评估投资；维护和持股亲戚的关系

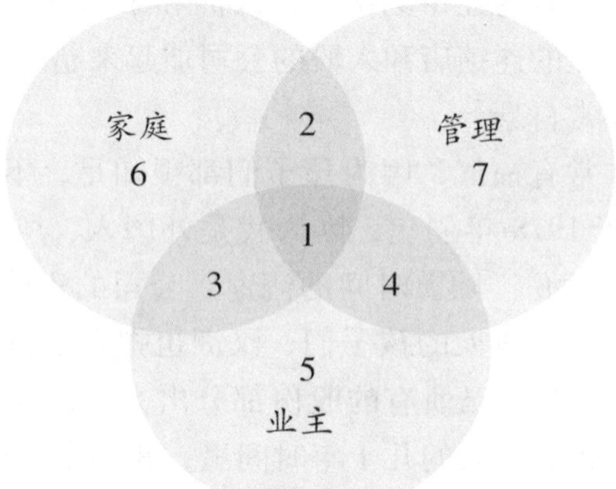

不同的人想法和目标也不同，因此很容易产生矛盾

2011年，泰国发生特大水灾，我旗下的公司迅速调整生产战略，按照皮卡车的模板生产船只，之后捐献或按低廉的价格卖给大家以帮助缓解灾情，为十多万人提供了便利

48

遇上特大水灾

2011 年，泰国发生了特大水灾，灾情从十月份一直持续到十二月份，造成至少好几千亿元的经济损失。

东方实业旗下的一个子公司被水淹没了，就是建在阿瑜陀耶府萨哈拉达纳工业区的 Eastern Polytech 公司。这是第一个被水淹没的工业园区。我的三儿子汉林之后告诉我说，没有人想到水会涨到三四米，只知道 2011 年 10 月 4 日星期二下午，工业区宣布关闭一周，请所有人在下午两点钟之前搬离，只有防洪分队留下来治洪。

Eastern Polytech 公司留下七八人防洪，在公司周围堆起 60 厘米高的防洪沙袋，公司的大门比工业园区内马路高出 50 厘米左右。从下午两点钟到五点钟，公司附近的区域一点水也没见着；但是过了半个小时，水就迅速从马路上涌过来了；再过了两小时，水面已经高出马路路面 1.4 米。防洪分队的工作人员立刻拿出抽水机来抽进入公司区域的水，但是不到十分钟，就得把抽水机放回工厂内，还没来得及把抽水机放回工厂，水就已经淹没工厂了。总之在两小时之内，公司门口马路上的水就涨到 1.4 米高了。工业园区负责人坐船通知大家赶紧离开园区。那个时候电站也停止工作了，防洪分队的所有成员只得仓促地把东西搬到船上后一起离开。就在他们坐船出来的时候，恰好遇到电视台在摄像。每个人到家的时候，都已经疲惫不堪了，有的人甚至要走十几千米的路。

2011 年 10 月 5 日的早上，汉林和经理立马赶过去查看损失情况。一路上发现被淹没的地方也是分区域的，进入工业园区的路面上没有灾情，但进去 100 米就开始有灾情了，水越来越深，必须坐基金会捐赠的船进去。汉林告诉我，难以置信的是，工业园区内的马路几乎都被淹没了，从 10 厘米开始一点一点变深，到了我们公司门口的马路上，水深达到了 2.5 米。水流进办公室和工厂，深达 1.5 米。汉林把 Eastern Polypack 公司所有经理级别的员工集合起来，搬到北榄府特帕叻区特帕叻路的东方实业工厂上班，整合公司员工、顾客和其他业务伙伴的工作。

我说：“发洪灾了，现在什么也干不了。但是该付款的还得按时付，为了不产生其他乱糟糟的问题。尤其是员工工资。当然，遇到水灾的每个人、每个公司肯定都不好过。”

6นิคมจมน้ำญี่ปุ่นกระทบ2.3แสนล.

นักธุรกิจญี่ปุ่นกระทบหนักน้ำท่วม 6 นิคมฯ .ผยมูลค่าลงทุนรวมสูงถึง 2.3 แสนล้านบาท รัฐเตรียมแผนสูบน้ำออก ช่วง 16-30 พ.ย. นี้ กนอ. เล็งเปิดพื้นที่สำนักงานใหญ่มักกะสัน โรงงานถูกน้ำท่วมใช้ทำงานชั่วคราว บีโอไอ ห่วงลงทุนไตรมาส 4 ชะลอตัว ผวาต่างชาติย้ายฐานผลิต หากมาตรการเยียวยาไม่สอดคล้องกับความเสียหาย

จากสถานการณ์น้ำท่วมในหลายนิคมอุตสาหกรรมของพื้นที่ภาคกลาง โดยเฉพาะที่จ.พระนครศรีอยุธยา ปทุมธานี เมื่อหลายสัปดาห์ก่อน ทำให้โรงงานต่างๆที่อยู่ในนิคมได้รับความเดือดร้อนไม่สามารถเดินเครื่องผลิตสินค้าได้

แหล่งข่าวจากกระทรวงอุตสาหกรรมเปิดเผยว่า สถานการณ์น้ำเริ่มเข้าท่วมภายในนิคมอุตสาหกรรมสหรัตนนคร จ.พระนครศรี อยุธยา แห่งแรก เมื่อวันที่ 5 ต.ค. และขยายไปยังนิคมอุตสาหกรรมอื่นๆ ใน จ.พระนครศรีอยุธยา และ จ.ปทุมธานี จากการตรวจสอบพบ นักธุรกิจญี่ปุ่น เป็นประเทศที่มีสัดส่วนการลงทุนมากเป็นอันดับหนึ่งในทุกนิคมฯที่ถูกน้ำท่วม ส่วนใหญ่ลงทุนอุตสาหกรรมยานยนต์ เครื่องใช้ไฟฟ้าและอิเล็กทรอนิกส์

สำหรับนิคมฯ ที่ถูกน้ำท่วม 6 แห่ง ได้แก่ 1.นิคมอุตสาหกรรมสหรัตนนคร โรงงาน 43 แห่ง จ้างงาน 9 หมื่นคน เงินลงทุนรวม 9,472 ล้านบาท นักธุรกิจญี่ปุ่นลงทุน 78.8% ของการลงทุนทั้งหมด มูลค่า 7,462 ล้านบาท

2. นิคมฯบ้านหว้า(ไฮเทค)โรงงาน 143 แห่ง จ้างงาน 51,186 คน เงินลงทุน 65,312 ล้านบาท นักธุรกิจญี่ปุ่นลงทุน 50% ของการลงทุน

อ่านต่อหน้า > 4

นิคมอุตสาหกรรมที่ถูกน้ำท่วม 6 แห่ง

นิคม	โรงงาน (แห่ง)	เงินลงทุน (ล้านบาท)	ชาติลงทุนอันดับหนึ่ง	เงินลงทุน (ล้านบาท)	จ้างงาน (คน)
สหรัตนนคร	43	9,472	ญี่ปุ่น	7,462	90,000
บ้านหว้า (ไฮเทค)	143	65,312	ญี่ปุ่น	32,656	51,186
บางปะอิน	90	60,000	ญี่ปุ่น	23,334	60,000
โรจนะ	198	56,000	ญี่ปุ่น	39,200	90,000
นวนคร	227	180,000	ญี่ปุ่น	108,000	128,311
บางกะดี	44	25,000	ญี่ปุ่น	21,250	30,000
รวม		395,784		231,902	

据报纸报道，遭受水灾的 6 个工业开发区损失估值合计 2 300 亿铢

Eastern Polypack 公司门口的马路水深处最高达到 3.7 米，办公室水深处最高达到 2.7 米，这个情况持续了两个月，导致工厂和办公室里的机器、原料、成品和其他工具几乎全军覆没。还好有保险，着实给我们减轻了不少负担。萨哈拉达纳工业区被水淹没之后，没过几天，高科技工业园区、挽巴茵工业园区、洛乍纳工业园区、挽甲迪工业园区也沦陷了，还有巴吞它尼府、暖武里的几个工业园区。最后，曼谷也沦陷了。

这次水灾覆盖泰国十几万平方千米的地区，超过 15 个府受灾，经济损失达到好几千亿铢。

这次水灾，体现出泰国人全力以赴、互帮互助的精神。捐钱作用有限，生活中的必需品才是急缺的，例如水、食物等。受灾地区的交通状况十分糟糕，汽车只能到达少数地区，船成了必要的交通工具。所用的船大部分是公务船或私人船只，数量十分有限，但当时需求置非常大。汉洲和阿咖瓦是负

责生产皮卡车车塑料甲板的，他们把生产车塑料甲板紧急换成生产船塑料甲板。公司员工夜以继日地制造生产模板，拒绝加班补贴，因为他们都想帮助受水灾的灾民。

让人难以相信的是，以往要做一个月才能做出来的模板，他们在七天之内就做好了。大家积极制订计划，在四十多天之内便把塑料船只成品做好了，并且出售、捐赠了大约六万艘，帮助十多万人缓解了灾情、提供了便利。

公司捐赠了七千艘船，出售的价格也不高，主要是为了行善积德。有很多顾客来买船只，然后捐赠给各种单位；还有人买了之后以正常的价格卖出去。但是有的人买了之后却以非常高的价格卖出，从 2 000 ~ 3 000 铢的价格哄抬到 5 000 ~ 6 000 铢，甚至有人卖到了 10 000 铢。

销售的最初阶段，电话销售的量非常大，但是分配不太顺利，因为需求量实在是太大了，比生产量多出好几倍。我们的团队忙得团团转，必须要合理分配，但好几次都分配不下来，有的销售员都急哭了。后来，开始有些散客买一艘船、两艘船，公司方面于是改变了销售方式，从只能打电话批发改成可以零售，把船直接卖给那些最需要的人，限制每个人只能买一艘。最开始，我们在邦纳的办公室卖，估计能卖三百艘船，结果不到一小时，三百艘船被一抢而空，但还有大概两百人排队等着买。没有买到船的人失望，于是想把刚从生产线上生产出来的两百艘船全部拿过来，销售人员对他们说："请大家再等两个小时，每个人都会买到船的。"

话音未落，整个屋子里响起"嘿"的叫好声，销售员和顾客双方都高兴得眼泪都快掉下来了。我听了也真心感到高兴。在这个特殊时期，公司还为顾客们准备了水、食物，因为他们都是受灾灾民。

自那以后，孩子们和员工们就把船带到受灾地附近销售。每个员工都说，不管多累都愿意做，因为这是在帮助那些受灾灾民。有一个灾民全身湿漉漉的，还散发出污水的腥臭味，手里攥着湿了的钱来排队买船，一脸愁苦地抱怨道："如果今天没买到船，我母亲可怎么熬啊！"销售员立马和我儿子联系，把这位男子请到后面来说话："我要有船去接我母亲，她病重必须要去医院治疗。但是她没办法出门，因为水深到我脖子这儿了，车子进不去，我都是蹚水将近两个小时，然后坐军车出来，之后才坐的士到达这里。"

"怎么知道这里卖船的呢？"销售员问他。

"我打电话问朋友哪儿有卖船的，我急需船带我母亲去医院看病。朋友找了好几天才打电话回复我说这儿有卖船的，在这个 Aeroklas 公司。"

我儿子免费送了他一艘船，还给了他一些车船费。这种事情发生过好几次了。

每次想到特大水灾，我都为因水灾而失去挚爱、失去多年来所经营的企业或失去自己一直以来维护珍视的东西的人感到伤心不已。但反过来，我又为泰国人在灾难面前互相帮助的精神感到欣慰。有钱出钱，有力出力，大家都在全力为受灾灾民提供帮助。

“泰国人的精神，一直都在。”

2011 年 10 月 4 日 17：00

19：00 水深大概达到 1 米

2011 年 10 月 5 日 10：00 水灾照片。水深达 2.5 米，电话亭只能看到顶盖

2011 年 11 月初工厂内部水灾情况。水深大概 2.2 米

2011 年 11 月初，用船运模具

2011 年 11 月底，工厂前面水灾情况

工厂的防洪分队正坐在 Aeroklas 牌的船上

2013 年 9 月，工厂前面重修完毕。可以看到电线杆上水位的印迹高达 3.7 米

危机时期，Aeroklas，世界上最大的皮卡车配件生产商，在泰国遭遇特大洪灾时及时转变生产产品为船只，在 40 天内生产了超过 60 000 艘船，同时定价便宜，在灾区附近进行销售。公司还生产了简易厕所等。在这次洪灾中，公司捐赠了很多必需品给受灾灾民

โครงการทำดีเพื่อพ่อ Aeroklas @ EPG
โครงการทำดีเพื่อพ่อ Aeroklas @ EPG
โครงการทำดีเพื่อพ่อ Aeroklas @

ROFLEX CO., LTD.
RAYONG THAILAND
D AREA : 132,000 m²
er 2012
A MEMBER OF
EASTERN POLYMER INDUSTRY CO., LTD.

总经理陈汉洲博士

49

东方的未来

东方实业集团前身是东方实业有限公司，从小工厂做起来，主要生产用在渔业和空调中的橡胶、塑料和金属制品；为了把火把传给我的大儿子汉洲，自从1978年东方实业集团创立以来，我就渐渐放手不再参与集团的管理事务。汉洲还是中学生的时候就已经开始和我并肩作战了。

今天，汉洲，家里的发明家，已经成长起来，证明了他有能力带领整个家族向前稳步发展、迈进。如今，汉洲是东方实业集团的总经理，也是发明新产品的工程师，他发明的产品已经有百来件了，有的产品还申请了专利。我和妻子从来没有为他担心过。尽管如此，我还是常常去旗下各个公司转转，为了给孩子们和员工们打气加油，也为了欣赏一下用自己的血汗建立起来的成功。作为创始人，我就像那个不断翻土施肥的人，准备了一块肥沃的地；汉洲就是播撒包含着他自己才气和志向之种子的人，种子生根发芽，让家族企业越来越壮大，扬名国内外。

从今往后，我要把东方实业集团的未来交给汉洲，按照他的管理计划和政策去发展，他既是企业的领军人，又是弟弟妹妹的领导。

从种子到生出稳定的根基

35年以来，东方实业集团各方各面都有了长足的发展，尤其是提高产品质量方面，如今能出口到100多个国家。我们在泰国以外的国家设立工厂，以满足各个地方顾客的需求。除此以外，集团和泰国国内外一流公司合作，共同发展与橡胶和塑料有关的企业。我们公司在生产隔热绝缘橡胶、皮卡车甲板、车零配件、通风管、高瓦数灯泡和塑料容器方面是泰国的领头羊。集团引进最先进的技术，不仅能提高产品质量，减少能源浪费，增强环保、安全系数，还能提高工作生活质量。

东方实业集团有限公司

Eastern Polymer Group Public Company Limited

Aeroflex Co., Ltd. (AFC, Rayong)

Eastern Import-Export (Thailand) Co., Ltd.

Eastern Syntech Co., Ltd.

Aeroklas Co., Ltd. (ARK, Rayong)

ARK Bangkok Office

Eastern Polypack Co., Ltd. (EPP, Rayong)

EPP Bangkok Office

Aeroflex USA, Inc. TN, USA.

Aeroflex Polymer Technologies (Shanghai) Co., Ltd.

Eastern Polytech Co., Ltd.

Abric Eastern Internationnal Co., Ltd.

Zeon Advanced Polymix Co., Ltd. (Factory1)

Zeon Advanced Polymix Co., Ltd. (Factory2)

Tokai Eastern Rubber (Thailand) Ltd. (IPP)

Tokai Eastern Rubber (Thailand) Co., Ltd. (ESIE)

Hayakawa Eastern Rubber Co., Ltd.

Aerocel Construction Materials (Jiangsu) Co., Ltd.

Internationnal Polymer Park (Thailand) Co., Ltd. (IPP)

东方实业集团有限公司的产品

东方实业集团有限公司的产品

我们东方实业集团决定在2013年年中上市。为了上市，集团进行调整企业结构后，重新命名为“东方实业机构有限公司”。上市是为了企业的可持续性发展，也为不久的将来泰国加入东盟共同体（AEC）做准备。

大儿子陈汉洲，一直跟着我披荆斩棘，跨越重重困难，从不退缩。从今以后，东方实业机构有限公司的未来就交在他手中了，他定会带领企业走向更加辉煌的明天。

在泰国，我可以这样说：“我们的产品是日常生活中切实需要的产品。您每天至少使用了我们公司生产的一样产品，比如，当您打开空调，那台空调中就必定有我们生产的隔热绝缘橡胶；您开的车肯定有我们生产的减震橡胶；您可能没意识到自己在用EPP咖啡杯；如果您开皮卡车，那么马路上60%的皮卡车的甲板是我们的产品。”

东方实业机构有限公司的总经理陈汉洲，对这个他和我建造的企业帝国抱有十足信心。他拥有发明家的头脑，一遍又一遍地做实验、不怕失败，直到创造出好的产品。汉洲从来没有满足过现有成果，直到今天他也还在不断探索。

回顾往昔，第一颗播下去的优秀种子，让东方实业机构有限公司长出粗壮稳固的根茎，且生出无数枝丫伸向其他企业。这颗种子就是汉洲通过探究发展高科技而生产出来的橡胶拖网滚轮。他从传统的倚重人力加力转向研发利用水力学加力的机器。40多年前，为了提高生产量和生产速度，同时降低成本，我们从每天生产100个橡胶拖网滚轮增加到日产量为600个，这让其他公司没有能力和我们的生产力竞争，于是我们占据了市场的垄断地位。

从那以后，汉洲继续开发新产品，他利用塑料技术设计了浮子，一开始没有自己生产，他设计出模板之后委托给其他工厂生产，但还是用自己的品牌。在40多年前，这种做法非常新潮。

30多年前，汉洲开始申请自己的专利。

汉洲对科技和工程抱有一腔热忱，因此他从来没有停止过做实验和探究，而是不断地研制出新产品，从虾网上的小浮子发展成用在渔业拖网上的大型浮子。那个时候，后者必须从国外进口，例如日本或丹麦，而汉洲发明的浮子成了泰国人自己真正原创出来的产品。我敢说，从那时候开始到现在，尽管东方实业机构有限公司不再生产浮子了，但汉洲发明出来的浮子仍然是市场上最好的浮子之一。从不断试验摸索直到生产出质量有保障的浮子，以至顾客们请求公司再次生产浮子，这些都是成功的证明。

汉洲说：“我是个喜欢学习的人，想知道浮子是如何工作的，就和渔民们一起坐着小船到了洛坤府的巴帕囊，想看看捕虾的时候浮子是怎么工作的，渔网要拉到什么程度等。我们要是想生产什么产品，就要学习、研究直到彻底地理解我们正在做的东西，然后必须牢记要不断地发展这个产品。因此，我们相信，尽管我们不再做这方面的东西已经三十多年了，但是我们曾经生产的浮子仍然是最好的，因为没有人继续研究它，好几处的渔民呼吁我们再生产这个产品。这些都是发展的步骤，从学习、积累经验，到观察、思考，能让我们成为一个发明家。”这就是东方实业机构有限公司的领航人优秀品质的体现，他告诉我们产品是如何发明出来的，证实了公司的每一样产品质量都信得过。

继续研究

“如果你停下来，那就意味着你正在退步，因为别人正在争先恐后地向前走。我们认为，我们的产品有它的周期，如果有一天市场不再需要它，旧产品肯定会消失，所以我从来没有停止过思考和学习新东西。例如我们的空调绝缘板，现在是世界前三位，全世界有九个工厂。以前泰国只是一个不发达国家，为什么我们能做到这个程度？因为我35年前就看清了形势，那时候整个泰国只有20 000台空调，而我则看到了各个楼层里空调的商机，然后思考我们怎样才能拿到这里的市场。”汉洲解释他成功的原因之一。

“我思考过后便开始动手，一开始想着赚了钱就不干了，以为市场就那么大。但是发现不太可能，直到今天我还总感觉到自己仍然站在出发点。我们的研究与发展计划让我们不断地对产品进行更新换代，例如，头五年是第一代，接下来制定目标：每三年更新一次技术。今天，我们已经走到了第九代，生产效率跻身世界顶尖水平，各方面都达到专业水平，还送工程师前往美国、中国、印度和德国的工厂传授经验。

“目前，我们即将发展到第十代到第十二代，现在正在实验室进行试验。那就是让东方实业机构有限公司登记专利的原因。我们已经在泰国国内拥有300余项专利了，包括对世界做出改变的发明专利和设计专利，例如衬垫，我们发明出来的衬垫为皮卡车衬垫的传统结构带来了彻底的改变，以前皮卡车衬垫的铁层厚度有1.5毫米，现在皮卡车厚度变薄了，只有0.8毫米，衬垫是附加物。这使得皮卡车拥有更合适的厚度和强度，同时也减轻了车身重量，能够节约汽油。这便是通过改变皮卡车行业来改变世界的例子，也是公司研究和发展一个具体的例子。”

每个市场都维护好“第一名”

东方实业机构有限公司几乎每一件商品都在市场上占据第一的宝座，不管是塑料容器、隔热绝缘板还是汽车零配件等。汉洲认为，维护好第一名是一件很重要的事，他也准备好了进入未来东盟共同体时代的市场竞争。

“目前，我们已经在东盟共同体国家拥有企业了，不是以投资建厂的形式，而是分布在东盟国家的各个点。因此，当各个国家正式结合成为东盟共同体的时候，我们必须想办法在东盟共同体内扩张自己的企业，可能以建造商品集散中心的形式，总之我们要抢在别的国家进入之前入驻。因此，我们也准备好扩展市场了，至少，超过六亿人口的东盟国家肯定是我们的市场。

“公司从人力资源开始准备，会发生人才流通现象吗？我们优秀的员工可能被雇佣到马来西亚、印尼工作。我们必须防止竞争对手抢夺人才。我分析了一下，就算他们来抢人才也抢不了多少，因为有成本和技术壁垒，同时我们也会抢他们的人才。时刻不要忘记问自己准备好了没有，不管是技术问题还是人力资源问题。一个很重要的现实是，泰国人安土重迁，不太愿意到外国工作，例如公司在中国有工厂，要想派员工去那边常驻是非常困难的，要是派到印度，就更没人愿意去了。

“我们的目标国家是印尼。印尼拥有 2.5 亿人口，是整个东盟地区的40%。但是我们能突破印尼市场吗？因为印尼的社会状况和经济状态具有复杂性和不稳定性。我们不可能百分百地理解他们的政治、文化和社会，可能要找合适的合伙人了。因为要去国外投资，钱不能解决一切问题，还要很好地理解它们的市场，有优秀的人才等。”在国外管理企业将近三十多年的经验，让汉洲对游戏规则很熟悉，他毫不马虎地制订了未来发展的计划。

员工培训

汉洲经常强调，他的企业是从两本中文教材开始的，因为他自己一直是学生，于是他很重视除了泰语和英语的语言教育，并培训员工。这不是为了公司，而是为了给泰国、给世界贡献真正优质的人力资源。

“我努力让我的员工成为国际化的员工。电子邮件中布置工作内容都是用英语，下属员工回我的邮件也必须用英语。这不是因为我特别喜欢英语以至于忘了泰语，只是因为这个世界每天都在向前迈进。现在，我的下属们英语进步了很多。另外，这个企业之所以能够建立起来的一部分原因也是因为语言，当年我勤奋学习中文，终于能读懂制造橡胶的中文教材，才有了企业的今天。

“诀窍是从知识和对语言深刻的理解中生发出来的，我的诀窍是中文。为了推销公司的产品，我曾经去过中国 20 多个省。

“我必须向中国的工程师们介绍我的产品，为了吸引他们的注意，我也必须在中文中混杂几句英语。我自己卖产品、自己建立工厂的经历，让我深刻地理解了创建企业的各个细节和步骤，并准备好发展自己的企业。

“除此以外，我每年都会给各个部门出考卷，叫做‘总经理的考题’，让整个部门一起思考、分析，然后找到答案交给我。不管是定价问题、会计问题，还是利润、市场问题，甚至包括想法方面的问题都有。我的判卷标准是有理有据，如果你的理由比我的想法要好，我就敢买你的想法。我信任并尊重下属的想法。这个方法不仅能让他们有紧迫感，还能激发他们对工作的热情，同时也让我不断获得很多新知识。每年我出考题的时候，每个部门都为找答案而忙得一片混乱。你相信吗？很多企业倒闭是因为定价不合适、不知道如何计算利润。我们必须在技术上有深入的了解，因此我们创建了 EPG 创新中心，用来召集研究员、工程师、学者等，成为我们的创新中心。现在，我们中心有超过 20 多名研究员，学历从本科到博士不等，这让我们的研究更深入，发展更有效率。”

“取之于民，还之于民”

汉洲从小就喜欢读书，那个时候大部分书籍都是和社会改革有关的，讲述社会不平等、贫富差距大、资本家和封建制度等问题。于是汉洲将其中一些有益的部分拿出来融入自己的经营理念中去，愿意分享、不占便宜，也就是“取之于民，还之于民”。落实到行动上就是，自从 1988 年以来，每年设立 1 000 份奖学金，用来支持员工的子女教育问题；还有“200∶1 项目”，即有 200 名员工有机会得到公司的全额奖学金，用来支持他们读本科、硕士和博士——只要他们有能力读到博士。

管理家族企业

尽管汉洲在继承和发展东方实业机构有限公司上作用非常之大，但我们也不能忘记在公司担任管理职务的其他兄弟姐妹。这个企业帝国是由我辛辛苦苦、白手起家建立起来的，他们是我手中接过的火把。当第二代儿女们团结一致共同发展企业时，也得好好计划一下，在这日新月异的时代，各方面的条件都在不断变化的今天，如何把企业传给第三代？

汉洲说：“可以肯定的是，作为家族企业，我肯定支持由家庭内部成员来继承管理职位。但这也不是‘一定’的事情。我给家庭成员充分的自由，儿孙们必须读书，必须先去别的地方工作，以便积累各个方面的社会经验。他们自己必须先尝过成功和失败的滋味，尤其是失败，失败会让他们记住每个细节，更深入理解情况。就像我自己从小到大也尝过不少失败的经验。比如做实验开发新产品的时候，会有好几件产品不成功。还有像我的弟弟妹妹，有的人做建筑工程，曾经欠债好几亿泰铢的都有。

“在开始的时候，我自己也经常遭遇失败，比如，去美国投资的时候我曾遭遇过亏损千万美元的情况，在中国也亏损过好几百万美元。当我们遇到各种各样的问题的时候，我们必须要有坚强的内心，不轻易认输，积极寻找解决问题的办法。幸运的是，这些问题都是我基本能够解决的，但如果在未来出现公司无法接受的问题的话，可能就要面临倒闭。因此，我必须在资金方面确保企业的稳定性，不能让企业陷入停滞不前的状态中，我们需要不断寻找拥有新技术的企业。当我决定将公司上市之时，意味着肯定会有更多的规范和制度，可能会影响到我们的工作速度，但是更为稳定。因此，我才没有认为必须要让家庭成员或儿孙来继承我们的事业。我的孩子们可能并不会参与企业管理工作，仅仅是持有股票而已。”

NINMOSM 哲学

当汉洲总结自己 35 年来管理企业的经营哲学时，他用了一个奇怪的词语——NINMOSM。但是当我们仔细解读这个词语中的每一个字母，就能理解这个理念的内在含义，这也很好地解释了为什么我们能够取得成功。

Niche：公司的产品是有专门用途的产品，汉洲看得很远，他认为不能生产满大街都是的产品。有时候会生产一些大众产品，但是公司会努力研究出让那件产品带上自己特色的技术，让别人无法模仿或者很难模仿。

Innovation：公司的产品以及公司的执行流程都必须不断创新、永不停歇。

Network：在世界上好几个国家建立网点，既有直接在那儿建立工厂的，又有委托其他公司销售的。

Mass：东方实业机构有限公司是世界级的大型生产商，我们对此很有信心。

Organization：创建强大的企业，必须重视人力资源的培养和发展。

Speed：员工和各种系统均工作迅速、灵活、正确，尤其是电脑系统。

Moral：讲道德是很重要的。要是没有这一条，以上所有的字母都失去了意义。不仅仅是企业内部，整个社会同样失去了道德就无法向前走。最重要的一条是：不要贪婪。尽管扩张企业是每家公司都想做的事情，但是在扩张的过程中，必须要合法正确，要凭借知识和实力，要进行公平透明的竞争。公司经常强调，我们要和有能力、有才华的人一起工作，但最重要的是，那个人要正直、诚实。因为能力必定随着道德而来。在竞争中，公司强调 Challenge of Business Life，即在竞争中获得让人骄傲的胜利，在公平竞争中获胜。

在 NINMOSM 哲学理念以及《东方在泰国》一书中其他思想的指引下，公司不断发展壮大直到今天，同时也做好准备再创辉煌，用新的名字“东方实业集团大众有限公司（Eastern Polymer Group Public Company Limited）”开始新的征程——公司上市，让每个泰国人都能持有公司股份，分享公司的成功；同时为使公司获得可持续性发展，全力准备好进入东盟共同体时代，进军世界市场。

1995 年，和锡鸿公司签订投资合同的照片

1995 年，和东方轮胎公司（泰国）签订投资合同的照片

1996 年，和东方轮胎公司签订投资合同的照片

2001 年，将生产塑料杯的公司转让给东方实业机构有限公司的签字仪式，之后建立的新公司名叫 Eastern Polypack 有限公司

东方实业机构有限公司和中国 YingSheng 公司、美国 Aeroflex 公司合作的签字仪式照片

2009 年，并购泰国公司时的签字仪式照片，之后公司的新名字为 Eas-tern Polypack 有限公司

慈善人生

现今，我们已过着舒适的老年生活，都以儿孙能成为社会有用之人而感到骄傲，他们勤奋努力，将生意扩展到我所没有预料的境界

50

我如今的生活

我90岁了。回过头来看看那些与我一起漂洋过海的同村人，那时候有300多人来到泰国，但并不是每个来泰国的人都飞黄腾达了。很多人也就是仅仅能够吃够喝，有些人甚至还很贫穷。

不论是穷人还是富人，最后都要离开这个世界。现在跟我同来泰国的那些人几乎都相继离世，只剩下十几个人了。我们大部分是在葬礼上见面的，每次见面几乎都互相调侃地问候："你还活着呢。"

每次去参加葬礼，我们都是在最前排，只有最亲近和最重要的人才会在最前排。而在最亲近和最重要人前面的，就是在棺材里的逝者了。

在这几十年中，我不畏艰辛努力地创业，最终取得了成功。我一直以来不断奋斗，不断地做着繁重的工作，以至于这些都成了习惯。虽然我现在年岁大了，但是工作上一点儿都没有懈怠，我依然很勤奋，很有激情。

我从公司退休之后，有更多的时间和机会回到中国家乡探亲访友了。

一想到远在中国的家乡，我就回想起儿时跟父母在一起的情景。跟父母、哥哥姐姐以及亲朋好友在一起的很多画面都深深地印在我的心里，那些情景我永远也不会忘记。这也是我的一种幸福吧。

另一件很重要而且让我感觉幸福的事情就是，我有机会表示一下自己对父母和祖先们的孝心和爱心。回去探访哥哥姐姐以及亲朋好友的时候，我会给他们一些钱，还帮三哥、四哥以及四姐、五姐盖了新房子，每栋房子的造价都为一两百万人民币。

我还去参拜家乡各个神庙的神灵。我去那里重修寺庙，并捐了一笔香火钱。因为去泰国前，我曾经求神灵保佑："如果我去泰国，保佑我一路平安，保佑我不会命丧黄泉，保佑我子孙满堂、兴旺发达。”现在我所许的愿望都实现了，我应该来还愿了。

除此之外，我报答生我养我的家乡。我回去后为家乡做了些事情，如捐钱建桥，修建公共浴室，给村子里面曾经帮助过我的人修建房屋和围墙。在支持教育事业方面，我捐款修建了几所学校，大部分都在我出生的丰顺县城里。此外，我还捐资修建了几条公路，如石湖陈修试路、新埔寨陈修试路、丰顺曲水凹陈修试路、丰良石觉坝陈修试路等；捐建了一座丰顺县人民医院陈修试外科医院以及各种器材。为了方便农业灌溉，我出钱修建了一条引水渠。同时，为了让村里的父老乡亲们喝上自来水，我出钱为村里安装了自来水管道。另外，还出钱修建了一座跨河大桥，即梅州叶剑英大桥。

所做的这些事里，有我一个人捐款的，有和其他海外华侨或泰国的华人社团一起捐的，还有些捐款是我跟亲戚在中国投资盈利后，从中拿出钱来捐的。我就这样一点一点地做，不敢相信自己竟然坚持了三四十年。我每年平均捐款一两百万泰铢，有时多点有时少点，这些年的捐款总额加起来，差不多有上亿泰铢了吧。

由于当初贫穷，想上学读书的我不得不中途辍学，所以我要尽自己的最大能力帮助想上学的孩子，为他们创造好的受教育机会。

不仅仅是我一个人，秋梅也会去探访她的家乡，经常去帮助在中国的亲戚朋友，会捐钱为家乡的父老乡亲做一些事。虽然我俩的故乡是不同的地方，但是每次我们都一起去。

我很爱中国，从来没有忘记过家乡对我的恩情。我经常回去为家乡做些力所能及的贡献。与此同时，我也深深地爱着泰国。泰国是我居住生活的地方，它给了我生命中需要的所有东西，不论是妻子还是孩子，不论是名誉还是财富。我生命中所有珍贵和美好的东西都是在泰国获得的。

当我有了一定的身份和地位后，我开始回报泰国社会，为的是能够报答泰国这片土地对我的恩情。我竭尽全力为人们做些事，如在教育、宗教方面。我每年都会为职工子女颁发奖学金，这一活动已经举办20多年了；还为职工提供进修奖学金。我在大学设立了高等教育奖学金。同时，还为兴华学校、挽普学校、北揽坡府的学校以及乌隆他尼学校捐建了教学楼，捐款给教育部门用以建设教学楼等。还有斥资700万成立基金会，建造了威吞拉巴功教学大楼。

这20多年的时间，我不间断地参与皇家志愿医疗计划，为医院捐款，用以购买医疗器械以及其他各种器械。还以公司或个人名义为各种救灾慈善基金捐款，如水灾、火灾、海啸以及其他灾害等。有的时候也跟孩子们或者朋友们一起合作捐款，捐款数额总计也有 1 亿泰铢了。

每次想到能够帮助生意伙伴、公司职工进一步发展和提高自己，改善家庭环境，以及帮助有困难的人，缺少机会的人能有更好的机会，能够帮助社会更加和谐美好，我就感到非常的高兴和满足。

我教育孩子们要爱泰国，要懂得知恩图报。孩子们也都按照我教的去做。我的每个孩子都是在泰国出生的，他们很爱泰国，懂得感激这片土地。因为正是在泰王陛下浩荡皇恩的庇护下，我们家才会有这样舒适和幸福的生活。我们能获得现在的一切，全是泰国及泰王陛下的恩赐。

我一直没有忘记我来泰国的那天，身上没有一分钱，可以说比鬼都穷，因为鬼的嘴里面还含着钱呢。现在回过头来看看走过的这六十多年，我曾身陷囹圄几乎不能脱险……我度过了以泪洗面的日日夜夜才走到了今天。能有今天，我不知流了多少泪啊！

我终于成功实现了自己的梦想，做出了一番事业。比美好的生活和成功的事业更让我自豪的是，我能够将我的想法和人生经验传授给我的孩子们，让他们也能够依此而成功处世。

无论是坚韧忍耐、勤奋努力、认真仔细，还是在困难面前不灰心、不认输的精神，在工作中都要具备，这样才能取得事业的成功。

泰国对我们有恩，所以我们要报答泰国对我们的恩情。为了提醒孩子们不要忘记别人的恩情，也不要忘记国家的恩情，我常教育孩子们：“吃水勿忘挖井人。你们要以此为行动指南，尽自己最大的努力，为泰国做出自己最大的贡献。”

在家庭生活中，家人之间要互相关爱，互相团结，互相体贴。生意兴旺后，特别是在家族生意里，我们要知道怎么做才能够让家人之间不会发生矛盾，不会吵架，不产生分歧。我很幸运有大儿子汉洲，他用现代化的管理方式对所有的收益进行管理，还按标准很公平地分配每个人的收入，因此家里的每个成员都能够和睦相处。

我们一生中最重要的事情就是要做一个好人，诚实守信，不要贪心，也不占便宜，不要自私自利，而要做一个懂得奉献的人——并不是仅仅跟自己的家里人才这样做，在社会上，我们也应该做一个甘于奉献的人。

我想用剩下的时间来报答生我之中国，养我之泰国。我将不断地为这两个国家做出我最大的贡献，直到我离开这个世界为止。

我和家人有机会去拜谒僧皇，这是我们一辈子最吉祥的事

我和家人参加北榄府越盛探部叻廊寺的揭盖礼。该典礼由高僧乔为僧众主持

和二哥、三哥、四哥在我帮助修建的房子门口合影

我出资帮助村里修建了石湖温泉，让村里人能更好地利用该温泉

我捐资修建的道路

丰顺县陈修试运动场

我为家乡捐资修建的学校大楼之一，因为自己没有机会上学，所以特别希望捐资助学

接受学生们的列队欢迎

我在路边修建的凉亭

1989年为丰顺县医院捐资修建的陈修试外科大楼

广东省前省长前来参与医院大楼揭牌仪式

迎接诗琳通公主驾临，并呈修试（威吞拉巴功）大楼

为帕达勃慈善会捐款

为泰国红十字会捐款

捐资助建的邬隆府巴差汕边境学校大楼

捐资助建的北榄府孔挽埠学校大楼

捐资助建的越喇挽伦寺学校大楼

为南疆各府救灾机构捐助小货车，用于各种紧急救援

为东方实业机构内100名学子颁发MINI MBA 奖学金

为800多名员工子女颁发奖学金

我满怀微笑回忆过去

51

满怀微笑忆往昔

在穷苦的生活道路上，为了自己的梦想，我不断地在生意场上拼搏奋斗，最终获得了成功——我在国内外拥有好几家公司和工厂，成为富甲一方的富翁。

每当回想自己是如何走到今天的，我的内心都充满了自豪。我从一个只读过小学一年级的小孩子，背井离乡地从中国来到完全陌生的泰国，独自生活，独自努力拼搏，终于走到了今天。

我也常常这样总结：我之所以能够走到今天，是因为有几个关键的地方我做得很好。首先，我在做一个好人，做一个诚实的人，知道节俭、勤劳、努力，从不向任何困难低头；其次，我懂得感恩，懂得报答对自己有恩的人，包括对自己有恩的泰国人和中国人。

也正是这些原因，中国政府也赞扬我，说我是在异国他乡获得巨大成功的华侨，为家乡做出了巨大贡献的华侨。我担任中国政协委员，经常参加一些比较重要的会议。

在 1999 年 10 月 1 日中华人民共和国成立 50 周年的时候，我和妻子被中国政府邀请到北京参加盛大的庆祝仪式。同年，受邀参加在澳大利亚举行的第五届世界华商大会。

2001 年我受中国政府邀请，参与在北京人民大会堂举行的政协代表大会。被中国政府邀请参加大会的海外华侨一共有九人，分别来自九个不同的国家和地区，即美国、法国、英国、意大利、荷兰、俄罗斯、日本、泰国和中国台湾。我是泰国唯一获得如此高荣誉的人。

作为海外华侨，另一件让我自豪的事情，就是 1997 年 7 月 1 日和 1999 年

12 月 20 日，受邀参加香港和澳门分别从英国和葡萄牙回归中国的仪式。

中国政府给予我各种荣誉，是我热爱、回报生我故土的最好证明。

我能够战胜生活中的各种磨难，一直走到今天的重要一点，就是我和我的家人一道，坚韧不拔，勤劳刻苦，从不轻易后退，也从不轻言放弃。

我这一生，一直力求做一个很正派的商人。我做生意从来没有想过要依靠谁，要依靠谁的权利；我经常教育我的孩子们，我们做生意要站得直，走得正，不要想着靠权利和关系来做生意。如果每一件事情我们都是遵纪守法来做，那么就不会有问题。

我的新旧生活，差别真是天翻地覆。以前生活贫困的时候，仅有给孩子们吃粿条的钱，而我自己常常忍饥挨饿。现在富裕了，我依然喜欢吃简简单单的食物，比如就萝卜干就米饭、喝豆花之类的。我不喜欢吃那些价格昂贵的饭菜，也不喜欢那种浪费奢华的生活。

我的事业起步和发展，可能跟其他人不一样，但是我凭着自己坚持不懈的努力，克服困难，并最终取得成功。我的真实经历，能够给新一代、给正在努力奋斗中的年轻人们提供一点帮助，或者是一种激励，使他们不向各种各样的困难低头，认真努力地去为自己的事业和理想奋斗。我一直相信这句古语："有志者事竟成。"

我感谢父母，感谢他们赋予我生命并养育我长大。虽然经济上贫穷，但是他们内心充满了爱。尽管失明，他们依然没有丢弃我，而是无微不至地照顾我。他们是我取得今天的成绩最大的动力。我伟大的父母双亲，我将永远爱你们，思念你们，将你们记在心里，直到永远。

我感谢秋梅和佩琴，感谢你们做出的牺牲，感谢你们一直以来与我共患难。不论我多么穷困潦倒，你们都不曾抛弃我。除了跟我一起为事业奋斗拼搏外，你们还为我生育了如此优秀的孩子们，对于我来说，这比金钱财富更有价值。今天的成功并不属于我一个人，而是我们一家人共同奋斗的结果。

最后，我感谢命运，让我生于贫苦之中，没有多少文化。因为，不贫穷就不会激发起我拼搏、奋斗的潜能；不贫穷，我学不会忍耐；不贫穷，我也不会这样勤劳。

本书采访者、编撰者宋鹏、扎利亚和女儿在老家我失明期间经常拉二胡的地方合影

我和三哥、四哥在老家门口合影。老房子至今还保留着当年的模样

村民们每天下午来挑水的水井，这口水井现在已经重建，比原来方便了许多

这是我8岁时曾经卖过豆花的地方，凌晨时分，这里挤满了卖东西的小贩

我和亲友在老家祭祀先祖时合影

天王爷庙和松伯墩伯公庙，我当年偷跑来泰国时曾经跪拜过的神庙

揭阳的城隍庙，这是我来泰前最后参拜的神庙

我于1989年参加泰中友好访问计划，与披猜副总理率领的泰国代表团团员在一起

我和妻子于2001年拜访广东省前省长叶选平，宾主亲切交谈

1989年，在中华总商会举行的公宴大会上与查猜·春哈汪总理合影

1999年澳门回归，我作为中国政府邀请的泰国唯一代表，见证了这一伟大时刻

泰国国王向我颁赐纪念品

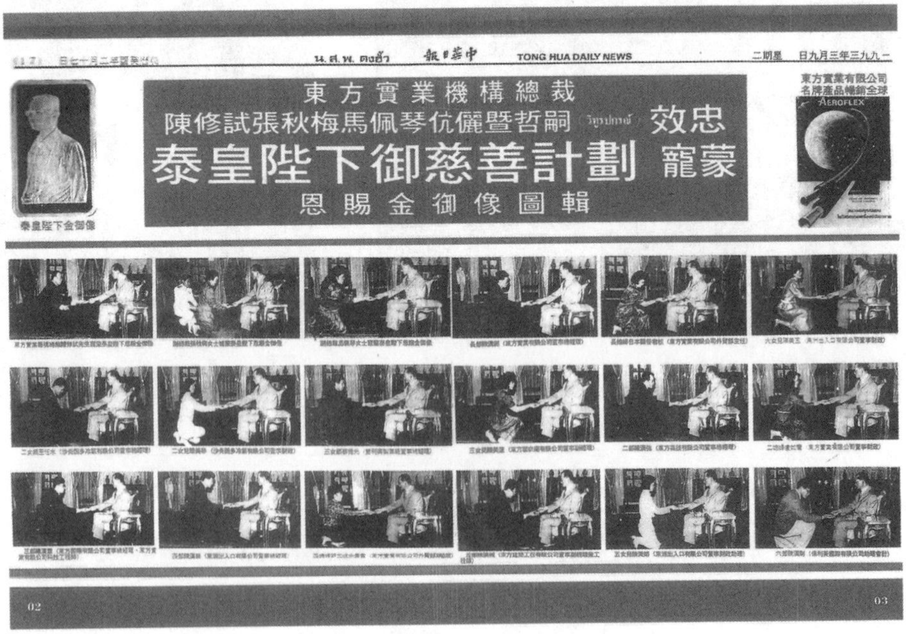

中華日報 TONG HUA DAILY NEWS

東方實業機構總裁
陳修試張秋梅馬佩琴伉儷暨哲嗣 效忠
泰皇陛下御慈善計劃 寵蒙
恩賜金御像圖輯

泰皇陛下金御像

（泰国）中华日报的相关报道

诗琳通公主殿下御颁荣誉博士学位给我

荣获吞武里帕宗诰技术大学 2010 学年度管理学专业荣誉博士学位

家人祝贺我荣获博士学位

附　录

附录一　泰国华人概况

东南亚地区具有悠久的历史文化，很早以前东南亚就有人类聚居，至今已有 5 000 多年的历史。

在人们懂得并掌握冶铁技术之后，便有其他地方的人们迁移到此地来，逐渐形成了一些小的人类聚集地。

两千多年前，贸易活动开始使世界各地互相有了联系。当时就有中国人来到东南亚地区，也就是现在的泰国地区。他们乘船进入泰国湾周围国家，与当地的人民一起定居在那里。之所以有很多人来到这片土地之上，是因为素旺纳普地区不仅是一个半岛，而且是联系西印度半岛和东太平洋半岛的纽带，使东西方的人们从水路或陆路不间断地来到泰国地区并长期或暂时定居下来，从而在种族和社会方面进行了融合，形成了当地特色。

1238 年前后，素可泰王国建立。而此时中泰之间的贸易往来也开始出现，进行贸易交换的中国帆船往来不断，而中国的一些技术也开始被引入泰国，当时最有名的就是宋卡洛瓷器。从素可泰、阿尤塔亚、吞武里，直到拉达纳哥信王朝，两国贸易联系一直不断。

中国人大量漂洋过海来到泰国是在 19 世纪后半期，当时泰国政府还在实行拉达纳哥信王朝初期对华人的优惠政策，这一政策能够吸引很多中国人不断地移民到泰国长期定居。泰国实行吸引华人进入政策的目的主要有两个：

第一，增加国家人口数量，因为泰国一直存在人口过少的问题，1857 年泰国人口仅六百万人；第二，增加国家收入，中国人漂洋过海来到泰国，是泰国政府重要的税收来源。

中国人大量流入泰国，重要的原因之一就是通道的顺畅。从 19 世纪后半期起，每个月都有从中国南方开往东南亚的轮船。自 1882 年起，泰国的孔堤港有曼谷乘务公司的火轮船提供从曼谷到香港或汕头之间的轮渡业务。

中国和泰国之间的火轮运输服务的开通，使中国人，特别是汕头及周边地区的人们来泰国比以前更加方便了。因此也使在曼谷和中部府市的潮州人数量不断增加，以至于潮州人的数量远远超过了从其他地方来的中国人。

当时，泰国正处在努力脱离落后和尽快发展国家经济的时期，从而有实力摆脱英国和法国的殖民统治。泰国不歧视外来人，来到泰国的中国人和泰国人一样，拥有土地和各种工作的权利，甚至可参与大型的建筑工程如修建铁路。

泰国政府从 1890 年开始，实行直接从中国雇用廉价劳动力来修铁路的政策。所有的这些被公司承包的建铁路的工程，泰国政府往往都是给那些移民来的中国人的公司来做。泰国政府每年从中国雇用来的中国人不少于一万人。他们主要从事开发森林、开垦土地，以及安装通往全国的每条铁路的铁轨等工作。当那些中国工人跟雇主的合同到期后，或公司承包的工作做完后，如果不想返回中国，往往就跟当地的泰国女人或华裔后代结婚，然后开始从事各种生意或其他各种工作。

据西方的粗略估计，1890 年，泰国人口达一千万人，这其中中国移民不少于三百万。这些人大部分都是为了养家糊口才来到泰国出卖自己的劳动力。出卖劳力的工作主要有拉人力车、杂工、搬运工等，其他的一些泰国允许外国人从事的工作也都有中国人在做，如收税、送货、开矿以及开办碾米厂、橡胶园、锯厂、水产、开发土地、投资不动产等。那时候从事各种商业生意的中国人多得很。

值得肯定的是，那时候那些漂洋过海来到泰国出卖劳动力或者创业的人确实促进了泰国的发展进步。当然，这其中既有人成功也有人失败。但不管怎么说，跟西方国家的政策相比，泰国对中国人实行的政策相比其他国家而言，要好得多。受经济、政治状况以及“一战”“二战”等原因影响，特别是中国与西方国家及其他国家的战争，以及中国内战，再加上各种自然灾害等，在近四五十年的时间里（1900—1950 年），中国近三千万人漂洋过海移民到了泰国或其他国家。中国人移民海外，在不同的时期有不同的原因，但是大部分原因都是想找一个比较和平的地方，社会繁荣稳定，有做生意的机会，能够使自己和家庭及子孙拥有好的生活是主要因素。

中国人移民泰国已经有两千多年的历史了。一批又一批的中国移民到来后，在民族和社会文化方面，与当地人进行了融合，最终也成为地道的泰国人。

附录二 我及家人的处世哲学

中国人通常是从儒家、道家和佛家以及中国五千多年的历史中获得自己的生活哲学的。中国人一直奉行的行为准则有从古至今流传下来的十条人生美德，如下：

孝 孝顺

悌 兄弟和睦，亲近朋友

忠 诚实，忠诚，负责

信 讲信，守义

礼 有纪律，有礼貌，谦虚，尊老爱幼

义 坚持原则，诚实正直

廉 清白，不贪污

耻 知羞耻，有良心

仁 有慈、悲、喜、舍四无量心

智 有智慧

这十条道德标准，教育人们要记着别人的恩情，有机会就要报答。那些家庭教育良好、生活环境好的人，不论到哪个社会、哪个国家，都会成为品德美好、值得交往、能够信任的人。

据我所知，在拉达纳哥信王朝初期，在泰国的中国人之间互相借钱，不论多少，从来都不用写欠条。因为五千多年来，诚实守信已经成为中国人行事必须遵守的准则。他们讲究凡事要有良心，不能对有恩于自己的人忘恩负义。中国人要秉持公平公正的信念，勤奋努力，勇往直前创造自己的美好生活。

每次孩子们去学校上学的时候，我总是不知疲倦地跟孩子们说：“要做一个勤奋努力的好孩子，要好好学习，天天向上，要跟好人交往，不喝酒不吸烟，不沾染海洛因等各种毒品，不赌博，过马路的时候要左顾右盼，以确保安全。”这些话孩子们经常听，以至于好几次孩子们都跟我说不要再说了。不过三番五次的重复也最终让家里人铭记在心，成了他们的行为准则。

泰国是一个佛教国家，我给孩子们灌输了很多佛教的行为准则。我们所熟悉的佛教准则主要有“五不准”“六大恶习”“十大道德标准”和“四无量心”。

“五不准”是：不杀生，有慈悲之心，对动物和人要仁慈；不偷盗，为人慷慨豁达，从事正当的工作；不邪淫，克制自己的情欲；不诳语，不妄语，讲真话，说话文明；不酗酒，要理智谨慎。

六大恶习会摧毁你的生活、事业、身体、精神、幸福和希望，并阻止你成功：嗜酒，无节制的夜生活，观看淫秽表演，嗜赌，交友不慎，懒惰。

“十大道德标准”是：

（1）自己不杀生，也不怂恿别人杀生，看到别人杀生也不为之高兴。

（2）没有得到主人的同意不拿别人的东西，不怂恿别人去拿，看到别人拿也不为之高兴。

（3）不侵犯别人的孩子、妻子，不怂恿别人去侵犯别人的孩子、妻子，看到别人侵犯别人的孩子、妻子也不为之高兴。

（4）不说谎言。

（5）不恶语伤人。

（6）不讽刺、讥笑别人，不挑拨离间。

（7）不胡言乱语。

（8）不侵占别人的财产。

（9）不指责别人、不与他人结仇。

（10）遵循佛祖教导、不违背事实。

“四无量心”是：

慈，要有慈爱之心，使人感到快乐（与嗔相反）。

悲，要有怜爱同情之心，度人脱离苦海（与残暴或损害别人相反）。

喜，与人同喜，与人同乐（与忌妒相反）。

舍，把心放正（与偏心相反）。

另外，佛教的经济原则或者叫永富之道，也有人叫做富翁的精神，主要有如下内容：

อุ 来自于 อุฏฐานสัมปทา，意思是要勤奋刻苦。

อา 来自于 อารักขสัมปทา，意思是守护看管好财产。

กะ 来自于 กัลยาณมิตตา，意思是应该有美好的友谊，与好人交往。

สะ 来自于 สมชิวิตา，意思是要知足，勤俭节约。

简单地说 อุ、อา、กะ、สะ 就是要勤奋、积攒、慎交友、节俭。

附录三 丰顺石湖陈氏宗族世序表

豐順石湖陳氏宗族世序表

嗣隆在中顯崇大雄
庭興模範名業裕英
應昶良淑勳志昭俊
期永武蘭守斯宜毓
光國學裁世惟咸恒
仕家文鳳先佑載時
元宗修譜承啓奕昌

附录四　中国家族族谱概念及陈氏家族族谱

众所周知，中国人用“姓”来表明自己的宗族，姓是中国人宗族延续的纽带。使用姓氏建立宗族主要有两种途径。

其一，最初使用这个姓的人，被认为是这个宗族的第一代。这一特点会无期限地传下去，但取决于那个宗族的人丁是不是兴旺繁盛。有些宗族的人遍布四方，流落各地，以至于不知道自己宗族的源头。

其二，从某一宗族的第一代开始，继承的子孙就开始延续专门的姓氏，不断繁衍。期间，如果宗族的延续出现了断裂，或者某一后代迁移他处，就无法知道宗族源头，直到有一个人使得某地的同一姓氏兴旺昌盛起来，那么这个人就被认为是这个宗族的第一代。

第二种途径要比第一种途径常用很多，也能够回答为什么很多同姓的中国人，却没有一点关系的问题。第一点主要是用于那些大姓家族，人丁兴旺的能够从古延续下来的宗族。如春秋时代的孔子家族就有由皇帝御赐的族谱，以使其后代能够延续孔子宗族的姓氏，甚至一直延续至今，已经到了第七十七代。

我家的宗族建立就属于第二种途径。我的第三代祖先在广东省梅州市丰顺县石湖村将陈氏宗族发扬光大，之后排了五十六个意义美好的词作为族谱，为陈氏五十六代男性子孙排辈所用。

对于族谱的继承延续，不只是一两家的事情，可能有十家或者百家用同一个族谱。如果传到第二十代，子孙有可能是十个或几十个人，又由于每个家庭不是在同一时间结婚的，所以子孙出生的时间也就不同，那么接下来遇到的事情就是，第二十代这一代，虽然是属于同一代，但是在年龄上却存在着差异，有的像是父子，有的像是祖孙，实际上他们是兄弟的关系。这时候，名字中有辈分就非常便于人们互相称呼了。

比如，陈修试：第一个陈字就是宗族的“姓”，第二个字“修”就是族谱上的字，从族谱上可以查到他属于陈氏宗族第十八代。

对于我的儿子，按照族谱排应该是“文”字辈的，但我没采用，因为我比较喜欢“汉”这个字，所以就用这个字来给孩子起名字。而孙子们应该使用“学”字，但也没采用，也是因为想用一个自己比较喜欢的字。

陈氏家族族谱
（仅限于出生于广东省丰顺县石湖村的人）

代系	繁体	简体	拼音	泰文
第一代	开始建立陈氏家族族谱			
第二代				
第三代				
第四代	元	元	yuán	หย๋วน
第五代	仕	仕	shì	ซื่อ
第六代	光	光	guāng	กวาง
第七代	期	期	qī	ฉี๋
第八代	應	应	yīng	หยิง
第九代	庭	庭	tíng	ทิ๋ง
第十代	嗣	嗣	sì	สื่อ
第十一代	宗	宗	zōng	จง
第十二代	家	家	jiā	เจีย
第十三代	國	国	guó	ก๋วอ
第十四代	永	永	yǒng	หย่ง
第十五代	昶	昶	chǎng	ชาง
第十六代	興	兴	xìng	ซิง
第十七代	隆	隆	lóng	หล๋ง
第十八代	修	修	xiū	ซิว
第十九代	文	文	wén	เหวิน
第二十代	學	学	xué	เสีย
第二十一代	武	武	wǔ	อู่
第二十二代	良	良	liáng	เลี๋ยง
第二十三代	模	模	mó	หมัว
第二十四代	在	在	zài	จั่ย
第二十五代	譜	谱	pǔ	พู่
第二十六代	鳳	凤	fèng	โฟ่ง
第二十七代	裁	裁	cái	ฉั๋ย
第二十八代	蘭	兰	lán	หลั๋น
第二十九代	淑	淑	shū	สู๋

（续表）

代系	繁体	简体	拼音	泰文
第三十代	範	范	fàn	ฟ่าน
第三十一代	中	中	zhōng	จง
第三十二代	承	承	chéng	เฉิน
第三十三代	先	先	xiān	เซียน
第三十四代	世	世	shì	ซื่อ
第三十五代	守	守	shǒu	โซ่ว
第三十六代	勳	勋	xūn	ซุน
第三十七代	名	名	míng	หมิง
第三十八代	顯	显	xiǎn	เซี่ยน
第三十九代	啓	启	qǐ	ชี่
第四十代	佑	佑	yòu	ยิ่ว
第四十一代	惟	惟	wéi	เว๋ย
第四十二代	斯	斯	sī	สื่อ
第四十三代	志	志	zhì	จื่อ
第四十四代	業	业	yè	เหย่
第四十五代	崇	崇	chóng	ฉ๋ง
第四十六代	奕	奕	yì	ยี่
第四十七代	載	载	zǎi	ไจ่
第四十八代	咸	咸	xián	เซี๋ยน
第四十九代	宜	宜	yí	หยี๋
第五十代	昭	昭	zhāo	เจา
第五十一代	裕	裕	yù	หยี่
第五十二代	大	大	dà	ต้า
第五十三代	昌	昌	chāng	ชัง
第五十四代	時	时	shí	สือ
第五十五代	恒	恒	héng	เหิ๋ง
第五十六代	毓	毓	yù	ยู่
第五十七代	俊	俊	jùn	จวิน
第五十八代	英	英	yīng	อิง
第五十九代	雄	雄	xióng	สง

附录五 揭阳县城隍庙富有哲理的对联

对联就是写在红纸上（或者刻在木头上）的两句对仗的诗句，贴在家门两边，以祈求家里人吉祥如意。

在周朝（前1046—前256年），那些有学识的官员和有学问的人就经常写两句对仗工整的诗句以表达自己的情感、思想、座右铭等，并成为那时候的一种文化艺术习俗。在唐朝（618—907年），对联开始流行起来。那时候人们通常是在春节时将对联贴在家门前，以图新年吉祥如意。从而，对联成为中国文化的一部分，并一直流传到现在。

我从汕头乘船来泰国前，曾去揭阳县城隍庙里烧香拜佛，那里面贴的一些对联，至今依然记在我心中。

风调雨顺	国泰民安
做事奸邪任你焚香无益	居心正直见吾不拜何妨
做个好人心正身安魂梦稳	行此善事天知地鉴鬼神钦
隐处也难逃洞鉴	入门各自检平生
进庙来先自问平日所行何事	归家去莫忘记今朝俯首通诚
你来了么	也有今日
彰善惩恶顺天意	扶正压邪合民心
欲知奸佞如何结局	须看忠良到底团圆
善恶到头终有报	只争来早与来迟
为恶不灭祖宗必有余德德尽则灭	为善不昌祖宗必有余殃殃尽则昌
今生富贵前生定	后世荣华此世修
善恶昭然莫道竟无前世事	利名争竞须知总有下场时
灯连三窖月	花发九都春
善报恶报迟报速报终须有报	天知地知你知我知何谓无知
明明洞阳谁谓鉴观非赫	彰善瘅恶当知祸福无私
善恶全由己自作	是非算定法难容
报恩报果报再告	德福德禄德名香
崇心崇意崇忠厚	功子功孙功传扬

懿名远届九都外　　盛德长留万庶中

慈母于今佑万众　　神灵自古仰夫人

慈心积德归子孙　　善举济人世泽长

积金积玉莫如积德　　问富问贵即须问心

紫云长护爱民保赤子　　碧露常沾报德怀春晖

淑德长扬惠赐人间瑞凤　　慈恩广布泽施天上祥麟

附录六　泰国哲理诗

财富聚少能成多　精打细算则富足
知足常乐好生活　花钱流水久贫穷

父母的遗产

父母贫穷无钱给　但愿孩儿勤读书
掌握知识是本领　以此能够讨生活
父母只会渐衰老　切莫指望父母养
要凭知识养自己　孩儿幸福父母喜

工作就是遵循佛法

人之价值在工作，劳动光荣无须疑。
日后自知此真理，工作愉悦心自知。

只因工作要躬行，公德善事至宝贵。
好比能一箭双雕，聪明人事半功倍。
工作一定用心做，戒定慧努力不懈。
诚信至上前途宽，智慧勇气爱工作。

少说多做（瓦奇拉梅提大师作）

不要以生好　　而要生活好
不以人为好　　而要做好人
不要仅思考　　而要想好的
不要仅是做　　而要做好事
不要仅是学　　而是要学好
不要仅是听　　而是要听好
不要仅是看　　而要看好的
不要仅是读　　而要读好的
不仅是管理　　而要管理好

不要仅是爱　　而是要爱好
不仅是给予　　而给予好的
不仅是接受　　要接受好的
不仅是致富　　要正道致富
不仅是抚养　　而要抚养好
不仅是建立　　而要建立好
不仅要负责　　而要负责好
不仅要生活　　而要生活好
不仅玩政治　　而要统治好

蛮干只会伤心（瓦奇拉梅提大师作）

不要拼命地干，不要沉迷邪道
不要丧失道德，不要只记坏事
不要过于享受，不要害怕进步
不要轻信阿谀，不要听天由命
不要中饱私囊，不要自私自利
不要用人不当，不要阿谀奉承
不与恶人为友，不要丧失人格
不要只信经典，不要只顾自己
不要鹤立鸡群，不要铤而走险
不要忘恩负义，不要只靠别人
不要无恶不作，不要只吃老本
不要拒绝异议，不要自找麻烦
不要忘记积德，不要纵容坏人
不与道异者谋，不要崇拜金钱

人生之最

人生中最重要的就是积德行善
人生中最幸运的就是身体健康
人生中最幸福的就是有道德
人生中最有价值的就是宽恕他人
人生中最大的罪孽就是不孝

人生中最自豪的就是帮助他人
人生中最坚固的就是团结
人生中最大的胜利就是战胜自己
人生中最大的错误就是不知自己做错

人生中最愚蠢的就是吸毒
人生中最痛苦的是败坏家族声誉
人生中最大的失败就是骄傲自大
人生中最贫穷的就是乱花钱
人生中最大的灾难就是赌博
人生中最低贱的就是不诚实，好偷鸡摸狗
人生中最可爱的就是谦恭谦虚
人生中最可恨的就是好说闲话
人生中最美丽的就是真心实意
人生中最可恶的就是做作
人生中最困难的就是懒惰
人生中最认可的就是进步
人生中最后面的就是做好人有人爱
这就是人生

知识如商品　无价之宝

知识如商品　远方之宝
智力追求　　才能得到
准备身心　　前往求学
知识无涯　　苦作舟
身心俱到　　学自成
虚心进步　　骄傲落后

人生 38 吉祥

吉祥是幸福的渊源、繁荣发达的保障。佛祖在回答众弟子问题中圣谕人生 38 吉祥，如下：

1. 不与坏人交往
2. 与有学问的人交往
3. 尊敬该尊敬的人
4. 居住在该居住的地方
5. 曾行善积德
6. 公正做人
7. 知识渊博
8. 多才多艺
9. 有纪律
10. 出口成章
11. 孝敬父母
12. 抚养子女
13. 抚养妻子
14. 按时完成工作
15. 施与
16. 善行
17. 资助亲戚
18. 正业
19. 不造孽
20. 不酗酒
21. 勤佛法
22. 有礼貌
23. 谦虚
24. 节俭
25. 孝道
26. 常听佛法
27. 忍耐
28. 听话
29. 清心
30. 伦理佛法
31. 斋僧
32. 行为清廉
33. 诚信
34. 悟道
35. 笃信正义
36. 不悲观
37. 不贪心
38. 心情开朗

幸福经

施戒定慧

富翁之心

勤奋、积攒、慎交友、节俭

幸福
安康

附录七　相关新闻报道

公元2012（2555）年10月10日 星期三（农历壬辰年八月廿五日） | 星暹日报 | THE SING SIAN YER PAO DAILY NEWS　　侨社新闻 A9

泰皇上陛下御赐诗琳通公主殿下颁赐予陈修试
皇家拍宗诰吞武里技术大学 工商企业管理荣誉博士文凭

陈修试博士从零做起自强不息事业成功忠君爱国获此殊荣实至名归
令长郎陈汉洲博士带领陈氏子孙中三十八位博士硕士学士深仝祝贺

图：诗琳通公主殿下恩颁赐皇家拍宗诰吞武里技大工商企业管理荣誉博士文凭予陈修试先生接领。

膺任泰国中华总商会名誉主席，泰国丰顺会馆永远荣誉主席，泰国半山客会馆永远名誉理事长，泰国陈氏宗亲总会永远荣誉理事长等诸多侨团要职，东方实业机构，东方国际工业城总裁陈修试先生于去年宠蒙泰皇上陛下御赐皇家拍宗诰吞武里技术大学二五五二年度工商企业管理荣誉博士学位，原御示于去年八月份由御代表诗琳通公主殿下颁赐学位文凭，因当时全国正遭遇空前特大水灾，颁赐学位仪典改期举行，直至本年十月四日，于本京拜特国际会议中心隆重举行。陈老获此殊荣，亲友闻讯莫不欢庆祝贺。

令长郎陈汉洲博士带领陈氏家族子孙中三十八位博士，硕士，学士等为乃翁祝贺，咸认是家族最大喜事。

正如拍宗诰吞武里技术大学的博士教授们，在庆贺陈修试先生膺任该校荣誉博士学位时所说的：「陈荣誉博士是从零做起，自强不息，奋斗终生而获得今天的最高荣誉」。

陈博士公元一九二六年出生于中国广东省丰顺县石湖村，是半山客人。他七岁牧牛至十三岁入学，只读了十个月初小，就因意外导致双眼失明而中途辍学，而且从此再也没有继续就读，陈君因双眼失明而觉得生不如死，几次想自寻短见，幸得公祖有积德，且吉人天相他经生来遂还因祖父托梦家人几经访寻，终于请到蔡传德老医师为他医治眼疾，历经四年多，终于治愈双眼重见光明。起初是母亲，用自己的舌头为儿子舐去眼中污物，再敷上眼药，每天数次，八个月从未间断。母爱的伟大终于拯救了陈君，也造就他日后成为泰华知名大事业家。陈君因治眼疾，痊愈后成为农民，但由于他意志坚强，刻苦耐劳，经历各种磨练，为他后来到泰国艰苦创业，勇往直前打下良好的思想基础。

「蛟龙终非池中物」，陈修试先生始终觉得在家乡当个农民是没有出头的日子。抗日战争胜利后不久即公元一九四五年杪，二十岁的陈修试先生决心离乡别井买棹南渡，前来泰国谋生。他离家时随身穿着的一副粗布衣服，一直等到十八天之后，由先前来泰国的哥姐们，从移民局保领出来后才换上泰国新衣，他也开始走上人生新的旅程。

来到泰国后陈修试先生才知道哥姐们的生活也很辛苦。他只能咬紧牙关，刻苦奋斗，自力更生。起初他在孔堤一家皮革厂当学徒，希望能学好工艺，为日后自己创业打好基础。他每月的工资只有八十铢，他把每月工钱连过年的红包，全部寄存在老板那里，经二年四个月，已积蓄有四千六百多铢，他便向老板取回存款，作为本钱，在孔堤租赁一片地皮，办起「建伟隆制革厂」。陈君来泰国只做了二年多的学徒就当起老板来。这是他的雄心壮志，也是他引以为荣的创业精神。

几经周折，工厂搬迁，改换行业，陈修试先生始终不屈不挠，在逆境中毫不退缩，顺利时勇往直前，经二十多年的艰苦创业历程，他也由成家立业，生男育女还要培育子女读书，深造，直至儿女们个个学业成功，辅助家庭，事业发展，这期间所经受的苦与乐，没有亲身经历过的人是很难体会得到的。

今天，陈修试博士辖下之东方实业机构和东方国际工业城，在泰国和外国共设有四十多家分公司生产工厂已成为高新科技，综合性，国际性的大生产企业，其产品多达数百种类，其中尤以会长郎陈汉洲博士经多年研制成功，于公元一九七八年正式投产的世界名牌产品亚罗弗（AEROFLEX）绝热保温材料，以其质优价廉经久耐用而饮誉国际，产品畅销全世界一百六十多个国家和地区，近年来，亚罗弗采用「纳米」新科技，为世界节能环保作出新的贡献，陈汉洲博士也荣膺「泰国科学技术杰出人物奖」。

再如该机构所生产的保护汽车车厢不受损坏的汽车车厢垫套（AERO LINER）车厢顶套（AERO KLAS），高级电光器材（X-TRABRITE、X-TRAUGHT）既节省用电，又加倍光亮，还有航空专用塑料餐具，各类型鼓风机、风筒、隔热又透光塑料屋瓦、防盗锁、报警器，更有新产品冷气机、汽车车厢、各种汽车配件等特别是新研制成功的风能发电机，节能环保。在这数百种产品中，已有一百二十种获得"泰国专利"，而一百多种申请"国际专利"正逐项审批中。该机构名牌产品先后十三次荣获泰国总理颁发最高荣誉「优秀出口奖」，也荣获十三项国际标准质量局认证颁发「优秀质量荣誉证书」。东方实业机构名牌产品，不仅为陈氏家族事业，奠定坚实基础，也为泰国国家创造巨大外汇收入，正如前副国务院总理素帕猜所说：「东方实业机构和亚罗弗为繁荣国家经济作出巨大贡献」。

「质量第一、信用第一、服务第一」，是该机构恪守的准则，也是陈修试博士管理企业的成功的经验。陈修试博士暨张秋梅夫人，马佩琴夫人，贤伉俪膝下有六男六女六媳妇，在这十八位哲嗣中，一位博士，十四位硕士，三位学士，于今，陈修试先生自己也荣获荣誉博士。陈氏家族更是锦上添花，真正是家无庸才，书香门第，在孙辈中，目前也有九位硕士，十一位学士。陈氏家族儿孙俊彦，成龙成凤，是该家族企业走「科技致富」的主力军，也是家族事业永远立于不败之地的根本保障。

陈修试博士，不仅重视子女的教育，也很关心国家的教育事业，每年拨款一百万铢，赞助朱拉大学，法政大学，农业大学，曼谷大学，蓝甘杏大学等五所大学，作为清贫且品学兼优的学生助学金。至今已卅多年从不间断。近年来该机构共捐资数千万铢，先后兴建五座学校，其中两座奉献皇家慈善教育学校，另两座捐献给北榄府，一座捐给叻隆府，作平民学校，至于赞助民校的基金，则不胜枚举。

陈修试博士，当事业有成，数十年来在其家乡丰顺县建医院，办学校，发展体育交通，文化，公共福利等，共捐建一百多项工程，真是热心公益不遗余力贡献良多，正如丰顺县前县长陈绍雄所说：「凡是慈善公益事业，陈修试先生就争着做」。

陈修试博士具有从零做起，自强不息，艰苦创业，奋斗终生的雄心，忠君爱国，感恩报恩的丹心，先天下之忧而忧的爱心，培育子女成为国家杰出人材的苦心，和自己想要做的事就义无反顾去做的决心。斯次陈博士宠获殊荣，正是实至名归，可喜可贺。

C1 農曆壬辰年九月十一日 หนังสือพิมพ์ เอเชียนิวส์ไทม์ 亞洲日報 ASIA NEWS TIME 公元2012年10月25日(星期四)

陳修試鄉賢接領榮譽博士文憑時影

梅州市人民政府

賀 信

尊敬的泰國中華總商會名譽主席

泰國東方實業機構陳修試總裁：

欣悉閣下榮獲泰王陛下御賜、詩琳通公主殿下頒賜皇家拍宗誥吞武里技術大學工商企業管理榮譽博士稱號，成為近二十年來泰國第四位獲此殊榮的華僑華人。如此榮膺實屬眾望所歸，家鄉人民無不稱頌。在此，我謹代表梅州市人民政府和517萬家鄉父老鄉親表示熱烈的祝賀！

先生多年旅居海外，艱苦創業、克勤克儉、事業輝煌；心繫p桑梓、德澤廣布、造福鄉鄰，為家鄉建設傾心盡力，貢獻良多，謹此再致衷心感謝！

家鄉梅州之發展，離不開廣大海內外鄉賢的關注關心和鼎力支持。竭誠期望先生帶領鄉親會員，常回家看看，為建設富庶美麗幸福梅州獻智出力，共創家鄉更加 美好的明天！

誠祝駿業昌隆、合家吉安！

梅州市人民政府市長 譚君鐵

二〇一二年十月十八日

13 公元二〇一二年十一月九日（星期五） น.ส.พ.เกียฮั้วตงง่วนรายวัน(ศิรินคร) 京華中原聯合日報 KIA HUA TONG NGUAN [SIRINAKORN] 農曆壬辰年九月廿六日

陳修試榮譽博士與接領文憑後的學士碩士們合影。

泰皇上陛下御賜詩琳通公主殿下頒賜予陳修試先生皇家拍宗錦吞武里技術大學工商企業管理榮譽博士學位。

陳修試榮學博士與各大學博士、教授們合影。

泰中長官 僑團首長 社會名流 親友仝人
盛情慶賀陳修試榮譽博士 圖輯

東方實業機構總經理陳漢洲博士講話。

中總劉錦庭主席致賀詞。

合立博士致賀詞。

樞密院大臣甲盛潘尼致賀詞。

泰國前國會主席披猜閣下致賀詞。

塞甲壽博士致賀詞。

沛汶博士致賀詞。

陳修試博士致謝詞。

他喃倫博士向陳修試博士獻花祝賀。

合立博士向陳修試博士贈送接領文憑時影相框。

樞密院大臣甲盛向陳修試博士獻花祝賀。

披猜閣下向陳修試博士獻花祝賀。

塞甲壽博士獻花祝賀。

他威教授獻花祝賀。

沛汶博士獻花祝賀。

中國廣東省豐順縣縣長曾永祥向陳修試博士贈送他在家鄉興建陳修試大橋模型。

豐順縣湯坑鎮黨委書記向陳修試博士贈送墨寶祝賀。

陳修試博士令夫人陳張秋梅陳馬佩琴向夫君獻花祝賀。

披猜閣下，沛汶博士，合立博士，大理院副院長，蔡義城，大京都府市長披集等與陳修試博士合影。

鳴謝

新近本人榮蒙
泰皇上陛下御賜、詩琳通公主殿下頒賜予皇家拍宗錦吞武里技術大學工商企業管理榮譽博士學位。
荷蒙
泰中長官、各僑團首長、社會名流、同業先進、親友仝人，或親臨蒞臨，贈花籃道賀，或電傳賀信，於各報端刊登賀詞，隆情厚意，銘感五中，雖曾設席答謝，然尚未一一踵府面謝，深為歉仄，祈請賜諒。
謹特藉報端，再致
最崇高謝忱

東方實業機構
張秋梅
陳修試 率 男女 媳婦 孫 曾孫兒女
馬佩琴 攜諸
鞠躬

沛汶博士合立博士等與陳修試博士暨令夫人陳張秋梅，陳馬佩琴偕六男、六女、六媳婦等合影。

在答謝宴上陳修試博士與中總劉錦庭主席，張朝江副主席，僑領姚宗侠，蘇文光，潘文通，陳觀光，陳文業，謝程財等合影。

答謝宴會之一角。

東方實業機構樣下國內外各分公司高級職員向總裁陳修試博士祝賀並合影留念。

陳漢洲博士偕弟妹們讚頌好父親——陳修試博士。

陳修試博士暨倆位夫人陳張秋梅，陳馬佩琴與在泰國國內的兒女媳婦、女婿內外孫兒女，曾孫兒女等合影。

公元2012(2555)年1月11日 星期三（農曆辛卯年十二月十八日） | 星暹日報 | ซิงเสียนเยอะเป่า 僑社新聞 A6

詩琳通公主殿下代表皇上主持獎勵投資博覽會揭幕

陳修試總裁轄下東方實業機構名牌產品參展

總經理陳漢洲博士向公主稟報最新發明風能發電機節能環保深受歡迎

圖一：巴貼公主殿下代表皇上主持獎勵投資博覽會於曼通他尼揭幕。圖二：東方實業機構選派轄下十五家分公司名牌產品參展。圖爲陳修試總裁率領令哲嗣暨各參展分公司高級職員等攝於東方實業機構展覽館前。圖三：該機構最新發明風能發電機，利用自然風力轉變成可點電燈各類用電器的裝置。圖爲風力發電機室外部份裝置。

一元伊始，萬象更新。爲迎接新的一年新的發展，泰國工業投資局遵循皇上聖諭於曼通他尼舉辦爲期十五天的獎勵投資博覽會。這對促進泰國工業生產的發展繁榮國家經濟是一種有效的措施，意義重大。巴貼公主殿下代表皇上陛下於元月五日上午十時，駕幸博覽會恩賜主持揭幕典禮，公主殿下駕臨，臣民夾道恭迎，深受鼓舞。

東方實業機構，東方國際工業城總裁陳修試先生，其轄下選派十五家分公司的名牌產品參加這次博覽會。

該機構的展覽館佔地二千平方米，約1.3萊地，耗資四、五千萬銖。陳氏賢哲嗣帶領該機構參展分公司的高級職員，工程技術精英數十人，全力投入展館事宜，陳氏家族熱情參與，對繁榮國家經濟，責無旁貸，作出巨大的貢獻。

東方實業機構，東方國際工業城，現在在泰國以及外國共創設有六十多家分公司生產工廠，已成爲高科技，綜合性的國際性的大生產企業。其產品多達數百種類。其中尤以陳漢洲博士經多年研製成功，於公元一九七八年正式投產的世界名牌產品亞羅弗（AEROFL）絕熱保溫材料，以其質優價廉，經久耐用而飲譽國際，產品暢銷全世界一百四十多國家和地區。

近年來亞羅弗不斷改進創新，更採用“納米”技術，爲世界節能環保作出新的貢獻，陳漢洲博士也榮膺去年度“泰國科學技術傑出人物獎”，亞羅弗的朋友遍天下。再如：該機構所生產的，保護汽車車廂不受損壞的汽車車廂墊套（AERO LINNER）各種類型的車廂頂套（AERO KLAS），還有配有冷氣設備的冷凍車廂，汽車部件（車門、車頂、車前面板、車後面板，上、下底座等）精美、亮麗，如同新出原庄部件。高級電光器材（X-TRABRITE）（X-TRALIGHT）既節省用電又加倍光亮。還有高級航空塑料杯、盤、餐具、各類型號鼓風機和風筒、隔熱又透光的厝瓦。甚至還有防盜鎖、報警器…等等，應有盡有，不一而足。

數月前，泰國遭遇五十年來最嚴重的水災，時間長達數月，受災地區幾乎遍及全國各地。東方實業機構所生產的平底雙槳塑膠船，以及裝有摩打的救生快艇，還有求生衣，流動塑膠廁所等求災物資，正好發揮巨大的效用。

該機構特撥出五千多艘救災船和四十艘救生快艇，連同食物，衣服，用品等折銀共2848萬銖，呈獻巴貼公主殿下，仁樂總理，海陸空軍警察，縣府各電視台佛寺學校等轉賑，爲救災恤難作出巨大的貢獻。用时該機構銷售救災般艇共八萬多艘，受益災民數百萬人，真是功無量。

該機構名牌產品，連年來先後十三次榮膺泰國總理頒發，各年度的最高榮譽優秀出口獎，也先後榮獲十三項國際標準質量局認證頒發的優秀質量榮譽證書。東方實業機構所生產的產品，嚴格恪守「質量第一，信用第一，服務第一」的原則。

更令人振奮的是，陳漢洲博士還特別介紹該機構最新發明「風能發電機」——利用大然的風力轉變可點電燈，或其他用電器的發電機。這可是當前國際所倡導的，當務之急的節能環保的創舉，是陳氏家族對國家對人類的又一重大貢獻。

筆者限於理解能力和篇幅關係 未能詳盡說明東方實業機構這次參展各類產品的功能效用，只希望能以此簡略的報導，拋磚引玉，引起廣大讀者的興趣，請大家抹點時間前往曼通他尼博覽會參觀東方實業機構的展品，同時也可看看五花八門，琳琅滿目的各個展館。謝謝！

21 公元二〇一三年十二月二十日（星期五） น.ส.พ.เกียฮั้ว ตงง้วนรายวัน (ศิรินคร) 京華中原 聯合日報 KIA HUA TONG NGUAN (SIRINAKORN) 農曆癸巳年十一月十八日

百餘國大代理商蒞臨四千嘉賓歡聚一堂

東方實業機構總裁 陳修試博士
東方國際工業城總經理 陳漢洲博士 賢喬梓轄下
東方實業集團（大眾）有限公司副總經理 陳漢榮博士

國際名牌產品亞羅弗（AEROFLEX）保溫材料投產三十五週年慶典圖輯

總裁陳修試博士致歡迎詞。

恭請泰國樞密院大臣甲森・越他納猜教授閣下主持儀式。

泰國前國會主席披猜・叻達軍（陳裕才）閣下致賀詞。

總經理陳漢洲博士作該機構發展史今後奮斗目標的報告。

樞密院大臣陳國光教授（中）暨夫人，與乃他納猜（左一），乃攀猜（左二），陳漢洲（右二），陳漢強（右一）合影。

陳修試博士與六位公子，該機構四位高級顧問共同熱烈歡迎貴賓。

總裁陳修試博士帶領六位公子向貴賓們問候祝福。

瑞士大代理商Mr.C.K暨夫人（左），Mr Deeb暨夫人（右），向陳修試總裁暨令三公子漢霖碩士贈送紀念品。

陳漢強副總經理（右一），該機構高級職員叻猜（左一）與荷蘭大代理商Mr.Henne，Mr.Heiai與夫人等合影。

鳴 謝

敝機構國際名牌產品亞羅弗（AEROFLEX）保溫材料投產三十五週年慶典，於公元二〇一三年十二月十一日晚七時，假曼谷挽那拜特國際貿易會展中心大廳舉行。

荷蒙

泰國樞密院大臣甲森・越他納猜（陳國光）教授閣下躬親主持慶典儀式。泰國前國會主席披猜・叻達軍（陳裕才）閣下親臨致詞祝賀。還有各位長官，僑團首長，大學教授博士，親友嘉賓以及全世界一百多個國家和地區的大代理商行，大供應商行的代表，共四千餘衆，親臨觀禮。

復蒙

惠賜賀詞，賀電賀函，餽贈鮮花珍貴禮品，濃親厚誼銘感五中。祗因嘉賓雲集，招待不週，在斯次圖輯上，亦未能一一詳列嘉賓芳名玉照，或有錯記之處，統統敬祈諒宥。謹致

崇高謝忱。

東方實業機構總裁 陳修試博士
率男
漢洲博士 漢霖碩士 漢城碩士
漢強碩士 漢榮博士 漢財碩士
鞠躬

陳修試總裁與伊朗大代理商 Mr.Kumu（左二），Mr.Arfu暨夫人（右二，三），陳漢強副總經理（左一）合影。

陳修試總裁，陳漢霖副總經理與伊朗大代理商Mr.Kumu（左二），Mr.Arfu暨夫人（右二，三）合影。

總經理陳漢洲博士偕夫人關谷軍枝碩士與土爾其代理商阿魯齊先生（左），魯魯先生合影。

陳漢洲總經理與孟加拉大代理商Mr.F.Gala握手歡迎。

總經理陳漢洲博士（左一），副總經理陳漢強碩士（右一）與南韓大代理商金豐先生暨夫人合影。

陳漢財副總經理暨夫人陳王麗華與埃及大代理商Mr.Tilin合影。

慶典大會壯觀場面。

4 公元二〇一四年五月五日（星期一） น.ส.พ.เกียฮั้วตงง่วนรายวัน (ศิรินคร) 京華中原 聯合日報 KIA HUA TONG NGUAN (SIRINAKORN) 農曆甲午年四月初七日

陳修試博士轄下東方實業機構頒發常年獎助學金
今年第32次頒發612萬銖受惠職工和子女共1681人
總經理陳漢洲博士諸賢昆仲共同主持頒獎大會圓滿成功皆大歡喜

圖片說明：陳修試博士轄下之東方實業機構，每年於五月一日國際勞動節前循例頒發職工工齡和出勤獎勵金以及職工子女助學金，今年是第三十二次，於羅勇區和曼谷區的工廠分別進行。一：總經理陳漢洲博士致詞。二：陳漢洲博士頒發職工工齡獎勵金。三：副總經理兼工程師陳漢霖碩士頒發職工子女助學金。四：參加頒獎大會的職工以及子女。五：總經理陳漢洲博士，副總經理陳漢強碩士，財政陳盧如鑾碩士伉儷，副總經理陳漢財碩士與機構高級職員等與部份得獎職工及子弟。合影留念。

教育是強國之本，也是企業發展創新的基礎，東方實業機構總裁陳修試博士，總經理令長郎陳漢洲博士暨喬梓深明教育對國家，對企業發展的重要意義，堅定不移地走「教育興國，科技致富」的道路從其家族企業發展的歷史充分証明這是真理，這是成功之陽光大道。

東方實業機構是陳修試博士家族企業。它在泰國國內以及外國共設有四十多家分公司生產工廠，其產品多達數百種類以高新尖的科技含量備受世人矚目。近幾年來東方實業機構的業務發展，達到預定計劃如日麗中天的光輝境界。國內外新創建的公司如雨後春筍。其中以新建立的“東方實業集團（大眾）有限公司”（進入股票市場）最受客號歡迎，爭相搶購股份。還有“東方科技試驗公司”集中該機構科技精美研製以及鑑定各類科技產品的質量達標準則，至於已擴展二百多人的由高級工程師，科技人員管理人員，經銷人員所所組成的「智囊團」，每年舉行多次聚會商討制訂各類計劃。

東方實業機構能夠保証持續飛躍發展，其基本 因素是陳氏家族滿門皆俊彥，有三位博士，廿三位碩士，十三位學士。陳修試博士之兒孫們是家族企業的主力 軍，是永遠立於不敗之地的根本保障，再加之該機構擁有強大的科技團隊，有以致之。

爲了表彰職工辛勤勞動，對公司作出好成績，提高職工積極性，重視勞工福利，東方實業機構每年於五月 一日國際勞動節前，循例在泰國國內的二十多家分公司生產工廠頒發常年的職工工齡及出勤獎勵金及其子女助學金。今年是第三十二次頒發，於四月廿七日，在羅勇府國際工業城區及曼谷區分別舉行，頒發款共六百十二萬銖。得獎職工及子女共一千六百八十一人。內計：（一）職工工齡獎勵金。工齡五年以上獎勵二千五百銖，得獎一百零九人共發獎金二十七萬二千五百銖。工齡十年以上獎勵金五千銖，九十五人共四十萬五千銖。工齡十五年以上，獎金一萬銖，二十四人共二十四萬銖。工齡二十年以上，獎金二萬銖，十八人共三十六萬銖。工齡二十五年以上，獎金三萬銖，二人共六萬銖。工齡三十年以上，獎金四萬銖，三人共十二萬銖。累計得獎人數二百五十一人發獎金一百五十三萬七千五百銖。(二)職工出勤獎勵金。一年內全勤（沒有請假）獎勵金五百銖，二年內全勤獎勵金一千銖，按每年五百銖遞增計算，得獎人數三百三十一人，共發獎金七十五萬八千五百銖。其中十五年全勤者有三人，十七年全勤者一人成功職工出勤的榜樣。（三）職工子女助學金。幼兒園學生一百九十四人，每人二千銖，共三十八萬八千銖。小學生四百七十九人，每人三千銖共一百四十三萬七千銖。初中生一百八十二人，每人四千銖，共七十三萬八千銖。高中生一百八十三人，每人五千銖，共九十一萬五千銖。大學生六十一人，每人六千銖，共三十六萬八千銖。累計得獎職工子女一千零九十九人，共發助學金三百八十三萬四千銖。發放職工子女助學金，既減輕家長的經濟負擔，又能鼓勵子女積極學習。這也是全民重視教育的子女風尚，值得推廣。

東方實業機構頒發常年職工獎勵金及其子女助學金已經推行了三十二年了。這次頒獎大會，由令哲嗣長郎陳漢洲博士（總經理）以及次郎陳漢強碩士（副總經理），三郎陳漢霖碩士（副總經理兼工程師），四郎陳漢榮博士（副總經理大學教授），五郎陳漢城碩士（副總經理），六郎陳漢財碩士（副總經理，兼任中國上海、江蘇等分公司經理）。以及各分公司高層經管人員共同主持。這次頒發獎金額增多受惠職工及子女也增多，得獎者皆大歡喜，大會順利圓滿成功。

B1 僑團新聞 農曆辛卯年十月十四日 หนังสือพิมพ์ เอเชียนิวส์ไทม์ 亞洲日報 ASIA NEWS TIME 公元2011年11月9日（星期三）

東方實業機構總裁陳修試賢喬梓悉力救災。款物共值泰幣二千八百四十八萬銖，大愛無疆功德無量。晉皇宮向詩琳通公主呈獻救災船共三佰壹拾艘。寵蒙詩琳通公主殿下接見並賜座陳修試總裁與賢喬梓等合影。

陳修試總裁率令長郎陳漢洲博士、令次郎陳漢強碩士、四郎陳漢榮碩士教授、五郎陳漢城碩士、五媳婦李史華碩士、四女兒陳美窕碩士、五女兒陳美娟碩士等向拍貼公主殿下稟奏救災至誠。

呈獻詩琳通公主、英樂總理、海陸空軍警察縣府及電視臺佛寺學校等轉賑災民

東方實業機構總裁陳修試賢喬梓悉力救災

總共捐獻救災船5000艘救生快艇40艘及食物用品200萬銖折合價值2848萬銖

連日來，泰國正遭遇五十年來最嚴重的水災，至今已導致五百多人不幸罹難，人民生命財產的損失無可估量。經兩個多月的洪汜水患，全國不少府治以及湄南河流域沿岸數府，已成水鄉澤國，水淹京都曼谷的威脅至今也尚未解除。災區人民正處於水深火熱之中，衣食住行正期待救助。所以全國人民必需同心協力，奮起抗洪救災，保國安民。

國難當頭，人人有責。東方實業機構總裁陳修試先生暨總經理令長郎陳漢洲博士賢喬梓等，一本「人溺己溺，救災恤難，義不容辭」的人類博愛精神和助人為樂的高尚襟懷，對於當前全國性的前所未見的嚴重水災所造成，災區人民的深重災難，感同身受，并給予悉力地救助，繼月前該機構已撥款二百多萬銖，購買大批糧食，食品，衣服，日用品，救生衣，移動廁所等救災。因連月來災情持續且越來越嚴重。該機構特再撥出自己生產的優質堅固耐用的高級塑膠船共五千多艘，全力救濟全國各災區。因近期生產任務繁忙，無暇再親臨災區發賑，特呈獻拍貼公主殿下，英樂總理閣下，海陸空軍，警察各電視台，縣府，諸多佛寺學校等轉賑全國各水災區災民。

東方實業機構所生產的平底雙槳塑膠船，有兩種型號，（一）長二點五米、寬一點六米、高四十六厘米，能載重800公斤，（二）長二點六米、寬一米、高四十厘米，能載重250公斤，每艘船配雙槳。因為船底採用高質耐壓的、象汽車車廂墊套一樣的堅固塑膠，船既輕便，且耐浸耐撞。連年來該機構已多次用塑膠船捐獻水災區，深受災民歡迎稱好。該機構每日出產二千五百多艘，成批量的生產塑膠船，近年來已銷售世界上許多國家，備受青睞。塑膠船出廠批發價是每艘5000銖，銷售價是7500銖至8000銖。另外還生產配備摩打的快速救生艇，價格是每艘37000銖。

本月十日，東方實業機構總裁陳修試先生，率同總經理令長郎陳漢洲博士、二郎副總經理陳漢強碩士、四郎副總經理陳漢榮碩士教授、五郎副總經理陳漢城碩士、五媳婦李史華碩士、四女兒財政陳美窕碩士、五女兒副財政陳美娟碩士一行八人晉皇宮呈獻詩琳通公主殿下救災船共310艘轉賑救區。寵蒙公主殿下賜見還特別賜座陳修試總裁，並聽取陳漢洲總經理稟奏該機構謹遵皇上陛下聖諭，全力救助災區同胞的至誠。公主殿下稱讚有加陳氏家族深感榮幸。十月十四日在該機構總經理陳漢洲博士帶領下，副總經理陳漢霖碩士兼工程師，陳漢榮碩士教授，陳漢城碩士，李史華碩士等一行五人前往謁見英樂總理閣下呈獻救災船1000艘，請總理轉賑救災。也獲總理嘉獎。

連日來，在陳漢洲總經理帶領下，賢昆仲為救災恤難而奔波勞累，廢寢忘食。先後捐獻海軍總署救災船100艘救生快艇10艘，陸軍總署救災船120艘，空軍總署救災船100艘警察總署救生快艇30艘。

又捐獻給沖三電視台200艘，沖五電視台70艘，沖七電視台100艘，沖九電視台100艘，PBS電視台50艘，ＰＰ電視台50艘，華富里府50艘，諸多佛寺共200艘。皇家拍宗誥吞武里技術大學50艘。另外，該機構多家客號也熱心向災區捐獻救災船，并請求該機構能給予支持，聯合救災，共做善事。機構特撥出2500艘救災船交由客號們轉賑災民。

到目前為止，東方實業機構救災義舉彙計捐獻大米，食品，用品衣服，救生衣流動廁所等救災物質200萬銖，救災船5000艘折價2500萬銖，救生艇40艘148萬銖，總共2848萬銖，東方實業機構大愛無疆，功德無量。

副總經理陳漢榮（右二）與財政陳美窕（右一）與海軍上將巴蓬模呈獻救災船一百艘救生快艇十艘後合影。

圖一：總經理陳漢洲博士率領副總經理陳漢霖碩士工程師，陳漢榮碩士教授，陳漢城碩士李史華碩士伉儷等向英樂總理閣下呈獻救災船一千艘。圖二：陳漢洲總經理與陸軍上將佬蓬（右）合影於救災船上。圖三：陳漢洲總經理，陳漢榮副總經理與陸軍中將集腊綠（左一），陸軍中將素拉綠（中）陸軍中將乍歷薩（右一）合影。

3 公元二〇一二年九月二十四日（星期一） น.ส.พ.เกียฮั้ว ดงงวนรายวัน (ศิรินคร) 京華中原 聯合日報 KIA HUA T日

東方實業機構舉行第十六次運動會及賽美活動
轄下羅勇府八家工廠運動隊參賽人數一千多人

總裁陳修試博士親臨觀看鼓舞士氣 總經理陳漢洲博士副總經理陳漢強碩士主持賽事

陳修試先生自任總裁，令長郎陳漢洲博士任總經理之陳氏家族企業——東方實業機構，連年以來業務迅猛發展，業績輝煌。至今，該機構在國內外已創設幾十家分公司生產工廠，產品暢銷全世界一百四十多個國家和地區，譽滿全球。

東方實業機構是一個綜合性企業，生產工廠多，產品種類多達數百種，工廠職工幾千人。象這樣一個龐大的產業機構，不僅生產管理要做得好，就是職工們的福利，文娛體育活動等，也不可忽視，因為它直接關聯到職工們的身體健康和心理素質的陶冶，也間接地影響到工廠的生產效率。有鑑於此，東方實業機構一貫以來能高度重視發展職工業餘體育運動，增強職工的體質，從而培養職工熱愛集體的榮譽精神，而倡導健康有益的各類文娛活動，以調節精神生活，有益身心康樂，提高健美愛美的精神境界與和諧協調的美好思想意識，促進人與人之間的互愛，廠與廠之間的團結，整合機機猶如一個融洽美好的大家庭。東方實業機構在羅勇府就設有八家分公司生產工廠，內計：東方國際工業域有限公司，東方亞羅弗國際有限公司，東方企業有限公司，東方奕立國際有限公司，東方多皆橡膠第一有限公司，東方哈野膠瓦橡膠有限公司，東方多皆橡膠第二有限公司等。因為這八家分公司生產工廠，處於同一地區，或相互毗鄰，或距離不遠，又是兄弟工廠有利於開展合作、互助，互比，雙贏等各項活動，至於開展文娛體育競賽，更是得天時、地利、人和之優越條件。

該機構設於羅勇府之八家分公司生產工廠，十多年來各工廠之男女職工們，都組織成立自己的體育運動隊與文娛組，平時，（她）們利用早晚工休時間，在廠裡運動場進行文娛體育活動，鍛練身體，提高技術水準。而常年之運動會，由機構統一領導，統一規劃，假府立國家運動場舉辦運動會，各分公司工廠的派出自己的男女運動隊伍參加競賽活動。

茲悉，東方實業機構於去年年杪，（二〇〇八年十二月二十日至廿一日），利用週末兩天時間，假羅勇府國家運動場，舉辦該機構羅勇區八家分公司生產工廠第十二次運動會。斯次之體育競賽項目有球類賽（籃球，排球，足球），田徑類賽跑（男女組），而且舉行賽美活動，各工廠派出訓練有素，能歌善舞（健身操）的美女隊，參加比賽。此次之運動會較之其他之常年運動會，比賽項目多，參賽人數幾千人之多，內容豐富多彩，演藝競技也有較大的提高，（該機構的球類賽的運動員，有不少獲選拔為國家級運動員），此次常年運動會，無論其數量和質量都有新的突破，吸引週邊眾多民眾，前往參觀，真是人海如潮，助威吶喊，歡呼吆彩聲，響徹雲霄，盛極一時。

陳修試總裁於運動會的首天，親臨主持開球禮。他在致詞中，勗勉運動員們勇於拼搏，敢於奪取勝利，創造優異的成績。陳總裁指出，大家都是來自兄弟工廠，情同手足，要繼承發揚「友誼第一」的光榮傳統，團結一致，共創輝煌。八十高齡的陳老總裁，幾十年如一日，堅持晨運（跑步）一個鐘頭，從未間斷。

陳修試總裁於今依然精神矍鑠，體壯力行，健康長壽，這歸功於他堅持不懈地運動鍛練。陳老總裁的切身體會，教育了年青一代，鼓舞了運動員們斗志昂揚，激發了運動員們的豪情壯志。這次運動會如期順利的舉行，圓滿成功。

該機構總經理陳漢洲博士，百忙中抽出寶貴時間，帶領各分公司的高級職員，熱情地參予其盛。領導親臨現場指示，參觀比賽，給運動員們鼓勁加油，這也是此次運動會取得成功的原因之一。據悉，陳漢洲總經理於運動會結束後，競賽成債核定，各隊名次先後排定完竣，還親自為運動隊員們頒發獎盾獎牌，以資鼓勵云云。

東方實業機構領導階層能夠高瞻遠矚，一手抓生產，一手抓體育，以生產帶動體育，以體育促進生產。這種生產和體育互動的理念和措施，是值得企業界的借鑑和學習。

東方實業機構羅勇府之八家分公司生產工廠，於去年年杪舉辦第十二次常年體育運動會和賽美活動。圖一：陳修試總裁致揭幕詞並主持開球禮。圖二：參加運動會的職工和參觀比賽的群眾之一角。圖三：進行足球賽的一個鏡頭。圖四：女子組賽跑。圖五：賽美活動中的健身舞。圖六：待頒發的運動會獎盾。

3 公元二〇一三年六月二十一日（星期五） น.ส.พ.เกียฮั้ว ตงง้วนรายวัน(ศิรินคร) 京華中原 聯合日報 KIA HUA TONG NGUAN (SIRINAKORN) 農曆癸巳年五月十四日

廣東梅州市市長譚君鐵率團蒞泰宣慰鄉親

偕梅縣縣長鍾光靈豐順縣長曾永祥一行參觀東方機構羅勇工廠
總裁陳修博士他鄉遇故知當盡地主誼盛情接待來自家鄉官員

中國廣東省梅州市人民政府市長譚君鐵率領赴泰考察訪問團，計有團長譚君鐵市長，團員，梅縣人民政府縣長鍾光靈，豐順縣人民政府縣長曾永祥，梅州市外事僑務局局長楊木譚，梅州市歸國華僑聯合會主席蔡雪嫦（女），梅州市文化廣電新聞出版局局長陳銳錚，豐順縣外事僑務局局長陳紅偉。豐順縣水電公司，泰國明豐有限公司董事長蔡孟波等一行八人，於本月十六日上午，乘南航班機，中午飛抵泰國國際機場，因時間所限，下機後，即專車護送前往博他耶大酒店下榻。東方實業機構總裁陳修試博士，暨夫人陳馬佩琴女士，該機構副總經理，陳總裁令五郎陳漢城碩士，該機構副總經理，上海分公司總經理，令六郎陳漢財碩士等四位，當天下午趕往博他耶與該訪團會晤當晚大家歡聚一堂，其樂融融。

「朋自遠方來，不亦樂乎」，譚君鐵市長，曾永祥縣長等，與陳修試總裁，是知己的老朋友，別的不說，就前年陳修試總裁寵蒙泰皇上陛下御賜，去年由詩琳通公主殿下頒賜予皇家拍宗誥吞武里技術大學工商企業管理榮譽博士學位榮銜，喜訊傳開，譚君鐵市長和曾永祥縣長等先後發來電傳賀信。譚市長在賀信中稱，「尊敬的泰國中華總商會名譽主席，泰國東方實業機構陳修試總裁，欣悉閣下榮獲泰王陛下御賜，詩琳通公主殿下頒賜皇家拍宗誥吞武里技術大學工商企業管理榮譽博士稱號，成爲近二十年來泰國第四位獲此殊榮的華僑華人。如此榮膺實屬衆望所歸，家鄉人民無不稱頌。在此，我謹代表梅州市政府和517萬家鄉父老鄉親表示熱烈的祝賀！

先生多年旅居海外，艱苦創業，克勤克儉，事業輝煌，心系桑梓，德澤廣布，造福鄉鄰，爲家鄉建設傾心盡力，貢獻良多，謹此再致衷心感謝！（見2012年10月25日亞洲日報）

豐順縣縣委書記陳志寧，豐順縣人民政府縣長曾永祥聯合發來的傳眞賀信中略謂「欣悉您榮獲泰王陛下頒授工商企業管理榮譽博士職。値此，我們謹代表中共豐順縣委豐順縣人民政府，以及家鄉七十萬人民表示熱烈的祝賀！

您歷經崢嶸歲月，創立了輝煌業績是聲譽卓著的僑領。您博學多能，敦睦鄉誼，奉獻桑梓，造福社會，促進中泰友誼諸方面成就顯著，爲祖國的昌盛，家鄉的繁榮進步，發揮了重要作用。如今榮膺榮譽博士，實至名歸，蜚聲遐邇，可喜可賀……（2012年10月4日亞洲日報）如此熱情洋溢，發自肺腑之言的祝賀信，應該不是官樣文章，應付過場可比。曾永祥縣長當時還率領訪問團，親自爲陳修試博士祝賀。

正是投桃報李，難忘知遇之恩。斯次譚君鐵市長，曾永祥縣長，陳紅偉局長等一行蒞泰宣慰鄉親，八十八高齡，已經是曾祖父級的陳修試博士，不顧需幾小時車程顛簸奔波勞苦親偕夫人，公子等前往博他耶已預先租定的大酒樓，與家鄉的親人們歡聚一堂，暢敘鄉情，重溫舊誼。正是他鄉遇故知，當盡地主之誼，陳修試博士盛情接待來自家鄉官員們親友們，其樂融融，當晚，賓主互相祝福，來日方長，更加美好。

翌日，在陳修試總裁的陪同下譚市長等一行參觀東方實業機構設於羅勇府的生產工廠該機構規模龐大，現代化，高科技的產品，深得貴賓們稱讚，因時間緊促，訪團還須繼續訪問有關社團，宣慰鄉親，賓主告別。後會有期。

⬆ 圖片說明：中國廣東省梅州市人民政府譚君鐵市長率團蒞泰宣慰鄉親。首程參觀訪問陳修試博士轄下之東方實業機構設於羅勇府之生產工廠。（一）賓主合影於東方國際有限公司生產工廠前。（自左至右依次是：梅州市外事僑務局局長楊棟，梅州市歸國華僑聯合會主席蔡雪嫦，東方實業機構副總經理陳修試總裁令六郎陳漢財碩士，豐順縣縣長曾永祥，總裁陳修試博士，梅州市市長譚君鐵，副總裁陳馬佩琴夫人，梅縣縣長鍾光靈，梅州市文化廣電新聞出版局局長陳銳錚，豐順縣外事僑務局局長陳紅偉。（二）賓主觀看介紹東方實業機構概況的電視圖片。（三）八十八高齡的陳修試總裁親自駕駛考察車，陪同譚君鐵市長。梅縣縣長鍾光靈，豐順縣縣長曾永祥，同車參觀生產車間。（四）譚君鐵市長向陳修試總裁贈送美麗梅花圖留念。（五）陳修試博士向梅州市市長譚君鐵贈送珍貴紀念品。

B8 僑團新聞　農曆甲午年六月初四日　公元2014年6月30日(星期一)　亞洲日報

陳修試博士轄下東方實業機構智囊團二百多人聚會商訂拓展業務規劃科技領先實現新的飛躍

總經理陳漢洲博士強調確保亞羅弗等品牌質量及創新產品

陳修試博士任總裁，令長郎陳漢洲博士任總經理，四郎陳漢榮博士諸賢昆仲分任副總經理之東方實業機構，東方國際工業城，東方實業集團（大眾）有限公司等，國內外共有四十多家分公司生產工廠，是陳氏家族企業，是規模龐大，以高科技產品飲譽國際的綜合性企業。陳修試博士有六男，六女，六媳婦，十八位哲嗣中，二位博士，十四位碩士，二位學士，分掌各分公司，具體管理生產和經銷業務。在孫輩中目前已有九位碩士，十一位學士，除了幾位繼續升學深造以外，大部分已參加該機構各項工作，成為陳氏家族企業的接班人。有這麼一支強有力的子弟兵是陳氏家族企業永遠立於不敗之地的根本保障。另外，該機構還聘請大批專門技術人材，博士，高級工程師，高級經管人員。這批皆能獨當一面的科技人員組成該機構的智囊團。目前國內外各分公司生產工廠的智囊團成員共有二百多人，每年召開一至二次會議。為促進機構拓展業務出謀獻策，及時解決問題或提新的發展規劃。

東方實業機構高新尖的科技產品多達數百種款。其中首推其暢銷世界一百六十多個國家和地區的國際名牌產品亞羅弗（AEROFLEX）絕熱保溫材料系列產品。「亞羅弗」是陳漢洲博士研製成功的，對人類社會有巨大貢獻的科研成果，陳漢洲博士還於二〇一〇年榮膺「泰國科技傑出人物獎」。在去年十二月十一日，該機構慶祝亞羅弗投產三十五週年，有一百多個國家的大代理商蒞臨參加，四千嘉賓歡聚一堂，熱烈慶祝，盛況空前。正如總裁陳修試博士在致歡迎詞所說：「凡有人居的地方就有亞羅弗，亞羅弗的朋友遍天下。」在陳漢洲博士帶領下的科技團隊，對亞羅弗不斷技術革新。至今已採用世界尖端納米技術，先後進行十次技術創新，使亞羅弗的性能有新的飛躍，達到國際領先。

該機構「東方企業有限公司」所生產的高級航空塑料餐具，年銷售量在亞洲排名第一，達數十億銖泰幣之巨額。該機構所生產的汽車車廂，冷氣櫥車等，大有供不應求之勢態，至於該機構獨家開發研製成功的風能發電機，正規劃成批量生產，這對世界節能環保又將有巨大的貢獻，其發展前途將是無可限量。

值得一提的是該機構年來新創建的「東方實業集團（大眾）有限公司」，自進入股票市場以來，因該機構的信譽卓著，經濟實力雄厚而深得股民青睞，爭相搶購入股，在泰國股票市場中，已成為遙遙領先，深得股民信賴的「紅股」。

茲悉，東方實業機構於六月二十一日，召開機構轄下國內外四十多家分公司高層經管人員和科技精英之智囊團成員二百多人，聚會于泰京律實賓色大旅社共同商討制訂全面拓展業務規劃，實現新的飛躍。總經理陳漢洲博士主持本次會議，他在報告中強調要充分發揮本機構的強大技術優勢，以科技領先，確保蜚聲國際名牌產品「亞羅弗」產品的質量和地位，以及各類航空餐具，汽車車廂，高級電光器材，鼓風筒，汽車車墊套，隔熱瓦板，大型水庫防漏防污染的底部塑料墊套等名牌產品，保持優良質量。各分公司還要深入發掘生產潛力創新產品，拓展新的業務。我們務必提高本機構各項高新尖科技產品，在國際市場的知名度和競爭能力實現新的飛躍。

陳修試博士令哲嗣：長郎陳漢洲博士偕關谷軍枝碩士伉儷，二郎陳漢強碩士偕陳盧如鑾碩士伉儷，三郎陳漢霖碩士偕陳蕭思賢碩士伉儷，四郎陳漢榮博士偕陳佘露露碩士伉儷，五郎陳漢城碩士偕陳李史華碩士伉儷，六郎陳漢才碩士偕陳王慶華碩士伉儷。四位千金陳美琴學士，陳美蓮學士，陳美窕碩士，陳美娟碩士等以及孫兒女輩人等（恕未一一詳述）均出席參加。大會在團結和諧氣氛中，依時順利圓滿結束。

陳修試博士轄下東方實業機構智囊團成員二百多人，於本月二十一日聚會本京律實賓色大旅社商討制訂拓展新業務規劃。圖一：總經理陳漢洲博士主持會議致詞時影。圖二：副總經理陳漢榮博士（右）講話。甲盛頌教授（左）講話。圖三：聽取報告場面。圖四：與會者合影留念。

公元二〇一四年三月七日（星期五） 京華中原聯合日報 農曆甲午年二月初七日

東方實業機構高層經管智囊團聚會考艾

陳修試賢伉儷偕眷親臨新春盛會 陳漢洲強調發揮技術優勢創新產品

陳修試博士任總裁，令長郎陳漢洲博士任總經理之東方實業機構暨東方國際工業城其轄下國內外四十多家分公司生產工廠，由陳修試博士之六男、六女、六媳婦十八位哲嗣（其中二位博士，十四位碩士，二位學士）分掌各分公會總經理或具體管理項生產及經銷業務。而孫輩中目前已有九位碩士，十一位學士，除了幾位繼續升學深造外，大部分已參加該機構各項工作，成爲陳氏家族企業的接班人。另外該機構還聘請大批專門技術人材、博士。高級工程師，高層管理人員和經銷人員，這批皆能獨當一面的科技人員，組成該機構的「智囊團」目前該智囊團成員

圖片說明：爲迎接金馬嘉年東方實業機構於新春伊始農曆正月十三至十四日在呵叻府考艾渡假別墅村召開該機構高層經管科技精英一百八十多人的智囊團會議商討制訂新年業務飛躍發展新規劃。一：總經理陳漢洲博士作報告。二：總裁陳修試博士與智囊團中各公司負責人合影。三：總裁陳修試博士副總裁陳張秋梅女士，陳馬佩琴女士與參加會議之智囊團合影。四：總經理陳漢洲博士分發特別獎（左）工齡三十年以上特別獎（右）工齡二十年以上特別獎。

3 公元二〇一三年五月七日（星期二） 京華中原聯合日報 農曆癸巳年三月廿八日

陳修試博士轄下東方實業機構東方國際工業城迎來13國大代理商共80多人蒞訪羅勇生產工廠

總經理陳漢洲博士賢昆玉熱情接待引導參觀與客人歡度宋干佳節深受讚譽

陳修試博士任總裁，令長郎陳漢洲博士任總經理之東方實業機構，東方國際工業城在國內外共有四十多家分公司生產工廠，在泰國設于羅勇府的東方國際工業城，佔地二千五百多萊，已經建成一個現代化的高新科技的綜合生產大企業，也是東方實業機構的生產基地。

東方實業機構的產品多達數百種類，其中有投產三十五週年，產品暢銷全世界一百四十多個國家和地區的名牌產品絕熱保溫，節能環保的亞羅弗（AEROFLEX）一系列產品，也有產銷鳳在東南亞首屈一指的「東方企業有限公司」所生產的塑料產品，高級航空餐具等，近十多年來新開發的汽車車廂保護墊套（AEROLINER HERO LINER）大型鼓風機風筒，高級電光器材，隔熱透光化學層瓦，冷氣汽車車箱，最新電腦部件，防盜鎖，自動報警器，更

圖片說明：宋干節期間，十三個國家大代理商共八十多人蒞訪陳修試博士轄下之東方實業機構設於羅勇府之東方國際工業城。一：總經理陳漢洲博士致歡迎詞。二：總領隊代表德國大代理商威廉山感謝東方實業機構主人們的盛情接待，盛讚工廠規模宏大生產現代化，管理完善。三：陳漢洲總經理介紹工業城中各分公會生產工廠生產概況。四：賓主合影留念。

(24) 農曆壬辰年十二月廿八日　น.ส.พ. ตงฮั้ว 中華日報 TONG HUA DAILY NEWS　二〇一三年二月八日 星期五

恭賀春禧

東方實業機構
東方國際工業城
東方實業集團(大众)有限公司

陳張秋梅
總裁 陳修試博士
陳馬佩琴

總經理長男陳漢洲博士
長媳婦關谷君枝碩士
副總經理二男陳漢強碩士
二媳婦盧如鑾碩士
副總經理三男陳漢霖碩士
三媳婦蕭思賢碩士
副總經理四男陳漢榮博士
四媳婦佘露露碩士
副總經理五男陳漢城碩士
五媳婦李史華碩士
副總經理六男陳漢財碩士
六媳婦王麗華碩士
副經理二女兒陳美琴學士
副經理三女兒陳美蓮學士
財政四女兒陳美窕碩士
副財政五女兒陳美娟碩士
外貿部主任六女兒陳美華碩士
外貿副主任七女兒陳美倩碩士

攜

陳露明碩士
陳茹茹碩士
陳萍萍碩士
黃幼芳碩士
黃幼芬碩士
王芳芳碩士
王耀濱碩士
蔡麗麗碩士
蔡錦添碩士
陳皇生學士
陳帝生學士
陳一峰學士
陳慧丹學士
黃友邦學士
黃友輔學士
王耀寧學士
蔡錦尚學士
蔡鳳鳳學士
陳君豪學士
陳東豪學士
暨諸孫曾孫兒女

仝鞠躬